VERÖFFENTLICHUNGEN
DES FORSCHUNGSINSTITUTS FÜR WIRTSCHAFTSPOLITIK
AN DER UNIVERSITÄT MAINZ

Herausgegeben von

Helmut Diederich Otto Gandenberger
Walter Hamm Erich Welter

Band 36

Das Forschungsinstitut für Wirtschaftspolitik an der Universität Mainz hat ein doppeltes Ziel: Es möchte die Grundlagen der Ordnung der Wirtschaft — Geld, Eigentum und Wettbewerb — untersuchen und hofft, Verbesserungen der geltenden Ordnung vorschlagen zu können. Daneben will das Institut von dem gewonnenen Standpunkt aus zu aktuellen Spezialfragen der Wirtschaftspolitik Stellung nehmen. Es dient weder Interessenten noch Interessentenorganisationen. Die Ergebnisse der wissenschaftlichen Arbeit des Instituts einem breiteren Kreis zugänglich zu machen, ist der Sinn dieser Schriftenreihe.

DER WETTBEWERB IN DER DÜNGEMITTELINDUSTRIE DER BUNDESREPUBLIK DEUTSCHLAND

von

Dr. BRUNO KLEIN

DUNCKER & HUMBLOT · BERLIN

CIP-Kurztitelaufnahme der Deutschen Bibliothek

Klein, Bruno

Der Wettbewerb in der Düngemittelindustrie der Bundesrepublik Deutschland. — 1. Aufl. — Berlin: Duncker und Humblot, 1977.
(Veröffentlichungen des Forschungsinstituts für Wirtschaftspolitik an der Universität Mainz; Bd. 36)
ISBN 3-428-03908-4

Gedruckt 1977 bei Buchdruckerei Bruno Luck, Berlin 65
Printed in Germany

ISBN 3 428 03908 4

Inhaltsverzeichnis

Zweites Kapitel

Analyse des Wettbewerbs 74

Verzeichnis der Tabellen

Verzeichnis der Schaubilder

Einleitung und Abgrenzung der Arbeit

In vielen Industrieländern ist seit langer Zeit eine starke staatliche Einflußnahme auf den Düngemittelmarkt zu beobachten. Die Preise sind häufig politische Daten und nur selten Ergebnis des Marktes. Konzentrationsvorhaben wurden oft bewußt gefördert oder mindestens toleriert. Vielfach bestehen nationale Kartelle und Syndikate, und teilweise wurden auch Subventionen auf den Düngerverbrauch gewährt. Eine indirekte Beeinflussung findet über die Agrarpolitik statt, die auf die Nachfrageseite zielt. Die Interventionen des Staates dienten vor allem dem Ziel, der Landwirtschaft durch niedrige Düngemittelpreise und eine reibungslose und ausreichende Versorgung Hilfestellung zu leisten. Erst in den letzten Jahren wird, vor allem in der Bundesrepublik, zunehmend die Frage gestellt, ob nicht ein wirksamer Wettbewerb auf die Dauer die Preise und die Versorgungslage eher positiv beeinflussen könnte als staatliche Eingriffe. Als Folge dieser Überlegungen ist einerseits die politische Einflußnahme auf den Düngemittelmarkt schrittweise reduziert worden, andererseits wird die bestehende Marktstruktur mit Unbehagen beobachtet. Die bisher vorgenommenen Korrekturen des staatlichen Verhaltens sind jedoch eher punktuell. Sie konnten die Wettbewerbsverhältnisse bis jetzt noch nicht nachhaltig ändern.

In dieser Lage hat die vorliegende Untersuchung das Ziel, die Wettbewerbsverhältnisse hinsichtlich ihrer Auswirkungen auf die ökonomische Effizienz zu analysieren und Vorschläge zu unterbreiten, die geeignet sind, zu einer Steigerung der Effizienz beizutragen. Ob und wieweit dadurch andere Ziele als die Effizienzsteigerung — als Beispiel seien Autarkiestreben und Strukturerhaltung genannt — beeinträchtigt werden, kann ebensowenig Gegenstand dieser Arbeit sein wie die Frage, welchen der möglicherweise konkurrierenden Ziele Vorrang gebühren soll.

Die Untersuchung ist auf die Bundesrepublik Deutschland beschränkt. Eine solche Einengung ist unzulässig, sofern die internationale Interdependenz sehr stark ausgeprägt ist. Der

Düngemittelmarkt weist jedoch eine Reihe von Eigentümlichkeiten auf, die eine Abgrenzung des „Marktes Bundesrepublik" erlauben. Dazu zählen vor allem der Geltungsbereich des Düngemittelgesetzes und der Düngemittelverordnungen mit ihren exakten Qualitätsvorschriften, die im Vergleich zum Wert hohen Frachtkosten, die den Handel zwischen den einzelnen Ländern erschweren, der Geltungsbereich spezifischer Wettbewerbsbeschränkungen, so des Systems einheitlicher Frankostationspreise für die meisten Düngersorten, der Geltungsbereich der saisonalen Preisstaffelung, der nationale Charakter der bestehenden Kartelle und Syndikate im Bereich der EWG, die unterschiedliche Behandlung der Importe aus Staatshandelsländern in den einzelnen Staaten sowie das Fehlen von Handelsunternehmen, die über die nationalen Grenzen hinaus tätig sind. Zudem wird vermutet, daß zwischen den einzelnen nationalen Industrien in einigen Fällen Abkommen bestehen, nur in Drittländern miteinander zu konkurrieren.

Die Arbeit behandelt nur die Herstellerstufe. Probleme, die im Bereich des Handels oder der Verbraucher auftreten, werden nur insofern berücksichtigt, als sie spürbare Rückwirkungen auf den Wettbewerb der Industrie haben. Das gleiche gilt für die Fragen der Ertragssteigerung, der Qualitätsverbesserung, der Düngesysteme und der nationalen Versorgungslage.

Die Düngemittelindustrie ist keine Einheit. Dazu bestehen zwischen den einzelnen Düngerarten zu große Unterschiede. Es können jedoch dann Hersteller zu einer Gruppe zusammengefaßt werden, wenn die von ihnen hergestellten Produkte einen hohen Grad an Substituierbarkeit aufweisen. Das ist dann der Fall, wenn verschiedene Düngersorten den gleichen Nährstoff aufweisen. Da nur die Hauptnährstoffe für die industrielle Erzeugung eine Rolle spielen, erstreckt sich diese Untersuchung auf die Stickstoff-, Phosphat- und Kaliindustrie[1]. Spezialdünger bleiben unberücksichtigt.

---

[1] Die Kalkdünger werden in dieser Arbeit nicht behandelt. Siehe dazu die Ausführungen auf S. 22 f.

Die Untersuchung ist in drei Teile gegliedert. Nach einem einführenden Teil, in dem die technischen und ökonomischen Grundlagen dargestellt sind, folgt die Analyse der Stickstoff-, der Phosphat- und der Kali-Industrie. Eine Abweichung von diesem Schema wird nur in einem Punkt vorgenommen: Die morphologische Struktur der drei Industrien ist in den einführenden Teil vorgezogen. Das geschieht, um die Verflechtungen auf der Hersteller- und Anbieterstufe zwischen den drei Industrien im Zusammenhang deutlich zu machen.

A. Naturwissenschaftlich-technische Einführung

I. Abgrenzungen und Begriffsbestimmungen

Nach dem Düngemittelgesetz sind Düngemittel „Stoffe, die dazu bestimmt sind, unmittelbar oder mittelbar Nutzpflanzen zugeführt zu werden, um ihr Wachstum zu fördern oder ihren Ertrag zu erhöhen oder seine Qualität zu verbessern"[1]. Zweck der Düngung ist es also, durch die Zufuhr von Düngemitteln den Ertrag von Nutzpflanzen quantitativ und/oder qualitativ zu verbessern. Die quantitative Ertragssteigerung ist meßbar und insofern unproblematisch. Dagegen ist eine qualitative Verbesserung meistens wesentlich schwieriger festzustellen. Die Qualität des Ertrages ist „der wertende Vergleich von Eigenschaften eines Produktes derselben Art nach Zielen (‚Qualitätszielen'), welche ursprünglich nicht direkt von der Natur gegeben, sondern vom Menschen gesetzt sind"[2]. Man unterscheidet objektive und subjektive Qualitätsmerkmale. Die objektiven Merkmale sind im allgemeinen quantitativ meßbar, zum Beispiel der Vitamingehalt einer Pflanze. Dagegen sind die subjektiven Merkmale wie Aussehen, Geschmack, Geruch nicht kardinal meßbar. Prinzipiell ist Qualität ein subjektiver Begriff, da sich die Einstufung der Merkmale nach den vom Menschen gesetzten Zielen richtet[3].

Die Stoffe, die den Pflanzen zugeführt werden und die eine Ertragsverbesserung bewirken sollen, bezeichnet man als Nährstoffe.

---

[1] Gesetz über den Verkehr mit Düngemitteln (Düngemittelgesetz) vom 14. August 1962, Paragraph 1, Absatz 1, Satz 1, in: Bundesgesetzblatt 1962, Teil I, S. 558.

[2] Mayr, H. H., Der Begriff „Qualität" und die Qualitätseigenschaften von Ernteprodukten, in: Linser, Hans (Herausgeber), Handbuch der Pflanzenernährung und Düngung, Band 1: Pflanzenernährung, 1. Halbband, Wien—New York 1969, S. 82.

[3] Vergleiche ebenda.

Nach der Menge, in der sie sich in der Pflanze befinden, unterscheidet man Hauptnährstoffe und Spurenelemente. Hauptnährstoffe sind die Elemente Kohlenstoff, Wasserstoff, Sauerstoff, Stickstoff, Phosphor, Schwefel, Silicium, Chlor, Kalium, Natrium, Magnesium und Calcium[4]. Zu den Spurenelementen zählen vor allem Bor, Mangan, Zink, Kupfer, Molybdän und Kobalt[5].

Von den Hauptnährstoffen wird Kohlenstoff fast ausschließlich aus der Atmosphäre aufgenommen, Wasserstoff überwiegend mit dem Wasser und Stauerstoff aus der Atmosphäre und dem Wasser[6]. Diese Nährstoffe brauchen daher nicht durch Düngemittel zugeführt zu werden. Silicium ist meistens in ausreichender Weise im Boden vorhanden, Schwefel wird namentlich in Industrieländern als Folge der Luftverunreinigung durch Industrieabgase aus der Atmosphäre entnommen, teilweise aber auch als Begleitstoff oder Nebenbestandteil mit anderen industriell hergestellten Düngemitteln zugeführt. Die Schwefeldüngung geschieht daher meistens unbewußt. Auch Chlor und Natrium gelangen im allgemeinen in ausreichender Menge als Nebenbestandteile anderer Dünger in den Boden[7].

Für die industrielle Produktion von Düngemitteln haben daher nur die Hauptnährstoffe Stickstoff, Phosphor, Kalium, Calcium und Magnesium Bedeutung.

Die Definition des Düngemittelgesetzes hat sich zwar für die Anwendung als praktikabel erwiesen. Sie unterliegt jedoch einer Einschränkung: Bestimmte Dünger wie zum Beispiel Stallmist werden ausdrücklich ausgeschlossen. Zur Abgrenzung ist es jedoch nötig, die Beziehungen zwischen wirtschaftseigenen und industriellen Düngemitteln zu untersuchen. Düngemittel werden daher im folgenden definiert als Produkte, die mindestens einen Nährstoff in für Pflanzen aufnehmbarer Form enthalten.

---

4 Vergleiche Kick, H., Pflanzennährstoffe, A. Begriffe, in: Linser, Hans (Herausgeber), Handbuch . . ., Band 1, 1. Halbband, S. 99.

5 Vergleiche Schäfer, H. H., Mikronährstoffdüngemittel, in: Linser, Hans (Herausgeber), Handbuch . . ., Band 2: Boden und Düngemittel, 2. Halbband, Wien—New York 1968, S. 1320.

6 Vergleiche Kick, H., Anorganische Stoffe, in: Linser, Hans (Herausgeber), Handbuch . . ., Band 1, 1. Halbband, S. 100.

7 Die wichtigsten schwefelhaltigen Düngemittel sind Ammoniumsulfat (59,7 Prozent SO_3), Superphosphat (28,7 Prozent), Kalimagnesia (56,3 Prozent) und Kaliumsulfat (44,1 Prozent). Vergleiche Höfner, W., Schwefelhaltige Düngemittel, in: Linser, Hans (Herausgeber), Handbuch . . ., Band 2, 2. Halbband, S. 1319. Chlor und Natrium werden vor allem durch die chloridischen Düngesalze zugeführt, und zwar in Form von Kaliumchlorid (K Cl) und Natriumchlorid (Na Cl). Vergleiche Braune, G., Kalidüngemittel, in: Linser, Hans (Herausgeber), Handbuch . . ., Band 2, 2. Halbband, S. 1219 f.

II. Die einzelnen Düngemittel

Für diese Arbeit ist vor allem eine Einteilung der verschiedenen Düngemittel nach der Art der Produktionsstätten wichtig. Es wird dabei zwischen wirtschaftseigenen und Handels- oder Mineraldüngern unterschieden.

1. Wirtschaftseigene Düngemittel

Wirtschaftseigene Düngemittel sind Stallmist, Jauche, Gülle, Stroh, Kompost und Gründüngung. Es handelt sich also „um Abfallstoffe, die zwansläufig verwertet werden müssen, oder um solche Substanzen, die im landwirtschaftlichen Betrieb selbst gewonnen werden“[8]. Ihre wichtigste Bedeutung liegt in ihrem großen Anteil an organischen Stoffen, durch die eine geeignete Bodenstruktur geschaffen wird[9]. Daneben enthalten die wirtschaftseigenen Düngemittel meistens auch noch alle mineralischen Nährstoffe, die die Pflanzen brauchen.

Wirtschaftseigene Düngemittel werden nicht industriell erzeugt und sind daher nicht Gegenstand dieser Arbeit.

2. Handels- oder Mineraldünger

Während die wirtschaftseigenen Düngemittel vornehmlich die Bodenstruktur beeinflussen, sollen die Handelsdünger in erster Linie einen geeigneten Nährstoffzustand des Bodens schaffen. Mittelbar wird jedoch auch die Bodenstruktur beeinflußt, da sich die Wurzelmasse der Pflanzen durch die Mineraldündung erhöht und dadurch die (organische) Gründündung verstärkt wird[10]. Diese Untersuchung befaßt sich nur mit den mineralischen Düngemitteln.

Eine Unterteilung der Mineraldünger ergibt sich aus den Nährstoffen, die sie enthalten. Dabei bezeichnet man die Dünger, die nur einen Hauptnährstoff enthalten, als Einzeldünger, die anderen als Mehrnährstoffdünger.

---

[8] Linser, Hans (Herausgeber), Handbuch ..., Band 2, 2. Halbband, S. 907.

[9] Vergleiche Linser, Hans, Die Rentabilität und wirtschaftliche Bedeutung der Düngung, in: Linser, Hans (Herausgeber), Handbuch ..., Band 3: Düngung der Kulturpflanzen, 2. Halbband, Wien—New York 1965, S. 1429.

[10] Vergleiche ebenda, S. 1429 f.

a) Einzeldünger

aa) Stickstoff

Zu den wichtigsten durch Düngung zugeführten Nährstoffen gehört der Stickstoff (chemisches Zeichen: N). In der Atmosphäre steht Stickstoff in nahezu unbegrenzter Menge zur Verfügung. Er ist für die Pflanzen allerdings nur durch Oxydation bei elektrischen Entladungen verfügbar[11]. Für den gesamten Bedarf ist das bei weitem nicht ausreichend, und auch der Stickstoffanteil in wirtschaftseigenen Düngemitteln reicht für die notwendige Versorgung der Pflanzen nicht aus. Der industriellen Erzeugung stickstoffhaltiger Dünger kommt daher eine sehr große Bedeutung zu.

Vorprodukte für die Herstellung von Stickstoffdünger sind Ammoniak oder Kalziumcarbid[12]. Die größte Bedeutung für die industrielle Erzeugung hat die Ammoniaksynthese nach dem Haber-Bosch-Verfahren. Alle modernen Anlagen arbeiten nach diesem Verfahren. Die Ammoniaksynthese hat einen Anteil von mehr als 80 Prozent der Welterzeugung von Stickstoffdüngern[13].

Schon bevor es gelang, Ammoniak synthetisch zu gewinnen, war die Bindung von Luftstickstoff möglich. Nach einem von Frank und Caro ausgearbeiteten und nach ihnen benannten Verfahren wurden Kohle und Kalk zu Calziumkarbid zusammengeschmolzen. Das Endprodukt ist der Kalkstickstoff[14].

Als Nebenprodukt fällt Ammoniak bei der Herstellung von Leuchtgas aus Kohle und im Kokereiprozeß an[15]. Die Bedeutung des Chilesalpeters, der lange Zeit das einzige industriell erzeugte Stickstoffdüngemittel war, ist durch die Anwendung der Syntheseverfahren stark zurückgegangen. Er spielt in den Industrieländern keine Rolle mehr.

Als Stickstoffdüngemittel eignen sich Ammoniumsalze, Nitratdünger, Kalkstickstoff, Harnstoff, Stickstofflösungen und -flüssigdünger. Die wichtigste und größte Gruppe sind die Ammoniumsalze. Hier-

---

[11] Vergleiche Kick, H., Anorganische Stoffe, S. 102.

[12] Vergleiche Herlemann, Hans-Heinrich, Die Versorgung der westdeutschen Landwirtschaft mit Mineraldünger, Kieler Studien — Forschungsberichte des Instituts für Weltwirtschaft an der Universität Kiel, Band 6, Kiel 1950, S. 27.

[13] Vergleiche Banthien, H., Synthetische Stickstoffdüngemittel, in: Linser, Hans (Herausgeber), Handbuch . . ., Band 2, 2. Halbband, S. 1015.

[14] Vergleiche Schweizer, Anton, Über den Weltmarkt von Stickstoffdüngemitteln unter besonderer Berücksichtigung der westdeutschen Stickstoffindustrie, Landwirtschaftliche Dissertation, Hohenheim 1959, S. 27.

[15] Vergleiche ebenda, S. 22.

zu gehören die Ammoniumphosphate — in der Bundesrepublik ohne Bedeutung —, Ammoniumsulfat (Stickstoff-Anteil: 21 Prozent N) und Ammoniumnitrat (vor allem als Kalkammonsalpeter, in der Bundesrepublik 26 Prozent N). Von den Nitratdüngern ist Kalksalpeter (15,5 Prozent N) in Europa von einiger Bedeutung.

Kalkstickstoff (in der Bundesrepublik 21 Prozent N) hat neben seinen Düngeeigenschaften eine unkrautvernichtende Wirkung und wird deshalb als Grunddüngung vor der Aussaat geschätzt. Harnstoff (46,6 Prozent N) wird wegen seiner hohen Nährstoffkonzentration immer beliebter. Dagegen spielen die Stickstofflösungen und -flüssigdünger trotz teilweise extrem hoher Nährstoffanteile (82,25 Prozent N bei flüssigem Ammoniak) in Deutschland bisher keine Rolle.

bb) Phosphordüngemittel

Die Phosphordüngemittel, die in der Landwirtschaft Verwendung finden, stammen in erster Linie aus zwei Quellen. „Einmal werden sie durch chemischen Aufschluß aus Rohphosphaten gewonnen, zum anderen entstehen sie als Nebenprodukte bei der Verhüttung phosphatreicher Eisenerze[16]." Gewisse Bedeutung hat auch noch der thermische Aufschluß von Rohphosphaten. Daneben wird noch weicherdiges, gekörntes oder gemahlenes Rohphosphat angeboten.

Aus traditionellen Gründen wird der Phosphorgehalt von Düngemitteln als Phosphorsäure bezeichnet und in Prozent P_2O_5 angegeben und berechnet. Der Phosphor kommt jedoch fast ausschließlich in Salzform vor, so daß die Bezeichnung Phosphat richtiger wäre[17]. Nicht die gesamte Phosphorsäure ist für die Pflanzen verfügbar. Die Mengenangabe in P_2O_5 in Düngemitteln sagt daher zunächst noch nichts über den tatsächlich von der Pflanze aufnehmbaren Teil aus. Es hat sich jedoch gezeigt, daß der Teil der Phosphorsäure, der in zweiprozentiger Zitronensäure löslich ist, auch für die Pflanzen wirksam ist. Der Nährstoffgehalt wird daher meistens in zitronensäurelöslichen P_2O_5 angegeben[18]. Bei einzelnen Sorten wird wasserlösliches P_2O_5 angegeben.

α) Thomasphosphat

Thomasphosphat wird in der Bundesrepublik von allen Phosphor-Einzeldüngern mit Abstand am meisten verwendet. Es wird

[16] Thimm, Heinz-Ulrich, Besch, Michael, und andere, Die Nahrungswirtschaft, Schriftenreihe Agrarpolitik und Marktwesen, Hamburg und Berlin 1971, S. 35.

[17] Vergleiche Scheel, K. C., Superphosphate, in: Linser, Hans (Herausgeber), Handbuch . . ., Band 2, 2. Halbband, S. 1140.

[18] Vergleiche Gericke, S., Thomasphosphat, in: Linser, Hans (Herausgeber), Handbuch . . ., Band 2, 2. Halbband, S. 1198.

bei der Verhüttung phosphathaltiger Eisenerze gewonnen. Der im Roheisen vorhandene Phosphoranteil wird nach dem Thomasverfahren vom Erz getrennt und als Schlacke aus dem Hochofen entfernt. Diese Schlacke, die gute Düngeeigenschaften hat, wurde im Laufe der Zeit verbessert und wird heute ganz bewußt erzeugt[19]. Der Gehalt des Thomasphosphats an zitronensäurelöslichem P_2O_5 liegt zwischen 14 und 16 Prozent, nach der Düngemittelverordnung ist ein Mindestgehalt von 12 Prozent vorgeschrieben[20]. Außer Phosphorsäure enthält Thomasphosphat eine ganze Reihe von weiteren Nährstoffen.

Seit dem zweiten Weltkrieg gewinnen andere Verfahren zur Stahlherstellung immer mehr an Bedeutung, die sogenannten Sauerstoff-Aufblasverfahren. Die Verarbeitung von phosphorhaltigen Eisenerzen erfolgt nach dem LDAC-Verfahren. Die dabei anfallende Schlacke entspricht der Thomasschlacke und wird ebenfalls zu Thomasphosphat verarbeitet. Die mengenmäßige Ausbeute ist allerdings etwas geringer.

β) Superphosphat

„Der Begriff Superphosphat bezeichnet ein Phosphordüngemittel, das durch Umsetzung von Rohphosphat mit Schwefelsäure oder Phosphorsäure hergestellt wird"[21]. Mit Schwefelsäure aufgeschlossenes Rohphosphat ergibt ein Düngemittel von 16 bis 22 Prozent P_2O_5. In der Bundesrepublik hat Superphosphat einen Anteil von 18 Prozent P_2O_5. Verwendet man zum Aufschluß Phosphorsäure, so entsteht ein Superphosphat von 42 bis 48 Prozent P_2O_5, das als Doppel- oder heute häufiger als Triplesuperphosphat bezeichnet wird. Die wirksame Phosphorsäure wird beim Superphosphat im allgemeinen in wasserlöslichem P_2O_5 angegeben.

γ) Sonstige Phosphordüngemittel

Unter dem Namen Hyperphos wird das in Deutschland wichtigste feinvermahlene Rohphosphat angeboten. Es hat 29 bis 30 Prozent Gesamtphosphorsäure und enthält eine Reihe weiterer, für die Düngung wichtiger Bestandteile, vor allem Kalk[22].

Die Produktion von thermisch aufgeschlossenen Phosphaten (Glühphosphaten) ist trotz vielfältiger Bemühungen immer noch gering. Durch den Verbrauch von Kohle ist Glühphosphat im Ver-

---

[19] Vergleiche ebenda, S. 1177 f.

[20] Vergleiche Verordnung über die Zulassung von Düngemitteltypen (Düngemittelverordnung) vom 21. November 1963, Anlage, in: Bundesgesetzblatt, Jahrgang 1963, Teil I, S. 809.

[21] Scheel, K. C., S. 1140.

[22] Vergleiche Müller, H., Feinvermahlenes Rohphosphat, in: Linser, Hans (Herausgeber), Handbuch . . ., Band 2, 2. Halbband, S. 1133.

gleich zu anderen Phosphordüngemitteln relativ teuer. Am wichtigsten ist das Rhenaniaphosphat mit 26 bis 28 Prozent P_2O_5. Weitere Glühphosphate spielen vor allem in den USA eine Rolle.

cc) Kalidüngemittel

Die Düngemittel auf der Basis Kalium werden im allgemeinen in K_2O gerechnet, obwohl einige Sorten das Kalium in Form der chemischen Verbindung KCl enthalten. Bis zum ersten Weltkrieg hatte Deutschland praktisch ein Monopol für Kali. Erst später wurden Vorkommen in der UdSSR, den USA, in Frankreich, Kanada, Polen, Spanien und Italien ausgebeutet. Ein großer Teil der deutschen Kalivorkommen liegt auf dem Gebiet der DDR. Die Bundesrepublik zählt aber auch heute noch zu den wichtigsten Kaliproduzenten.

Entsprechend ihrer chemischen und physikalischen Eigenschaften lassen sich die einzelnen Sorten in chloridische Düngesalze, Kalimagnesia, schwefelsaures Kali und Kainit zusammenfassen.

α) Chloridische Düngesalze

Unter chloridischen Düngesalzen versteht man die Kalidünger, „bei denen das gesamte Kalium in Form der chemischen Verbindung KCl vorliegt"[23]. Dazu gehören 40er Kali (40 Prozent K_2O), 50er Kali (50 Prozent K_2O) und Chlorkalium (60 Prozent K_2O). Die Kalisalze sind insgesamt leicht und vollständig in Wasser löslich und somit für die Pflanzen verfügbar. Die normale Bodenfeuchtigkeit ist meistens für die Auflösung ausreichend[24]. Wichtigster Nebenbestandteil der chloridischen Düngesalze ist Natriumchlorid (NaCl).

β) Andere Düngesalze

Unter Kalimagnesia versteht man Düngesalze, die ein Gemisch von Kaliumsulfat und Magnesiumsulfat enthalten. Angeboten werden Kalimagnesia (Patentkali) mit 26 bis 30 Prozent K_2O und mindestens 9 Prozent MgO sowie 40er Kali mit garantiert 25 Prozent Kalimagnesia (40 Prozent K_2O und 2,5 Prozent MgO). Schwefelsaures Kali hat einen Gehalt von 48 bis 52 Prozent K_2O. An kainitischen Salzen werden Kainit (10 bis 15 Prozent K_2O) und Hederich-Kainit (12 bis 15 Prozent K_2O) angeboten. Die Bedeutung dieser Düngesalze ist gegenüber den höherprozentigen Salzen zurückgegangen.

---

[23] Braune, G., Kalidüngemittel, in: Linser, Hans (Herausgeber), Handbuch . . ., Band 2, 2. Halbband, S. 1219.

[24] Vergleiche ebenda, S. 1239.

dd) Kalkdüngemittel

Zu den Kalkdüngemitteln gehören Calcium und Magnesium. Calcium hat für die Düngung eine Doppelfunktion. Einmal ist es ein lebenswichtiger Nährstoff, zum anderen ist es wegen seiner chemischen, physikalischen und biologischen Eigenschaften für die Beurteilung der Bodenfruchtbarkeit von besonderer Bedeutung[25]. Dennoch läßt sich die Düngekalkherstellung nicht mit der Industrie der Nährstoffe N, P und K vergleichen:

Die Bedeutung der Landwirtschaft als direkter Abnehmer der Kalkindustrie ist laufend zurückgegangen. Bei weitem wichtigste Abnehmergruppe ist heute die Industrie einschließlich der Baustoffindustrie und der Bauwirtschaft[26].

Reine Düngekalkwerke bestehen zwar, spielen jedoch selbst für die Düngekalkproduktion keine Rolle. Der Umsatz der Hersteller für Düngekalk ist wegen des geringen Wertes niedrig. Nur der kleinere Teil der Kalkversorgung der Landwirtschaft wird über reinen Kalkdünger zugeführt, der größere als Nebenbestandteil anderer Düngemittel. Bei vielen Düngersorten ist der Calciumanteil höher als der Anteil des primären Nährstoffs.

Ähnlich ist es beim Magnesium. Es wird ebenfalls im allgemeinen als Nebenbestandteil von anderen Einzeldüngern dem Boden zugeführt. Hinzu kommt, daß der mengenmäßige Bedarf wesentlich niedriger liegt als bei den anderen Hauptnährstoffen.

ee) Spurenelemente

Die für die Ernährung der Pflanzen notwendigen Spurenelemente werden wegen ihrer geringen Menge oft auch als Mikronährstoffe bezeichnet. Der größte Teil der Mikronährstoffe wird über wirtschaftseigene Düngemittel oder Handelsdünger mit nicht ausgewiesenen Mengen an Spuren dem Boden zugeführt. Daneben gibt es eine Reihe von Handelsdüngern mit einem garantierten Zusatz an Mikronährstoffen. Die reinen Mikronährstoffdünger spielen mengen- und wertmäßig nur eine so geringe Rolle, daß sie in dieser Untersuchung vernachlässigt werden können.

b) Mehrnährstoffdünger

Mehrnährstoffdünger sind Düngemittel, die mindestens zwei der drei Nährstoffe Stickstoff, Phosphorsäure und Kalium enthalten. Daneben können sie als weitere wertbestimmende Bestandteile

---

[25] Vergleiche Ziemer, F.-H., Kalkdüngemittel, in: Linser, Hans (Herausgeber), Handbuch . . ., Band 2, 2. Halbband, S. 1268.

[26] Vergleiche Thimm, Heinz-Ulrich, S. 37 f.

Calcium, Magnesium und Spurennährstoffe enthalten. Im allgemeinen werden die Mehrnährstoffdünger in Gewichtsprozent N, P_2O_5 und K_2O, und zwar in dieser Reihenfolge, bezeichnet. So enthält beispielsweise ein Dünger der Sorte 10-12-12 einen Anteil von 10 Gewichtsprozent Stickstoff, 12 Prozent Phosphorsäure und 12 Prozent Kalium. Die anderen Hauptnährstoffe MgO und CaO werden nur dann als vierte Zahl angeführt, wenn ein bestimmter Anteil an diesem Nährstoff garantiert ist. Sind Mikronährstoffe enthalten, wird das oft durch den Vermerk „mit Zusatz von Spurenelementen" kenntlich gemacht. Die allgemeine Bezeichnung der Mehrnährstoffdünger richtet sich nach den chemischen Zeichen der enthaltenen Hauptnährstoffe, also etwa NPK-Dünger für ein Düngemittel mit allen drei Nährstoffen, PK-Dünger mit den Nährstoffen Phosphorsäure und Kalium.

Die Herstellung von Mehrnährstoffdüngern erfolgt nach einer Vielzahl von Verfahren. Diese lassen sich in zwei Gruppen einteilen nach den Hauptmerkmalen „Mechanisches Mischen" und „Ammonisieren von Superphosphaten beziehungsweise Säureaufschluß von Rohphosphaten"[27]. Die durch mechanisches Mischen gewonnenen Düngemittel bezeichnet man als Mischdünger. Die durch Ammonisieren oder Säureaufschluß von Phosphaten gewonnenen Dünger nennt man Komplexdünger, gebräuchlich ist auch die Bezeichnung Volldünger[28]. Sie enthalten „als Hauptbestandteile chemische Verbindungen, in denen mehrere Hauptnährstoffe kombiniert sind"[29].

Das reine Mischen ist ein einfaches Verfahren ohne großen technischen Aufwand. Der Vorteil liegt darin, daß praktisch jedes beliebige Nährstoffverhältnis hergestellt werden kann. Dadurch können auch Spezialprodukte mit nur geringem Mengenabsatz produziert werden[30]. Bei den Komplexdüngern ist dagen die Typenzahl begrenzt, da die Nährstoffe nur in bestimmten Mengenverhältnissen chemische Verbindungen bilden. Die Verfahren der Produktion sind relativ kompliziert und werden in Großbetrieben angewandt.

Der Vorteil der Anwendung von Mehrnährstoffdüngern liegt vor allem in der hohen Konzentration der Nährstoffe im Vergleich zu den meisten Einzeldüngern. Ballaststoffe haben nur einen geringen Anteil am Volumen und Gewicht, so daß die Frachtkosten für den reinen Nährstoff geringer werden. Für den Landwirt entfällt außerdem die Tätigkeit mehrmaligen Ausstreuens, wenn er gleich

[27] Vergleiche Löcker, H., und Rank, V., Mehrnährstoff-Düngemittel und Mischung von Düngemitteln, in: Linser, Hans (Herausgeber), Handbuch . . ., Band 2, 2. Halbband, S. 1348.

[28] Vergleiche Herlemann, Hans-Heinrich, Die Versorgung . . ., S. 32.

[29] Autorenkollektiv, Mineraldüngung, Berlin (Ost), 1970, S. 32.

[30] Vergleiche Löcker, H., und Rank, V., S. 1348.

alle drei Nährstoffe zusammen düngt. Nachteile der Mehrnährstoffdünger sind die Vielzahl und damit Unüberschaubarkeit der Sorten, die starre und unelastische Mengenkombination der Komplexdünger sowie die Tatsache, daß nicht in jedem Fall ein gleichzeitiges Ausstreuen aller Nährstoffe günstig ist. Kali und Phosphorsäure brauchen beispielsweise nicht unmittelbar in der arbeitsintensiven Zeit vor der Aussaat ausgebracht zu werden, sondern können auf ruhigere Zeiten verschoben werden[31].

III. Die Gültigkeit des Ertragsgesetzes — anbautechnisches Optimum

Ziel der Düngung ist die quantitative und qualitative Ertragssteigerung. Für die Höhe des Ertrages ist eine ganze Reihe von Faktoren („Wachstumsfaktoren") ausschlaggebend. Dazu gehören zum Beispiel das Klima, die Bodenbeschaffenheit, die Art der Pflanze und ihr spezieller Nährstoffbedarf, die Art der Bodenbearbeitung, die Fruchtfolge und so weiter. Es ist festzustellen, „daß die Zahl der Wachstumsfaktoren der Pflanzen, welche die Höhe des Pflanzenertrages bedingen, eine ganz außerordentlich große ist ..."[32].

Die erste Gesetzmäßigkeit zwischen Ertrag und Wachstumsfaktoren formulierte Justus von Liebig in seinem „Gesetz vom Minimum": „Die Fruchtbarkeit eines Feldes steht im Verhältnis zu den im Boden in geringster Menge enthaltenen notwendigen Bestandteilen[33]". Eine Erhöhung des Ertrages ist daher dann möglich, wenn man den im Minimum befindlichen Faktor erhöht. Liebig ging davon aus, daß der Ertrag proportional zur zugefügten Faktormenge steigt, bis ein anderer Faktor im Minimum ist[34].

Diese einseitige Betrachtung nur jeweils eines Faktors wurde von Mitscherlich in seinem „Wirkungsgesetz der Wachstumsfaktoren" überwunden: „Der Pflanzenertrag steigt mit der Steigerung eines jeden Wachstumsfaktors proportional dem an dem jeweilig

---

[31] Vergleiche Unger, Helmut, Neuere Entwicklungstendenzen auf dem Welt-Stickstoffdüngermarkt, in: Bundesministerium für Ernährung, Landwirtschaft und Forsten (Herausgeber), Berichte über Landwirtschaft, Neue Folge, Band XLVII, Heft 1 und 2, Hamburg und Berlin 1969, S. 45.

[32] Mitscherlich, Eilhard Alfred, und Dühring, Franz, Das Liebigsche Gesetz vom Minimum und das Wirkungsgesetz der Wachstumsfaktoren. Schriften der Königsberger gelehrten Gesellschaft, Naturwissenschaftliche Klasse, 3. Jahr, Heft 1, Berlin 1926, S. 4.

[33] Zitiert ebenda.

[34] Vergleiche Mitscherlich, Eilhard Alfred, Das Gesetz vom abnehmenden Bodenertrage und was darunter zu verstehen ist. Deutsche Akademie der Wissenschaften zu Berlin, Vorträge und Schriften, Heft 43, Berlin 1952.

mit diesem erreichbaren Höchstertrage fehlenden Ertrage[35]." Durch diese Formulierung mit ihrer Ausrichtung auf den Höchstertrag beinhaltet das Wirkungsgesetz bereits ein wichtiges Element des Gesetzes vom abnehmenden Ertragszuwachs (Ertragsgesetz): Der Einsatz zusätzlicher Mengen eines Faktors bewirkt steigende Erträge, doch wird die Ertragssteigerung mit wachsendem Faktoreinsatz geringer[36].

Eine Tatsache wird von Mitscherlich allerdings außeracht gelassen. Bei zu hohen Düngergaben ist der Ertrag rückläufig. Außerdem hat sich gezeigt, daß nicht immer „die Ertragssteigerung in konstanten Raten vor sich geht"[37]. Mitscherlichs mathematische Formulierung des Wirkungsgesetzes der Wachstumsfaktoren ist daher im Laufe der Zeit durch andere Produktionsfunktionen ersetzt worden[38].

Speziell für die Düngung läßt sich das Ertragsgesetz so formulieren: Steigende Düngergaben führen zunächst zu hohen Ertragssteigerungen, die im Verlauf geringer werden, bis ein Höhepunkt des Ertrages erreicht ist. Weitere Steigerungen der Düngermenge führen zu sinkenden Erträgen[39].

Diese Aussage gilt nicht nur für jeden einzelnen Dünger, sondern auch für die Kombination verschiedener Düngemittel. Bei unterschiedlichen Düngergaben der verschiedenen Nährstoffe verschiebt sich das Maximum der Ertragskurve. Bei einer konstanten Düngung mit 20 kg N/ha und 20 kg P_2O_5/ha möge das Maximum des Ertrages bei einer Gabe von 100 kg K_2O/ha erreicht sein. Wird jetzt die Nährstoffmenge auf 50 kg N und 50 kg P_2O_5/ha erhöht, kann sich auch die Kalimenge, bei der das Maximum erreicht ist, weiter erhöhen, zum Beispiel auf 120 kg K_2O/ha. Prinzipiell läßt sich jedoch eine Düngerkombination berechnen, bei der sich der Ertrag nicht weiter steigern läßt. Diese Kombination kann man als „anbautechnisches Optimum" bezeichnen.

---

35 Mitscherlich, Eilhard Alfred, und Dühring, Franz, S. 10.

36 Vergleiche Blamauer, A., und Steiner, R., Der derzeitige Stand und die potentielle Kapazität der Düngemittelverwendung in den verschiedenen Ländern der Erde, in: Linser, Hans (Herausgeber), Handbuch . . ., Band 3, 2. Halbband, S. 1577. Siehe dazu auch Mitscherlich, Eilhard Alfred, S. 14 ff.

37 Ruthenberg, H., Die Bestimmung der optimalen Aufwandshöhe und Aufwandszusammensetzung bei der Mineraldüngung, in: Bundesministerium für Ernährung, Landwirtschaft und Forsten (Herausgeber). Berichte über Landwirtschaft, Neue Folge, Band XXXVI, Hamburg und Berlin 1958, S. 73.

38 Vergleiche ebenda.

39 Diese globale Formulierung des Ertragsgesetzes ist nicht unbedingt für jeden Punkt der Ertragskurve korrekt. Im Anfangsbereich kann der Ertragszuwachs sich mit steigenden Düngergaben sogar vergrößern. Für die Kurve insgesamt ist die Formulierung jedoch zulässig. Vergleiche ebenda.

Für die Nachfrage nach Düngemitteln ergibt sich aus dem Ertragsgesetz, daß mit dem anbautechnischen Optimum eine absolute Begrenzung der Düngernachfrage gegeben ist. Allerdings kann diese Grenze durch eine Beeinflussung der anderen Wachstumsfaktoren herausgeschoben werden: etwa durch die Neuzüchtung von Pflanzen.

B. Ökonomische Einführung

I. Der Verbrauch an Handelsdünger in der Bundesrepublik

Nach dem zweiten Weltkrieg ist der Handelsdüngerverbrauch der deutschen Landwirtschaft stark angestiegen. Seit dem Düngejahr 1958/59 ist der Stickstoffverbrauch verdoppelt worden, die Nachfrage nach Phosphatdüngern ist etwa um die Hälfte angestiegen. Lediglich bei den Kalidüngern sind die Steigerungsraten geringer. Allerdings war das Düngungsniveau bei Kalidüngern schon seit langem sehr hoch (siehe Tabellen 1 bis 3).

Auf längere Sicht ist ein nochmals kräftig steigender Verbrauch zu erwarten. Diese Erwartung stützt sich darauf, daß es in der Bundesrepublik Deutschland noch erhebliche regionale und örtliche Unterschiede im Verbrauch gibt, die sich nicht allein aus der unterschiedlichen Bodenstruktur erklären lassen[40]. Hier wird es langfristig tendenziell zu einem Ausgleich kommen.

Außerdem hat die deutsche Landwirtschaft gegenüber der intensiven Bodenbewirtschaftung in Belgien und den Niederlanden noch einen erheblichen Nachholbedarf. Der Verbrauch je ha landwirtschaftlich genutzter Fläche (LN) beträgt in den drei Ländern (1968/69)[41]:

	Stickstoff	Phosphorsäure	Kalium
Bundesrepublik	68,4 kg	58,8 kg	76,7 kg
Belgien	105,0 kg	113,9 kg	112,8 kg
Niederlande	151,5 kg	46,6 kg	55,9 kg

[40] Vergleiche dazu Chemie Revisions- und Beratungs-Gesellschaft m.b.H., Kreisstatistik über die Düngemittelversorgung im Bundesgebiet und Westberlin im Düngejahr 1971/72, Fürth 1972.

Die Konkurrenzsituaton der nationalen Landwirtschaften in der EWG wird die deutsche Landwirtschaft langfristig dazu zwingen, in ähnlich großer Menge Handelsdünger einzusetzen.

Tabelle 1

Verbrauch an Stickstoffdünger in der Bundesrepublik Deutschland[a]

Düngejahr	Einzeldünger in %	Mehrnährstoffdünger in %	insgesamt in 1000 t N	insgesamt in kg/ha LN
1960/61	72,6	27,4	618,3	43,4
1961/62	71,2	28,8	621,1	43,7
1962/63	71,3	28,7	773,8	54,5
1963/64	70,3	29,7	746,5	52,7
1964/65	71,5	28,5	784,6	55,7
1965/66	72,1	27,9	873,7	63,0
1966/67	71,3	28,7	888,6	64,3
1967/68	70,6	29,4	949,7	68,9
1968/69	68,6	31,4	932,7	68,4
1969/70	68,8	31,2	1084,6	79,7
1970/71	67,5	32,5	1130,8	83,3
1971/72	69,9	30,1	1131,1	83,8
1972/73	72,6	27,4	1177,0	88,2

[a] Quelle der Tabellen 1 bis 3: Bundesministerium für Ernährung, Landwirtschaft und Forsten (Herausgeber): Statistisches Jahrbuch über Ernährung, Landwirtschaft und Forsten der Bundesrepublik Deutschland, verschiedene Jahrgänge, Hamburg und Berlin, sowie Statistisches Bundesamt, Fachserie D, Reihe 9, Fachstatistiken, II. Düngemittelversorgung, Wirtschaftsjahr 1971/72 und 1972/73, Stuttgart und Mainz.

41 Quelle: Bundesministerium für Ernährung, Landwirtschaft und Forsten (Herausgeber), Statistisches Jahrbuch über Ernährung, Landwirtschaft und Forsten der Bundesrepublik Deutschland, 1971, Hamburg und Berlin, S. 61 und S. 331.

Tabelle 2

Verbrauch an Phosphatdünger in der Bundesrepublik Deutschland

Düngejahr	Einzeldünger in %	Mehrnährstoffdünger in %	insgesamt in 1000 t P_2O_5	insgesamt in kg/ha LN
1960/61	66,3	33,7	662,0	46,4
1961/62	58,4	41,6	633,7	44,6
1962/63	56,0	44,0	718,8	50,7
1963/64	57,2	42,8	764,0	53,9
1964/65	54,8	45,2	815,6	57,9
1965/66	53,5	46,5	833,2	60,1
1966/67	51,1	48,9	800,9	57,9
1967/68	48,2	51,8	806,3	58,5
1968/69	45,7	54,3	801,7	58,8
1969/70	40,7	59,3	856,6	62,9
1970/71	38,5	61,5	913,1	67,2
1971/72	40,5	59,5	934,9	69,2
1972/73	40,5	59,5	915,4	67,0

Tabelle 3

Verbrauch an Kalidünger in der Bundesrepublik Deutschland

Düngejahr	Einzeldünger in %	Mehrnährstoffdünger in %	insgesamt in 1000 t K_2O	insgesamt in kg/ha LN
1960/61	62,2	37,8	1005,9	70,6
1961/62	60,1	39,9	1035,8	72,9
1962/63	54,7	45,3	1099,8	77,5
1963/64	55,0	45,0	1125,3	79,4
1964/65	52,3	47,7	1184,0	84,0
1965/66	50,7	49,3	1190,3	85,8
1966/67	46,0	54,0	1076,8	77,9
1967/68	46,6	53,4	1119,3	81,2
1968/69	43,3	56,7	1045,9	76,7
1969/70	40,5	59,5	1120,0	82,3
1970/71	39,3	60,7	1184,5	87,2
1971/72	42,1	57,9	1233,6	91,3
1972/73	38,8	61,2	1145,5	85,2

II. Determinanten der Nachfrage

1. Die Wirtschaftlichkeit der Düngung — ökonomisches Optimum

Im Ertragsgesetz werden nur die Zusammenhänge zwischen realen Größen ausgedrückt. Für die Wirtschaftlichkeit der Düngung sind jedoch nicht reale, sondern monetäre Größen von ausschlaggebender Bedeutung. Die Wirtschaftlichkeit wird von folgenden Faktoren beeinflußt:[42]

— vom Verlauf der Ertragskurve (speziell der Grenzertragskurve),

— von den Preisen für Düngemittel und andere Produktionsmittel,

— von den Preisen für landwirtschaftliche Erzeugnisse.

Solange der Erlöszuwachs, der durch höhere Erträge infolge zusätzlichen Düngereinsatzes erzielt wird, größer ist als der Kostenzuwachs, der durch den Mehreinsatz des Düngers auftritt, solange lohnt es sich, die Düngermenge zu vergrößern. Es ist sinnvoll, den Düngereinsatz so lange zu steigern, bis die Kosten des Einsatzes der letzten Düngemitteleinheit gerade ebenso hoch sind wie der Erlöszuwachs, der auf die letzte Düngemitteleinheit zurückzuführen ist. Diesen Zustand kann man als „ökonomisches Optimum der Düngung" bezeichnen. Ebenso trifft diese Aussage auch auf die Kombination von mehreren Düngerarten zu.

Die Nachfrage nach Düngemitteln ist also durch das ökonomische Optimum begrenzt, sofern man unterstellt, daß sich die Landwirte nach dem erwerbswirtschaftlichen Prinzip verhalten.

Von den Preisen für andere landwirtschaftliche Betriebsmittel hängt die eingesetzte Düngermenge insofern ab, als etwa alternativ zur Düngung andere ertragssteigernde Betriebsmittel eingesetzt werden können, die kostengünstiger sind.

---

[42] Vergleiche Ruthenberg, H., Die Abhängigkeit des Mineraldüngeraufwandes von den Preisen für Produktionsmittel und Agrarerzeugnisse, in: Agrarwirtschaft, 5. Jahrgang, Hannover 1956, S. 225 f.

2. Substitutionalität und Komplementarität beim Düngereinsatz

Mit Hilfe der technischen Grundlagen und der Erkenntnisse über den Verlauf der Ertragskurve können nur Aussagen über die Gesamtnachfrage nach Düngemitteln gemacht werden. Wie sich die Gesamtnachfrage auf die einzelnen Düngersorten aufteilt, hängt von anderen Faktoren ab. Entscheidend für die Aufteilungsmöglichkeiten ist die Substitutionalität oder Limitationalität der Sorten. Dabei sind drei Bereiche zu untersuchen: die Beziehung zwischen Mineraldüngern und wirtschaftseigenen Düngemitteln, die Beziehungen zwischen Mineraldüngern mit verschiedenen Nährstoffen und mit gleichen Nährstoffen.

a) Mineraldünger und wirtschaftseigener Dünger

Obwohl die wirtschaftseigenen Düngemittel im allgemeinen auch die mineralischen Nährstoffe in für die Pflanzen verfügbarer Form enthalten, können sie die Mineraldünger nicht ersetzen. Eine technische Substituierbarkeit ist zwar in einem gewissen Umfang gegeben. Kurzfristig ist jedoch die Produktion von wirtschaftseigenem Dünger nicht nennenswert zu steigern.

Langfristig besteht eine auf den ersten Blick erstaunliche Abhängigkeit in der Produktion von wirtschaftseigenen Düngemitteln. Der Verbrauch an Mineraldünger, vor allem an stickstoffhaltigem Mineraldünger, beeinflußt die Produktion der wirtschaftseigenen Düngemittel. So stellt Rintelen etwa zwischen Handelsdüngerstickstoffverbrauch und Stalldungproduktion einen Korrelationskoeffizienten von $r = 0{,}97$ fest und kommt zu dem Schluß: „Es ist daher mit Recht zu unterstellen, daß ohne einen Einsatz von mineralischen Stickstoffdüngemitteln eine derartige Erhöhung des Stalldunganfalles nicht erreicht worden wäre, wie sie tatsächlich die Verdoppelung in rund 60 Jahren ergab“[43]. Ähnliche Aussa-

[43] Rintelen, P., Betriebswirtschaftliche Betrachtungen zum Stickstoffverbrauch, in: Fachverband Stickstoffindustrie (Herausgeber), Der Stickstoff. Seine Bedeutung für die Landwirtschaft und die Ernährung der Welt, Düsseldorf 1961, S. 404 f.

gen können auch für die anderen wirtschaftseigenen Dünger gemacht werden, wobei nicht nur der Stickstoff, sondern auch Phosphorsäure und Kali zur Steigerung beigetragen haben. Die Abhängigkeit der wirtschaftseigenen Düngerproduktion kann durch folgenden Kreislauf erklärt werden:

Durch Mineraldünger wird der Ertrag an Früchten, Futter und Stroh größer — bei gleicher Fläche kann mehr Vieh gehalten werden — der Stallmistanteil wächst — gleichzeitig wird die Wurzel- und Stoppelmasse (Gründüngung) größer — dadurch wird die organische Düngung insgesamt verstärkt — Endergebnis ist die Erhaltung der Bodenfruchtbarkeit oder ihre Erhöhung. Dadurch verschiebt sich die Ertragskurve — damit auch das ökonomische Optimum — es ist wirtschaftlich, noch mehr Mineraldünger zu streuen[44]. Wirtschaftseigene oder Mineraldünger sind daher als komplementäre Güter anzusehen, wobei nur eine einseitige direkte Abhängigkeit des wirtschaftseigenen Düngers von der Mineraldüngung festzustellen ist[45].

b) Düngemittel mit verschiedenen Nährstoffen

Bei einem ungedüngten Boden läßt sich der Ertrag auch durch alternativ eingesetzte Nährstoffe steigern. Im Hinblick auf das Ziel der Ertragssteigerung lassen sich daher bei einem sehr niedrigen Düngungsniveau die einzelnen Nährstoffe substituieren. Doch läßt sich diese Form der Substitution nicht unbegrenzt fortsetzen. Je höher das Düngungsniveau wird, desto stärker wird die Ertragssteigerung von der richtigen Düngerkombination abhängig. Zwar lassen sich auf einem mittleren Düngungsniveau bestimmte Erträge mit mehreren Kombinationen erzielen, „nur muß man den verminderten Aufwand an einem Nährstoff durch eine immer größere Menge des anderen aufwiegen"[46]. Das anbautechnische

[44] Vergleiche Linser, Hans, Die Rentabilität . . ., S. 1429.

[45] Auch andere ertragssteigernde Mittel können nicht als Substitutionsgüter angesehen werden. Vergleiche dazu die oben gemachten Ausführungen im Abschnitt „Die Gültigkeit des Ertragsgesetzes — anbautechnisches Optimum".

[46] Ruthenberg, H. H., Die Bestimmung . . ., S. 81.

Optimum schließlich ist nur noch mit einer einzigen Kombination der Nährstoffe zu erzielen.

Welche Nährstoffkombination für ein bestimmtes Düngungsniveau am wirtschaftlichsten ist, hängt von den Preisen der einzelnen Düngemittel ab. Bei festen Preisen als Ausgangspunkt ist im allgemeinen nur eine Kombination ökonomisch optimal. Je höher das Düngungsniveau ist, desto weniger wirken sich geringfügige Preisänderungen auf die Kombination aus. Wird zum Beispiel der Stickstoff teurer, so muß bei einem hohen Düngungsniveau ein Rückgang in der Stickstoffdüngung durch einen ganz erheblichen Mehreinsatz von Phosphat und Kali kompensiert werden, um den gleichen Ertrag zu erzielen. Um den Mehreinsatz und die damit verbundenen Mehrkosten für den Landwirt ökonomisch sinnvoll erscheinen zu lassen, müssen die Einsparungen beim Stickstoff schon ganz beträchtlich sein. Dazu sind so erhebliche Preissteigerungen notwendig, wie sie in aller Regel unrealistich sind. Bei dem zwar unteroptimalen, aber doch recht hohen Düngungsniveau in der Bundesrepublik ist eine Substitution eines Nährstoffes durch die beiden anderen praktisch nicht möglich.

Das Nährstoffverhältnis wird vor allem durch die komplementäre Wirkung der Nährstoffe bestimmt. Strenge Limitationalität liegt allerdings nur beim anbautechnischen Optimum vor. Das ökonomische Optimum liegt aber in jedem Fall niedriger. Dadurch ist das Nährstoffverhältnis in bestimmten Grenzen flexibel. Während bei strenger Limitationalität Preiserhöhungen (-senkungen) bei nur einem Nährstoff zu einer Mindernachfrage (Mehrnachfrage) nach allen drei Nährstoffen bei gleichbleibendem Mengenverhältnis führen müßten, ist bei dem Düngungsniveau in der Bundesrepublik das Nährstoffverhältnis so flexibel, daß Preisänderungen in den üblichen Größenordnungen das Nährstoffverhältnis ändern, ohne daß die Nachfrage nach den Sorten mit unveränderten Preisen berührt wird. Erst Preisveränderungen größeren Ausmaßes, wie sie kurzfristig kaum denkbar sind, würden sich auch in der Nachfrage nach den anderen Nährstoffen bemerkbar machen.

c) Düngemittel mit gleichem Nährstoff

Ein hoher Grad an Substituierbarkeit besteht bei Düngemitteln mit gleichem Nährstoff. Primäres Qualitätsmerkmal ist die verfügbare Menge des Nährstoffs. Es ist dabei im allgemeinen gleich, mit welchem Düngemittel der Nährstoff in den Boden gelangt. Im Hinblick auf das Ziel der Düngung — die Steigerung des Ertrages über eine ausreichende Nährstoffversorgung — sind Düngersorten mit gleichem Nährstoff als vollständig substituierbar anzusehen. Zu den primären Qualitätsmerkmalen treten jedoch noch sekundäre Merkmale, die für die Ertragssteigerung so gut wie keine Bedeutung haben. So können verschiedene Sorten sich in einer Vielzahl von Punkten unterscheiden: in der Körnigkeit und Staubentwicklung, in der Streufähigkeit, im Zeitpunkt der Verfügbarkeit des Nährstoffes, durch Bestandteile an Spurennährstoffen, durch die Mischbarkeit mit anderen Düngersorten und so weiter. In den sekundären Qualitätsmerkmalen liegt nur ganz selten Substituierbarkeit vor.

Geht man von einer vollständigen Substituierbarkeit von gleichem Nährstoff in verschiedenen Sorten aus, so lassen sich die Preisunterschiede, bezogen auf das kg reinen Nährstoff, vor allem durch die sekundären Qualitätsmerkmale erklären. Bei einem bestehenden Preisverhältnis teilt sich dann die Nachfrage unter den einzelnen Sorten gemäß den Präferenzen der Verbraucher in bezug auf die sekundären Merkmale auf. Eine Veränderung des Preisgefüges kann dann zu Umschichtungen in der Sortennachfrage führen. Von dieser Möglichkeit ist in der Praxis häufig Gebrauch gemacht worden, was etwa durch den wechselnden Anteil der Mehrnährstoffdünger zum Ausdruck kommt. In jedem Fall besteht die Möglichkeit der Substitution, und wie stark von ihr Gebrauch gemacht wird, ist in erster Linie abhängig von den Preisveränderungen.

Gleiche Düngersorten von verschiedenen Herstellern sind sogar als homogene Güter anzusehen, wenn man von persönlichen und räumlichen Präferenzen einmal absieht. Die strengen Qualitätsvorschriften des Düngemittelgesetzes und der

Düngemittelverordnung[47] lassen unterschiedliche Qualitäten nicht zu. Es besteht daher kein Unterschied zwischen Kalkammonsalpeter Rustica und Kalkammonsalpeter BASF.

In diesem Zusammenhang ist noch auf die Situation bei den Phosphatdüngern einzugehen. Hier ist das Bundeskartellamt beim Versuch einer Marktabgrenzung zu dem Schluß gekommen, daß beim gegenwärtigen Preisverhältnis von Thomasphosphat zu den anderen Phosphatdüngern keine nennenswerte Substituierbarkeit besteht[48]. Die technischen Substitutionsmöglichkeiten werden dagegen anerkannt. Allein die in der Tat beträchtlichen Preisunterschiede lassen das Amt die Möglichkeit zur Substitution bezweifeln.

Bei einem genauen Vergleich der Preise sind die Unterschiede allerdings nicht mehr so gravierend. Einerseits ist die Nährstoffkonzentration beim Thomasphosphat mit 15 Prozent P_2O_5 gegenüber Superphosphat mit 18 Prozent P_2O_5 abweichend, so daß ein Teil des Preisunterschieds bei einer Betrachtung des Preises pro kg Nährstoff wegfällt. Andererseits sind die unterschiedlichen Preissysteme zu berücksichtigen. Während der Listenpreis für Thomasphosphat noch keine Frachtkosten enthält, wird Superphosphat wie auch alle anderen wichtigen Phosphatdünger franko Station geliefert. Im Listenpreis ist ein durchschnittlicher Frachtkostensatz bereits enthalten. Zusätzlich werden für Selbstabholer die anteiligen Frachtkosten erstattet[49]. Von dieser Möglichkeit wird vielfach Gebrauch gemacht[50]. Bei Thomasphosphat können die Frachtsätze noch einmal bis zu 60 Prozent des Brutto-

---

[47] Vergleiche Düngemittelgesetz und die verschiedenen Düngemittelverordnungen.

[48] Vergleiche Beschluß des Bundeskartellamtes vom 30. Juni 1960, zitiert nach Hoppmann, Erich (Herausgeber), Rationalisierung durch Kartelle?, Schriften des Vereins für Socialpolitik, Neue Folge Band 62, Berlin 1971, S. 343. Noch deutlicher in Beschluß des Kartellamtes vom 1. November 1961, ebenda S. 359. In ähnlicher Weise äußerte sich das Amt auch dem Verfasser gegenüber in einem Gespräch am 15. März 1973.

[49] Vergleiche Heller, L. und Landmann, R. und H., Düngerbezugspreisliste 1972/73, Teil I, Göttingen 1972, S. 5 ff.

[50] Nach Angaben der Superphosphat-Industrie GmbH.

preises ausmachen[51]. Damit ist der Preisunterschied mindestens in bestimmten Gegenden erheblich verkleinert. Hinzu kommt, daß das Kartellamt selbst in den sekundären Qualitätsmerkmalen eine Überlegenheit des Superphosphats anerkennt.

Es ist daher nur die logische Folge, wenn der Anteil des Thomasphosphats im frachtgünstig gelegenen Nordrhein-Westfalen mit 61,5 Prozent wesentlich höher liegt als im Bundesdurchschnitt mit 40,5 Prozent[52]. Diese Zahlen sind jedoch gleichzeitig ein deutliches Anzeichen dafür, daß die anderen Phosphatdüngemittel auch in der Praxis mit Thomasphosphat konkurrieren.

d) Die Bedeutung der Mehrnährstoffdünger

In der bisherigen Untersuchung wurden die Mehrnährstoffdünger außer acht gelassen[53]. Bei der Frage der Substitution lassen sie sich jedoch genauso einordnen wie die Einzeldünger: Jeder Mehrnährstoffdünger mit einem bestimmten Nährstoff ist „technisch" gegen die meisten anderen Dünger mit gleichen Nährstoffen auszutauschen. Die Besonderheiten der Mehrnährstoffdünger liegen ebenfalls in den sekundären Qualitätsmerkmalen. Es sind dies vor allem die allgemein höhere Nährstoffkonzentration und die Ersparnis von Arbeitsgängen, der geringere Frachtkostenanteil bei höherem Wert, andererseits aber auch die starre Nährstoffkonzentration und die Notwendigkeit, alle Nährstoffe gleichzeitig auszustreuen.

---

[51] Wer in Passau in der niedrigsten Preisstaffel (1. 4. bis 31. 7.) Thomasphosphat kauft, muß zusätzlich zum Bruttopreis von 6,25 DM je dz noch 4,02 DM Fracht bezahlen. Berechnet nach dem ab 1. Mai 1972 gültigen Düngemitteltarif (Ausnahmetarif) der Deutschen Bundesbahn. Vergleiche ebenda, Ergänzungen und Berichtigungen zum Teil I 1972/73, Einlageblatt.

[52] Vergleiche Kiepe, Hans, Andere Länder — andere Düngungssitten, in: Mitteilungen der Deutschen Landwirtschaftsgesellschaft, 10/1970, Frankfurt/M., S. 299.

[53] Zur Bedeutung der Mehrnährstoffdünger im Vergleich zu den Einzeldüngern bei den drei Nährstoffen siehe die Tabellen 1 bis 3, S. 27 und 28.

Die Konkurrenzbeziehungen zwischen Mehrnährstoffdüngern und Einzeldüngern beschränken sich jedoch nicht auf die normale Substituierbarkeit, sondern sie sind wesentlich komplexer. Bei einem NPK-Dünger werden alle Bewegungen auf den drei Sektoren Stickstoff, Phosphat und Kali spürbar, gleichzeitig beeinflußt dieser Dünger selbst die Sortennachfrage auf allen drei Sektoren. Die Mehrnährstoffdünger bilden somit die Klammer zwischen den weitgehend unabhängigen drei Sektoren.

Diese Beziehung ist weniger eine Konkurrenz der Düngersorten, als vielmehr ein Wettbewerb der Düngungssysteme. Hauptsächlich sind drei Systeme zu unterscheiden:

Erstens wird die gesamte Düngung über Einzeldünger ausgebracht, zweitens ausschließlich über NPK-Dünger, und drittens wird schließlich eine Grunddüngung mit einem PK-Dünger, verbunden mit einer Ergänzungsdüngung durch einen Stickstoff-Einzeldünger vorgenommen. Natürlich sind auch Zwischenformen verbreitet, außerdem andere Kombinationen, vor allem NP-Dünger mit Kali-Einzeldüngung, doch sind die drei genannten Systeme die mit Abstand wichtigsten Grundformen[54].

Die Beziehungen zwischen den einzelnen Sektoren des Düngemittelmarktes sollen wegen ihrer Komplexität in zwei Beispielen dargelegt werden. Im ersten Beispiel wird unterstellt, daß keine Mehrnährstoffdünger existieren. Bei einem gegebenen Preisniveau soll die Gesamtnachfrage nach Düngemitteln je 1000 t N, P_2O_5 und K_2O betragen. Zur Verfügung stehen an Stickstoffdüngemitteln Kalkammonsalpeter und

[54] Die Bedeutung der drei Grundformen kann man bereits aus einer Aufteilung der Verbrauchszahlen ablesen. Im Jahr 1971/72 entfielen bei Stickstoff 70 Prozent der Gesamtnachfrage auf Einzeldünger. Bei den Mehrnährstoffdüngern entfielen auf NPK- und NK-Dünger 88 Prozent, wobei die NK-Dünger nur sehr geringe Bedeutung haben.

Bei Phosphat entfielen 41 Prozent auf Einzeldünger. Die Mehrnährstoffdünger teilten sich mit 55 Prozent auf NPK und 36 Prozent auf PK-Dünger auf. Bei Kali machen die Einzeldünger 42 Prozent aus, von den Mehrnährstoffdüngern entfallen 39 Prozent auf PK-Dünger und 52 Prozent auf NPK- und NK-Dünger. Auch hier spielen die NK-Dünger keine Rolle. Vergleiche Schmitz, Franzjosef, Kalkverbrauch hat stärker zugenommen, in: Ernährungsdienst — Deutsche Getreidezeitung, Nr. 100 vom 31. 8. 1972, S. 1 f.

Harnstoff, an Phosphatdüngern Thomasphosphat und Superphosphat, an Kalidüngern 40er Kali und Kalimagnesia. Gemäß den Präferenzen in bezug auf die sekundären Qualitätsmerkmale ergebe sich folgende Aufteilung der Gesamtnachfrage auf die einzelnen Sorten:

Im Stickstoffsektor:	900 t N über Kalkammonsalpeter,
	100 t N über Harnstoff;
Phosphat:	800 t P_2O_5 über Thomasphosphat,
	200 t P_2O_5 über Superphosphat;
Kali:	600 t K_2O über 40er Kali,
	400 t K_2O über Kalimagnesia.

Es sei eine isolierte Preissenkung bei Harnstoff angenommen. Sie soll dazu führen, daß zehn Prozent der über Kalkammonsalpeter zugeführten Menge N durch Harnstoff substituiert wird[55]. Es werden dann nur noch 810 t N über Kalkammonsalpeter, jedoch 190 t N über Harnstoff ausgebracht. Hinsichtlich der beiden anderen Sektoren ändert sich dagegen überhaupt nichts, es gibt keinerlei Auswirkungen eines Sektors auf die beiden anderen.

Völlig anders ist das Bild, wenn nunmehr die Mehrnährstoffdünger eingeführt werden. Unterstellt sei wieder eine Gesamtnachfrage von 1000 t Reinnährstoff bei allen drei Nährstoffen. Zur Verfügung stehen an Einzeldüngern Kalkammonsalpeter (KAS), Thomasphosphat (TH) und 40er Kali, ferner ein PK-Dünger der Zusammensetzung 0 — 12 — 18 und ein NPK-Dünger 12 — 12 — 20. Bei den bestehenden Präferenzen soll sich die Gesamtnachfrage nach den einzelnen Düngemitteln und Düngungssystemen nach folgender Matrix verteilen:

Der Preis für Kalkammonsalpeter soll steigen, alle anderen Preise bleiben konstant. Zwei der drei Düngungssysteme werden dann teurer, nämlich die reine Einzeldüngung und die Düngung mit PK-Dünger und Kalkammonsalpeter. Es sei angenommen, daß dadurch von diesen beiden Systemen je zehn Prozent — bezogen auf die Stickstoffmenge — zum

---

[55] Zur Vereinfachung wird eine Konstanz der Gesamtnachfrage unterstellt.

	Düngung mit		
	KAS, TH und 40er Kali	PK und KAS	NPK-Dünger
Stickstoff in t N	500	200	300
Phosphat in t P_2O_5	500	200	300
Kali in t K_2O	200	300	500

NPK-System abwandern[56]. Das heißt, daß jetzt 70 t N mehr über die NPK-Düngung ausgebracht werden. Da aber die Zusammensetzung des NPK-Düngers starr ist, das heißt, daß das Nährstoffverhältnis von 12 Prozent N, 12 Prozent P_2O_5 und 20 Prozent K_2O nicht variiert werden kann, werden gleichzeitig 70 t P_2O_5 und 117 t K_2O mehr dem Boden über dieses System zugeführt. Die neue Matrix hat dann folgendes Aussehen:

	Düngung mit		
	KAS, TH und 40er Kali	PK und KAS	NPK-Dünger
Stickstoff in t N	450	180	370
Phosphat in t P_2O_5	450	180	370
Kali in t K_2O	113	270	617

Der Einfluß der Mehrnährstoffdünger ist jetzt offensichtlich. Obwohl sich nur auf dem Stickstoffsektor eine Preisveränderung ergeben hat, kommt es zu einer Verschiebung der Sor-

[56] Wiederum Konstanz der Gesamtnachfrage unterstellt.

tennachfrage auch in den beiden anderen Sektoren, und zwar bei Kali sogar in wesentlich größerem Umfang als bei Stickstoff. Gegenüber der Praxis ist dieses Beispiel allerdings wegen der Sortenvielfalt stark vereinfacht.

e) Zusammenfassung

Der Substitutionswettbewerb — beruhend auf den technischen Merkmalen — wird durch die Qualitätsmerkmale der einzelnen Düngemittel bestimmt. Konkurrenzbeziehungen bestehen erstens zwischen Einzeldüngern mit gleichem Nährstoff, zweitens zwischen Einzeldüngern und Mehrnährstoffdüngern, die den gleichen Nährstoff enthalten, drittens zwischen Mehrnährstoffdüngern mit gleichem Nährstoff. Darüber hinaus besteht ein Wettbewerb der Düngungssysteme, der erst durch das Vorhandensein der Mehrnährstoffdünger ermöglicht wird. Letztlich ist auch diese Konkurrenz ein Wettbewerb zwischen verschiedenen Sorten mit gleichem Nährstoff, doch durch die übergreifende Wirkung der Mehrnährstoffdünger wird auch die Nachfrage nach Sorten mit anderen Nährstoffen beeinflußt.

III. Morphologie der Anbieterseite

1. Die Anbieter von Kali und Kalidünger

Kali wird in der Bundesrepublik nur von zwei Unternehmen gefördert: Von der Kali und Salz AG und von der Kali-Chemie AG. Die Kali und Salz AG ist mit einem Absatz aus eigener Produktion von 87,5 Prozent des Gesamtangebotes der ungleich größere Anbieter. Die Kali-Chemie produziert die restlichen 12,5 Prozent[57]. Zwischen beiden Gesellschaften besteht ein Kooperationsvertrag für den Vertrieb, der seit dem 1. Januar 1971 in Kraft ist. Danach hat sich die Kali und Salz AG verpflichtet, die Ware der Kali-Chemie zu vertreiben,

---

[57] Vergleiche Entscheidung der EG-Kommission vom 21. Dezember 1973 — IV/795 („Kali und Salz/Kali-Chemie"), in: Wirtschaft und Wettbewerb, Heft 5/1974, S. 345. Ähnliche Zahlen nannte auch die Kali und Salz AG in einem Gespräch am 5. Juni 1973.

soweit dieses Unternehmen von dieser Möglichkeit Gebrauch machen will. Rund 56 Prozent der Produktion der Kali-Chemie wird heute über die Kali und Salz verkauft, fast 40 Prozent verarbeitet die Kali-Chemie zum PK-Dünger RHE-KA-PHOS, den das Unternehmen selbst vertreibt, die restlichen 5 Prozent liefert die Kali-Chemie an einen Mischdünger-Hersteller, an dem das Unternehmen beteiligt ist[58]. Die Kali und Salz AG kann damit über rund 94 Prozent der deutschen Produktion verfügen.

Mit dem Verkauf der Produktion der Kali-Chemie über die Kali und Salz wird die Tradition des Kali-Syndikates fortgesetzt, das jahrzehntelang die deutschen Kaliproduzenten zusammenfaßte. Es löste sich erst auf, als die Zahl der Produzenten im Verlauf des Konzentrationsprozesses immer kleiner wurde und schließlich nur noch die beiden jetzigen Produzenten übrig blieben.

Die Aktien der Kali und Salz AG sind direkt und indirekt zu über 70 Prozent in Händen der Wintershall AG[59]. An Wintershall ist wiederum die BASF zu über 95 Prozent beteiligt, zwischen beiden Unternehmen wurde ein Beherrschungsvertrag angeschlossen[60]. Demnach ist die BASF indirekt zu rund 70 Prozent an der Kali und Salz beteiligt. An der Kali-Chemie ist die Deutsche Solvay-Werke GmbH mit rund 70 Prozent beteiligt. Da das Kali, das für die Herstellung von Mehrnährstoffdüngern — mit Ausnahme von Rhe-Ka-Phos — benötigt wird, ebenso wie die Einzeldünger ausschließlich durch die Kali und Salz AG vertrieben wird, kann man von einer monopolähnlichen Position dieses Unternehmens sprechen. Zumindest eine marktbeherrschende Stellung ist ganz offensichtlich.

Vom Kali-Verkauf muß der Kalidünger-Verkauf unterschieden werden.Hier sind auch die Hersteller von kalihalti-

---

58 Vergleiche Entscheidung der EG-Kommission . . ., S. 346.

59 Vergleiche Geschäftsbericht der Kali und Salz AG von 1972, S. 6.

60 Vergleiche „Wenig Bereitschaft zum Wettbewerb", Protokoll über das Hearing des Bundeskartellamtes zum Zusammenschluß BASF—Wintershall-Salzdetfurth, in: Blick durch die Wirtschaft, 20. 5. 1970.

gen Mehrnährstoffdüngern als Konkurrenten anzusehen. Es sind dies vor allem die BASF-Gruppe, die Farbwerke Hoechst und die Ruhr-Stickstoff AG, ferner bei den PK-Düngern die Kartelle der Thomasphosphat- und der Superphosphat-Hersteller. Daneben existieren weitere kleinere Hersteller. In jedem Fall ist jedoch die Kali und Salz der Lieferant der Komponente Kali.

2. Die Anbieter von Stickstoffdüngern

Sieht man von den Importen ab, so wird Stickstoff hauptsächlich von der BASF-Gruppe, den Farbwerken Hoechst und der Ruhr-Stickstoff angeboten. Außerdem gibt es noch zwei Anbieter von Kalkstickstoff, die Süddeutschen Kalkstickstoffwerke und die Lonza-Werke sowie als kleinere Anbieter von stickstoffhaltigen Mehrnährstoffdüngern die Superphosphatindustrie und die KG W. Stodiek und Co.

Die Ruhr-Stickstoff AG ist das geschäftsführende Organ der Deutschen Ammoniak-Vereinigung, eines genehmigten Rationalisierungskartells, dessen Mitglieder vereinbart haben, ihre stickstoffhaltigen Erzeugnisse nur über die Ruhr-Stickstoff zu vertreiben. Zu den Mitgliedern gehören Hersteller aus Synthese-Verfahren sowie aus der Kokerei- und Gasproduktion. Größter Aktionär der Ruhr-Stickstoff ist die VEBA-Chemie AG mit 63,40 Prozent, nennenswerte Anteile haben außerdem die Gewerkschaft Victor Chemische Werke mit 22,84 Prozent, die Ruhrkohle AG mit 9,6 Prozent, die Saarbergwerke mit 2,36 Prozent und der Eschweiler Bergwerks-Verein mit 1,1 Prozent[61, 62]. Unter den Kartellmitgliedern besteht keine feste Quotenvereinbarung, sondern alle Mitglieder werden entsprechend ihrer verfügbaren Mengen an den Lieferungen der Ruhr-Stickstoff beteiligt.

---

[61] Vergleiche Commerzbank (Herausgeber), Wer gehört zu wem, 9. Auflage 1971, S. 548.

[62] Die weiteren Anteile liegen bei: AG der Dillinger Hüttenwerke, August-Thyssen-Hütte AG, Berliner Gaswerke GASAG, Halbergerhütte GmbH, Mannesmann AG, Neunkircher Eisenwerke AG, Stahlwerke Peine-Salzgitter AG und Stahlwerke Röchling-Burbach GmbH.

Ihren Anteil an der Stickstoffproduktion gab die Ruhr-Stickstoff für das Düngejahr 1969/70 mit 39 Prozent an[63]. Bei der Produktion von Stickstoffdüngemitteln wurde der Anteil bei den Einzeldüngern mit 48 Prozent angegeben, für Mehrnährstoffdünger mit 30 Prozent. Bei rund einem Drittel Anteil der Mehrnährstoffdünger an der gesamten Stickstoffdünger-Produktion ergibt sich ein Marktanteil von etwa 42 Prozent.

Etwas niedriger dürfte der Anteil der BASF-Gruppe sein. Dazu gehört der BASF-Konzern mit der BASF-AG, der Chemischen Düngerfabrik Rendsburg, der Wintershall AG und den Guano-Werken. Ferner zählt zur Gruppe die Kali und Salz AG mit ihrer hundertprozentigen Tochtergesellschaft Chemische Fabrik Kalk.

Für den Konzern gibt die BASF ihren Marktanteil mit über 25 Prozent an, und zwar etwa 20 Prozent bei den Einzeldüngern und 40 Prozent bei den Mehrnährstoffdüngern[64]. Mit knapp 20 Prozent ist der Anteil der Farbwerke Hoechst zu beziffern. Dabei dürfte der Einzeldüngeranteil etwas höher liegen als bei den NP- und NPK-Düngern[65].

Die drei größten Hersteller haben also, sieht man von den Importen zunächst ab, einen Marktanteil von über 90 Prozent. Da jeder Anbieter alle wichtigen Sorten anbietet, kann man von einem engen, nahezu homogenen Oligopol sprechen.

Zwischen der BASF und der Ruhr-Stickstoff bestehen darüber hinaus Verbindungen. So hält die BASF 50 Prozent der Anteile der Gewerkschaft Victor, während diese wiederum der zweitgrößte Aktionär der Ruhr-Stickstoff ist. Die restlichen 50 Prozent liegen seit 1973 bei der VEBA-Chemie. Es ist damit zu rechnen, daß in Kürze die Gewerkschaft Victor aus der Ruhr-Stickstoff ausscheiden wird. Mit Übernahme des 50prozentigen Anteils durch die VEBA-Chemie an der Gewerkschaft Victor soll wohl eine Neuordnung verbunden

---

[63] 75 Jahre Ruhr-Stickstoff — Bericht über das Geschäftsjahr 1969/70, Bochum 1970, S. 26.

[64] Gespräch bei der BASF am 24. 4. 1973.

[65] Zum Angebot der Farbwerke Hoechst zählt auch die Produktion der Ruhrchemie AG, an der Hoechst zwar nur zu einem Drittel beteiligt ist, deren Vertrieb jedoch ganz von den Farbwerken übernommen wird.

werden. Es wird damit gerechnet, daß die Ruhr-Stickstoff sich als Syndikat auflösen und als Verkaufsorganisation für Düngemittel der VEBA-Chemie weiterfungieren soll. Die Produktion der Gewerkschaft Victor wird voraussichtlich zwischen den beiden Aktionären BASF und VEBA-Chemie je zur Hälfte aufgeteilt[66]. Da der Anteil der Produktion der Gewerkschaft Victor etwa ein Viertel der gesamten Ruhr-Stickstoff-Produktion ausmacht, die Hälfte davon dann zur BASF gehen würde, kann man für die Zukunft einen um gut fünf Prozent höheren Marktanteil der BASF und einen entsprechenden Rückgang der Ruhr-Stickstoff und damit der VEBA-Chemie erwarten.

Kleinere Anbieter von Stickstoffdüngern sind die Süddeutschen Kalkstickstoffwerke und die Lonza-Werke (Kalkstickstoff) sowie die Superphosphat-Industrie und die W. Stodiek und Co. (Mehrnährstoffdünger). Von diesen Anbietern fällt aber nur die Kalkstickstoffproduktion ins Gewicht, die etwa 6,5 Prozent des gesamten Stickstoffdüngerabsatzes ausmacht. An dem bedeutenderen der beiden Hersteller, den Süddeutschen Kalkstickstoffwerken, sind zu je 50 Prozent die Farbwerke Hoechst und die Viag-AG beteiligt. Die Superphosphat-Industrie hat, nachdem die NP-Düngerproduktion aufgegeben wurde, nur noch an den NPK-Düngern einen Anteil von weniger als ein Prozent. Stodiek, der zwar Mitglied der Superphosphat-Industrie ist, darüber hinaus aber auch eigene Produkte anbietet, hat rund ein Prozent Marktanteil an den NPK-Düngern. An dem Superphosphat-Industrie-Mitglied Guano-Werke AG, Hersteller des einzigen stickstoffhaltigen Düngers Am-Sup-Ka der Superphosphat-Industrie, der über das Syndikat vertrieben wird, ist die Wintershall AG und damit indirekt die BASF zu 97 Prozent beteiligt.

3. Die Anbieter von Phosphatdüngern

Drei Gruppen von Herstellern bieten phosphathaltige Düngemittel an: die Hersteller von Thomasphosphat, die An-

---

66 Diese Möglichkeit wurde bei einem Gespräch bei der Ruhr-Stickstoff am 6. 4. 1973 angedeutet. Eine ähnliche Entwicklung erwartet auch die BASF, wie aus dem Gespräch am 24. 4. 1973 hervorging.

bieter von Mehrnährstoffdüngern und die sonstigen Anbieter, die Einzel -und PK-Dünger verkaufen.

a) Die Anbieter von Thomasphosphat

Die meisten Hersteller haben sich in einem genehmigten Rationalisierungskartell, dem Verein der Thomasphosphatfabriken, zusammengeschlossen. Das Kartell ist zuletzt mit Beschluß vom 20. Mai 1964 bis zum 31. Juli 1968 verlängert worden[67]. Am 15. Juli 1968 hat das Kartellamt eine vorläufige Verlängerung bis zur endgültigen Entscheidung ausgesprochen[68]. Die Aufgaben des Kartells werden von der Thomasphosphatfabriken GmbH „als Geschäftsstelle wahrgenommen, die hierbei nach außen im eigenen Namen, im Innenverhältnis jedoch für Rechnung des Vereins handelt"[69]. Zu den Aufgaben des Kartells beziehungsweise des Syndikats sind vor allem die Zusammenfassung und Lenkung des Absatzes sowie die gemeinsame landwirtschaftliche Beratung und Forschung zu zählen.

Von den ursprünglich zehn, später vierzehn Mitgliedern des Vereins sind durch den fortschreitenden Konzentrationsprozeß im Bereich der Stahlindustrie heute folgende acht Mitglieder übriggeblieben: AG der Dillinger Hüttenwerke, August-Thyssen-Hütte AG, Friedrich-Krupp-Hüttenwerke AG, Hoesch Werke AG, Kali und Salz AG, Mannesmann AG, Neunkircher Eisenwerk AG und die Stahlwerke Röchling-Burbach GmbH. Als weitere Hersteller von Thomasphosphat existieren zwei Außenseiter, und zwar die Stahlwerke Peine-Salzgitter AG und die Eisenwerks-Gesellschaft Maximilianshütte AG. Die Mitglieder unterliegen der Andienungspflicht für Düngemittel auf der Basis Thomasphosphat. Ausgenommen ist davon die Kali und Salz AG. Als Nachfolgegesell-

---

67 Vergleiche Beschluß des Bundeskartellamtes vom 20. Mai 1964, zitiert nach: Hoppmann, Erich (Herausgeber), Rationalisierung . . ., S. 388 ff.

68 Vergleiche Bericht des Bundeskartellamtes über seine Tätigkeit im Jahre 1968 sowie über Lage und Entwicklung auf seinen Arbeitsgebieten, Bonn, 23. Mai 1969, Bundestagsdrucksache V/4236, S. 57.

69 Kartellvertrag in der Fassung vom 11. Juli 1958, Paragraph 4, zitiert nach Hoppmann, Erich (Herausgeber), Rationalisierung . . ., S. 318.

schaft der Wintershall AG mußte diese Gesellschaft aus der Andienungspflicht entlassen werden. Diese Auflage machte das Bundeskartellamt bei der ersten Verlängerung des Kartells[70]. Als Begründung wurde angegeben, daß die Kali und Salz AG als einziges Mitglied nicht selbst Thomasphosphat produziert, sondern nur PK-Dünger auf der Basis Thomasphosphat.

Peine-Salzgitter und die Maximilianshütte können nicht als echte Außenseiter angesehen werden. Sie sind zwar nicht Mitglied des Rationalisierungskartells, wohl aber des Syndikats Thomasphosphatfabriken GmbH. Diese Mitgliedschaft wird mit den weiteren Aufgaben des Syndikats wie Werbung und Beratung begründet[71]. Die Außenseiter verkaufen zwar für eigene Rechnung, passen sich jedoch in Preisen und Konditionen dem Kartell an. Insbesondere verkaufen sie auf der gleichen Frachtgrundlage Oberhausen-West wie das Syndikat.

Der Marktanteil der Anbieter von Thomasphosphat ist nicht exakt zu ermitteln. Zwar ist der Anteil des Einzeldüngers Thomasphosphat mit rund 35 Prozent an den gesamten Phosphatlieferungen bekannt[72]. In dieser Zahl sind aber nicht die Verkäufe des Syndikats an PK-Düngern auf der Basis Thomasphosphat enthalten.

Auf das Kartell entfallen 85 Prozent des Einzeldüngerabsatzes aus inländischer Produktion, auf die Außenseiter rund 15 Prozent, die sich etwa zu gleichen Teilen auf die beiden Außenseiter verteilen. Rechnet man diese anteilmäßigen Zahlen auf die 35 Prozent um, die Thomasphosphat 1971/72 vom gesamten Phosphatverbrauch ausmachte, ergibt sich für das Kartell ein Anteil von etwa 26 Prozent, für die Außenseiter knapp vier Prozent. Der Rest entfällt auf Importe.

---

70 Vergleiche Beschluß des Bundeskartellamtes vom 20. Mai 1964, S. 393 f.

71 Vergleiche Urteil des Kammergerichts Berlin vom 5. Juni 1963, ebenda S. 369.

72 Vergleiche Schmitz, Franzjosef, Kalkverbrauch . . ., S. 2.

In diesen Zahlen sind die PK-Dünger noch nicht enthalten. Hierüber liegen keine Zahlen vor. Bekannt ist lediglich, daß die Mehrnährstoffdünger etwa 59 Prozent Anteil am gesamten Phosphatmarkt haben, die sich zu 55 Prozent auf die NPK-Dünger, zu 36 Prozent auf die PK-Dünger und zu 9 Prozent auf die NP-Dünger verteilen[73]. Das heißt, daß etwa 20 Prozent der Phosphat-Dünger auf die PK-Dünger entfallen.

Wie groß der Anteil der thomasphosphathaltigen PK-Dünger ist, kann nur aus verschiedenen Indizien mit großen Unsicherheitsfaktoren geschlossen werden. So wirbt zum Beispiel die Kali-Chemie in Anzeigen mit dem Hinweis, daß sie der größte Anbieter von PK-Düngern ist. In der Entscheidung der Kommission der Europäischen Gemeinschaften zum Kooperationsvertrag zwischen Kali-Chemie und Kali und Salz wird die Produktion des PK-Düngers RHE-KA-PHOS mit 119 000 t K_2O für 1972 angegeben[74]. Insgesamt werden fünf Sorten RHE-KA-PHOS angeboten, wobei die Kali-Anteile zwischen 5 und 25 Prozent schwanken, die Phosphatanteile zwischen 15 und 18 Prozent. Die Grundsorten 0/15/25 und 0/18/20 dürften dabei den größten Anteil haben, da die anderen Dünger mit M_gO und Borax als Spezialdünger gelten können. Man kann daher unterstellen, daß die Phosphatmenge etwas geringer ist als die Kalimenge. Es dürften daher etwa 90 000—100 000 t P_2O_5 durch die Kali-Chemie als PK-Dünger produziert werden.

Es bleibt offen, wieviel hiervon exportiert wird. Die Zahlen in der Entscheidung der EG-Kommission können hierüber nur wenig Aufschluß geben. Danach hat die Kali und Salz insgesamt 1 056 000 t K_2O im Jahr 1971/72 exportiert[75]. Insgesamt wurden in diesem Jahr 1 088 000 t K_2O ausgeführt[76]. 32 000 t K_2O sind also von anderen Herstellern exportiert worden. Da jedoch eine beträchtliche Menge an stickstoffhaltigen Mehrnährstoffdüngern exportiert wurde, kann man

73 Vergleiche ebenda.

74 Vergleiche Entscheidung der EG-Kommission . . ., S. 346.

75 Vergleiche ebenda.

76 Vergleiche Statistisches Bundesamt, Fachserie D, Reihe 9, II. Düngemittelversorgung, Wirtschaftsjahr 1971/72, S. 5.

schließen, daß Exporte der Kali-Chemie an PK-Dünger nicht ins Gewicht fallen. Eine Absatzmenge von knapp 90 000 t P_2O_5 in PK-Düngern auf dem deutschen Markt dürfte daher eine realistische Einschätzung des Verkaufs der Kali-Chemie darstellen. Da der Gesamtverbrauch der Landwirtschaft rund 200 000 t P_2O_5 in Form von PK-Düngern beträgt[77], dürfte der Anteil der Kali-Chemie bei etwa 40 bis 50 Prozent liegen.

Andererseits meint die Superphosphat-Industrie, das Kartell der Superphosphat-Hersteller, daß bei gleichbleibender Entwicklung möglicherweise in absehbarer Zeit die Spitzenposition der Kali-Chemie durch die Thomasphosphat-Kali-Hersteller gefährdet sein könnte[78]. Folgt man dieser Auffassung, so dürfte der Unterschied zwischen Thomasphosphat-Kartell und Kali-Chemie nicht allzu groß sein. Man kann daher für die Thomasphosphat-Hersteller einen Anteil um 35 Prozent annehmen. Umgerechnet auf den Gesamt-Phosphatverbrauch sind das etwa 7 Prozent, so daß der Anteil der Thomasphosphat-Hersteller rund 38 Prozent beträgt, von denen etwa 32 bis 33 Prozent auf das Syndikat entfallen.

b) Die sonstigen Hersteller von Phosphat-Einzeldünger

Die anderen Phosphat-Einzeldünger spielen neben dem Thomasphosphat nur eine geringe Rolle. Ihr Anteil am Phosphatverbrauch beträgt 5,6 Prozent[79]. Dabei hat Superphosphat einen Anteil von 1,6 Prozent, Glühphosphat, weicherdiges und teilaufgeschlossenes Rohphosphat von gut 4 Prozent.

Superphosphat wird von der Superphosphat-Industrie GmbH angeboten. Diese Gesellschaft ist ein Überläuferkartell mit sieben Mitgliedern, und zwar Chemische Werke Rombach GmbH, Gebr. Giulini GmbH, Guano-Werke AG, Phosphatfabrik Hoyermann GmbH, F. B. Silbermann Chemische Fabriken KG, Wilhelm Stodiek und Co. und Süd-Chemie AG. Verflechtungen mit anderen Düngemittel-Herstellern bestehen über die Guano-Werke, an denen die BASF indirekt zu

---

77 Vergleiche Schmitz, Franzjosef, Kalkverbrauch . . ., S. 2.

78 Gespräch bei der Superphosphat-Industrie GmbH. am 29. Juni 1973.

79 Vergleiche Schmitz, Franzjosef, Kalkverbrauch . . ., S. 2.

97 Prozent beteiligt ist, und über die Phosphatfabrik Hoyermann, an der die Kali-Chemie und die Gebr. Giulini zu je 50 Prozent beteiligt sind.

Insgesamt gibt die Superphosphat-Industrie GmbH ihren Anteil am Phosphatverbrauch mit 6 Prozent an[80]. Davon dürfte mehr als ein Prozent auf Superphosphat entfallen[81]. Als weitere Produkte werden teilaufgeschlossenes Rohphosphat, PK-Dünger und ein NPK-Dünger angeboten, wobei der NPK-Dünger wegen seines geringen Stickstoffanteils (4 Prozent) eher als PK-Dünger zu werten ist.

Das Kartell selbst gibt das teilaufgeschlossene Rohphosphat und die PK-Sorten als wichtigste Produkte an. Der Anteil am Phosphatsektor dürfte bei rund 2 Prozent (teilaufgeschlossenes Rohphosphat) und 2,5 Prozent (PK-Dünger) liegen. Für die Gruppe PK-Dünger kommt man damit auf etwa 12 bis 13 Prozent Anteil des Kartells.

Glühphosphat wird von der Kali-Chemie angeboten und dürfte etwa ein Prozent des Phosphatabsatzes ausmachen. Zusammen mit den PK-Düngern kommt damit die Kali-Chemie auf etwa 11 Prozent Marktanteil bei den Phosphatdüngern.

Anbieter von weicherdigem Rohphosphat sind die Guano-Werke und die Deutsche Hyperphosphat-Gesellschaft mbH. Als Einzeldünger macht dieses Rohprodukt nur etwa ein Prozent aus. Beide Hersteller bieten auch PK-Dünger an, ebenso auch die Chemische Düngerfabrik Rendsburg (100 Prozent BASF) und die KG Stodiek und Co. Auf diese vier Unternehmen verteilen sich die restlichen knapp 10 Prozent der PK-Dünger.

c) Die Hersteller von NPK- und NP-Düngern

Rund 59 Prozent des Phosphatdünger-Verbrauchs entfallen auf Mehrnährstoffdünger. Nach Abzug der PK-Dünger blei-

---

[80] Gespräch bei der Superphosphat-Industrie GmbH am 29. Juni 1973.

[81] Weiterer Hersteller von Superphosphat ist die hundertprozentige BASF-Tochtergesellschaft Chemische Düngerfabrik Rendsburg, für die keine Zahlen vorliegen.

ben etwa 39 Prozent für stickstoffhaltige Mehrnährstoffdünger übrig, die von der BASF-Gruppe, von der Ruhr-Stickstoff AG und den Farbwerken Hoechst angeboten werden. Die Anteile dieser Hersteller sind bereits bei den Stickstoff-Anbietern aufgeschlüsselt worden. Überträgt man die Anteile auf den gesamten Phosphatdünger-Verbrauch, so ergibt sich für die BASF-Gruppe ein Anteil von etwa 23 Prozent, für die Ruhr-Stickstoff von rund 10 Prozent und für die Farbwerke Hoechst von etwa fünf Prozent.

Die Anteile aller Hersteller am Phosphatdünger-Verbrauch können daher zusammenfassend etwa so angenommen werden:

Thomasphosphat-Hersteller		38 Prozent
davon: Syndikat	33 Prozent	
Außenseiter	5 Prozent	
BASF		23 Prozent
Ruhr-Stickstoff		10 Prozent
Kali-Chemie		11 Prozent
Superphosphat-Industrie		6 Prozent
Farbwerke Hoechst		5 Prozent

Die restlichen Anteile verteilen sich auf die Chemische Düngerfabrik Rendsburg, auf die Guano-Werke, auf die Deutsche Hyperphosphat und auf die KG Stodiek.

Der effektive Einfluß der BASF ist wesentlich höher anzusetzen. In der Zahl von 23 Prozent sind nur die stickstoffhaltigen Mehrnährstoffdünger enthalten. Hinzu kommen noch die Anteile an der Chemischen Düngerfabrik Rendsburg und an den Guano-Werken. Über die Kali und Salz ist die BASF außerdem am Thomasphosphatkartell beteiligt. Man kann daher den Einfluß der BASF auf dem Phosphatmarkt mit über 40 Prozent beziffern. Das Unternehmen ist damit auch bei den Phosphatdüngern der bedeutendste Anbieter.

Berücksichtigt man diese Verflechtungen, so kann für die Anbieter von Phosphat-Düngern eine oligopolistische Struktur unterstellt werden. Marktführer sind die BASF und das Syndikat der Thomasphosphat-Hersteller, die dazu noch über die Kali und Salz verbunden sind.

Schaubild 1: Die Verflechtungen in der Stickstoff-Industrie

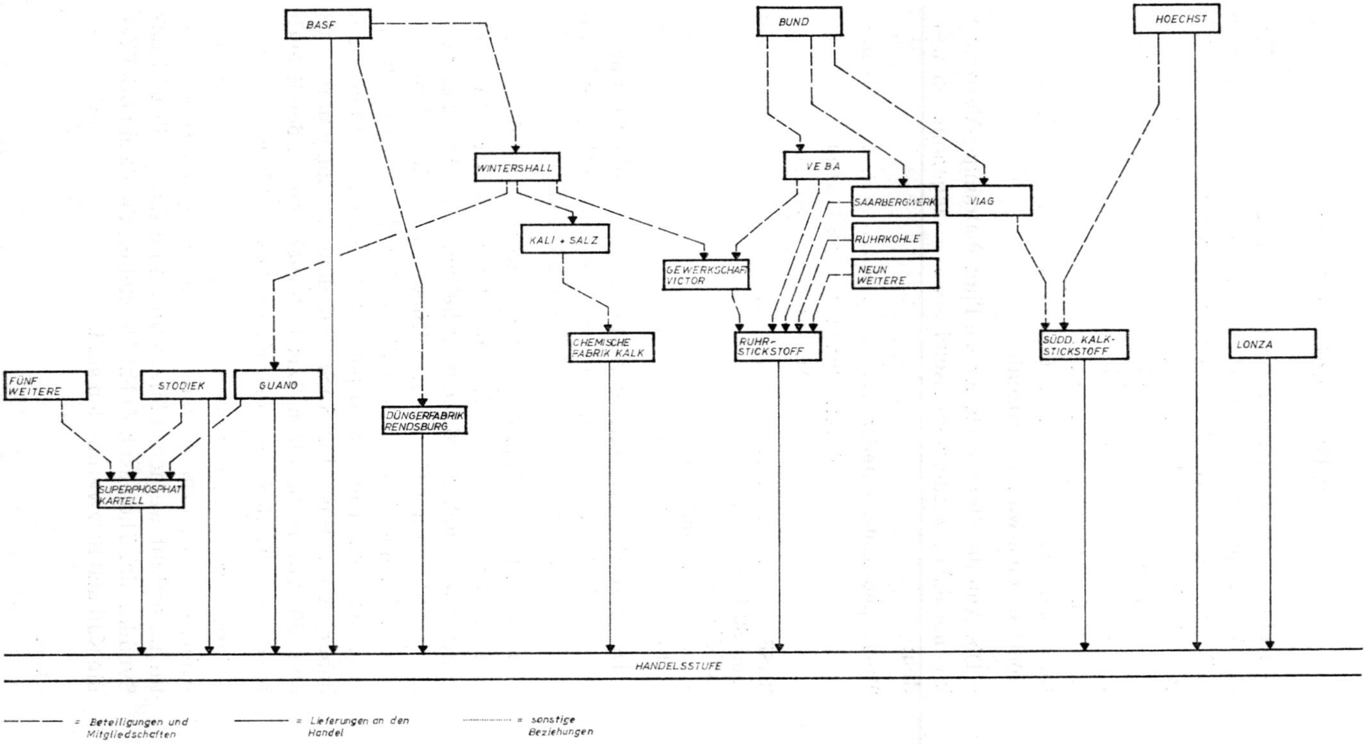

Schaubild 2: Die Verflechtungen in der Phosphat-Industrie

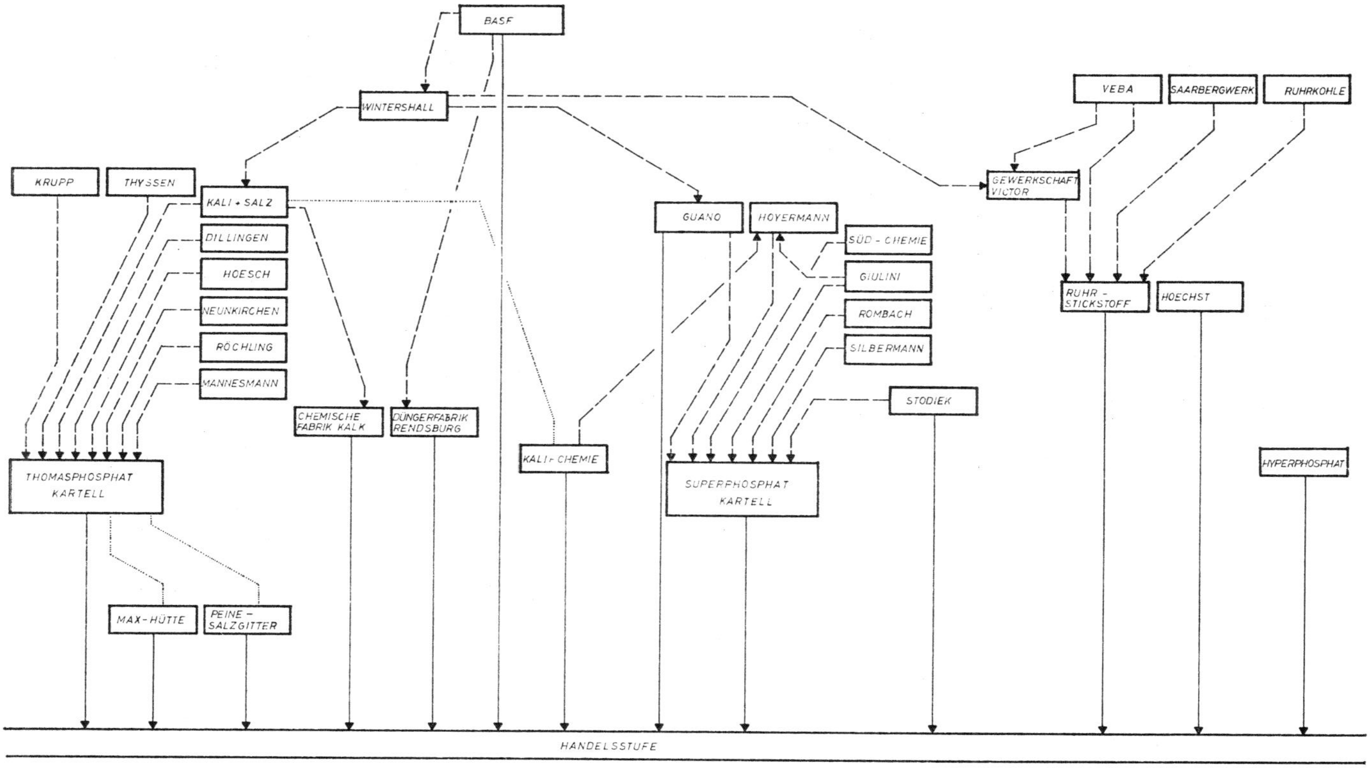

ERSTER TEIL

Der Wettbewerb in der Stickstoff-Industrie

Erstes Kapitel

Grundlagen für die Beurteilung des Wettbewerbs

A. Produktion und Kapazitäten

Die Produktion von stickstoffhaltigen Düngemitteln ist nach einem kontinuierlichen Wachstum in den ersten beiden Nachkriegs-Jahrzehnten seit 1968/69, dem bisherigen Höhepunkt, stark zurückgegangen, und zwar bis 1971/72 um insgesamt 17,3 Prozent. Erst im Düngejahr 1972/73 ist wieder ein Anstieg zu verzeichnen. Der Inlandsverbrauch ist zwar auch in diesem Zeitraum weiter gestiegen[1], doch sinkende Exporte und steigende Importe führten zu dem Produktionsrückgang.

Tabelle 4

Inlandsproduktion von stickstoffhaltigen Düngemitteln von 1960/61 bis 1972/73 in 1000 t N[a]

1960/61	1967/68	1968/69	1969/70	1970/71	1971/72	1972/73
1180	1559	1598	1574	1505	1321	1471

[a] *Quelle:* Statistisches Bundesamt, Fachserie D, Industrie und Handwerk, Reihe 9, Fachstatistiken, II. Düngemittelversorgung, Wirtschaftsjahr, verschiedene Jahrgänge, Stuttgart und Mainz (1960/61: Reihe 6, Düngemittelversorgung, Wirtschaftsjahr).

Der Rückgang der Produktion blieb nicht ohne Auswirkungen auf die Kapazitäten. Einerseits sind Kapazitäten stillgelegt worden. Die Ruhr-Stickstoff AG hat insgesamt Anlagen von 140 000 Jahrestonnen (jato) N stillgelegt[2]. Im Bereich

---

[1] Siehe dazu Tabelle 1, S. 27.

[2] Vergleiche VEBA-Chemie setzt auf Chemie, in: Chemische Industrie, Düsseldorf, Heft 8/1971, S. 513.

der BASF-Gruppe sind zwei der vier Produktionsstätten der Guano-Werke, in Vienenburg und Lübeck-Dänischenburg, ebenso stillgelegt worden wie eine Harnstoffanlage in Ludwigshafen[3]. Die 100prozentige Hoechst-Tochter Knapsack AG hat die Produktion von Kalkstickstoff ganz eingestellt.

Andererseits war der Auslastungsgrad der verbliebenen Kapazitäten nach Ansicht der Industrie ungenügend. Die BASF spricht von einer Auslastung zwischen 50 und 90 Prozent je nach Anlage[4], die Saarbergwerke gaben für ihre Syntheseanlage die Auslastung 1970 mit durchschnittlich 65 Prozent an, was sich bei dem weiteren Produktionsrückgang 1971/72 eher noch verringert hat[5].

Insgesamt sind die Kapazitäten jedoch eher vergrößert worden. So hat die VEBA-Chemie in Gelsenkirchen eine Großanlage zur Ammoniaksynthese von 1000 Tagestonnen (tato) N in Betrieb genommen[6]. Das entspricht einer Jahresleistung von etwa 350 000 jato N. Der Trend zu derartigen Großanlagen ist eine Rationalisierungsmaßnahme, deren Notwendigkeit durch den Produktionsrückgang beschleunigt worden ist. Nach Ansicht der BASF können heute nur noch Syntheseanlagen von 1000 tato N und mehr wirtschaftlich arbeiten. Selbst die vor wenigen Jahren noch als modernste Anlagen gepriesenen Werke mit 600 bis 700 tato N gelten heute als nicht mehr rentabel[7]. Von den neuen Großanlagen würden nach heutigen Erkenntnissen vier ausreichen, um den gesamten Stickstoffbedarf der Bundesrepublik bis auf weiteres zu befriedigen[8].

---

[3] Nach Angaben der BASF-AG.

[4] Gespräch bei der BASF-AG am 24. 4. 1973.

[5] Vergleiche Chemische Industrie, Heft 9/1971, S. 645.

[6] Gespräch bei der Ruhr-Stickstoff AG am 6. 4. 1973. Vergleiche auch VEBA-Chemie setzt auf Chemie, S. 513.

[7] Gespräch bei der BASF am 24. 4. 1973.

[8] Diese Auffassung vertraten beide großen Hersteller.

B. Der Außenhandel

I. Die Exporte

Die Exporte der deutschen Stickstoffindustrie entwickelten sich analog den Produktionsziffern: Bis 1968/69 steigend, dann stark fallend und erst seit 1972/73 wieder erholt.

Exportiert wird vorwiegend Einzeldünger[9]. Die größte Bedeutung haben Ammonsulfat[10] und die Ammonsalpetersorten[11]. Unter den Mehrnährstoffdüngern ist der Anteil an NPK-Düngern und an NP-Düngern etwa gleich groß[12].

Tabelle 5

Ausfuhr von Stickstoffdüngemitteln[a]

Düngejahr	1000 t N
1962/63	488
1963/64	491
1964/65	509
1965/66	543
1966/67	664
1967/68	661
1968/69	708
1969/70	617
1970/71[b]	525
1971/72[b]	415
1972/73[b]	507
1973/74[c]	508

[a] *Quelle:* Bundesministerium für Ernährung, Landwirtschaft und Forsten, Statistisches Jahrbuch . . ., Jahrgang 1971, S. 61.
[b] *Quelle:* Statistisches Bundesamt, Fachserie D, Reihe 9, II. Düngemittelversorgung, Wirtschaftsjahr 1971/72 und 1972/73, S. 4 f.
[c] 11 Monate Juli bis Mai 1974, *Quelle:* Ebenda, Mai 1974, S. 4.

---

[9] 1971/72 wurden 304 592 t N als Einzeldünger und 110 597 t N als Mehrnährstoffdünger exportiert. Vergleiche Statistisches Bundesamt, Fachserie D, Reihe 9, Fachstatistiken, II. Düngemittelversorgung, Wirtschaftsjahr 1971/72, S. 5.

[10] Einschließlich Ammoniakgas und Harnstoff 182 998 t N.

[11] 111 431 t N. Vergleiche ebenda.

[12] NPK- und NK-Dünger: 54 669 t N, und NP-Dünger: 55 928 t N. Vergleiche ebenda, S. 19.

Gegenüber dem Inlandsverbrauch ergeben sich erhebliche Unterschiede in der Zusammensetzung der Sorten, wie aus der folgenden Tabelle hervorgeht:

Tabelle 6

Anteil der Sorten am Inlandsverbrauch und am Export 1971/72 in Prozent[a]

	Einzeldünger gesamt	Kalkstickstoff	Ammonsulfat[b]	Ammonsalpeter[c]	Salpetersorten	MND gesamt	NPK- und NK-Dünger	NP-Dünger
Inland	69,9	6,5	3,9	58,8	0,7	30,1	26,5	3,6
Ausld.	73,4	1,4	44,1	26,8	1,1	26,6	13,2	13,4
Ausland	73,4	1,4	44,1	26,8	1,1	26,6	13,2	13,4

[a] Vergleiche Statistisches Bundesamt, Fachserie D, Reihe 9, Fachstatistiken, II. Düngemittelversorgung, Wirtschaftsjahr 1971/72, a.a.O., S. 5 und 19.
[b] Einschließlich Ammoniakgas und Harnstoff.
[c] Einschließlich Ammonnitrat-Harnstoff-Lösung.

Der starke Rückgang der Exporte ist vor allem darauf zurückzuführen, daß weltweit die Kapazitäten schneller angewachsen sind als der Verbrauch. Erst in jüngster Zeit wächst der Verbrauch wieder schneller, wie aus Schaubild 3, S. 56, hervorgeht.

Während Stickstoff in EWG-Länder, dazu in die USA, nach Kanada, Großbritannien, Dänemark, Schweden, Finnland und in die DDR sowie in die ehemaligen Kolonien und Protektorate der EWG-Mitgliedsländer unmittelbar von den Herstellern selbst exportiert wird, haben die meisten westeuropäischen Hersteller für die übrigen Exporte ein gemeinsames Kartell gegründet, die Nitrex AG in Zürich. Auf Märkten mit zentralen staatlichen Einkaufsstellen verkauft die Nitrex im eigenen Namen und auf eigene Rechnung, ansonsten werden die Exporte des Kartells direkt durch die Mitglieder abgewickelt.

II. Die Importe

Die Einfuhr von Stickstoffdüngemitteln ist seit 1962/63 kontinuierlich angestiegen. Vom Düngejahr 1970/71 an hat sich diese Entwicklung erheblich beschleunigt. Erst 1973/74 scheint eine Stagnation, wenn nicht gar ein Rückgang eingetreten zu sein.

Schaubild 3

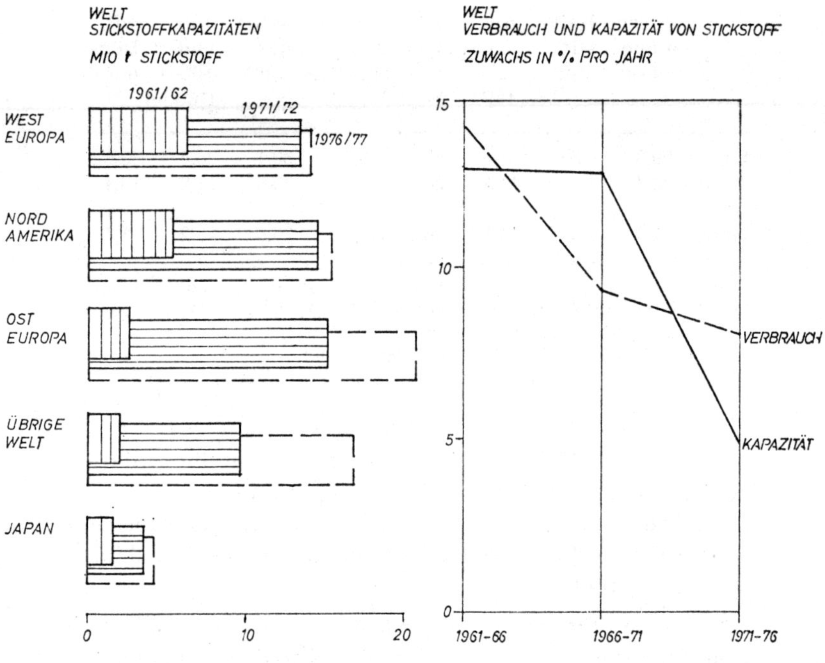

Importiert wird vor allem Kalkammonsalpeter (1971: 713 450 t Ware) und Harnstoff (1972: 108 804 t Ware)[13]. Die Importe stammen vorwiegend aus zwei Quellen: aus Belgien (Kalkammonsalpeter) und aus Ostblockländern (Kalkammonsalpeter und Harnstoff).

---

[13] Vergleiche Statistisches Bundesamt, Fachserie G, Außenhandel, Reihe 2, Spezialhandel nach Waren und Ländern, Dezember und Jahr 1972, S. 160 f.

Kalkammonsalpeter aus Belgien wird schon seit gut zehn Jahren eingeführt. Gegen den Einbruch der belgischen Ware hat die deutsche Stickstoffindustrie mit Kampfmaßnahmen

Tabelle 7

Einfuhr von Stickstoffdüngemitteln[a]

Düngejahr	1000 t N
1962/63	7
1963/64	23
1964/65	29
1965/66	41
1966/67	55
1967/68	82
1968/69	97
1969/70	101
1970/71[b]	134
1971/72[b]	228
1972/73[b]	283
1973/74[c]	212

a) *Quelle:* Bundesministerium für Ernährung, Landwirtschaft und Forsten, Statistisches Jahrbuch . . ., Jahrgang 1971, S. 61.

b) *Quelle:* Statistisches Bundesamt, Fachserie D, Reihe 9, II. Düngemittelversorgung, Wirtschaftsjahr 1971/72 und 1972/73, S. 4 f.

c) 11 Monate Juli 1973 bis Mai 1974, *Quelle:* Ebenda, Mai 1974, S. 4.

reagiert. Einerseits wurde versucht, in Belgien Fuß zu fassen, was — wenn auch in relativ bescheidenem Umfang — auch gelungen ist[14]. Andererseits wurde bei gleichbleibenden Listenpreisen im Inland versucht, durch eine Erhöhung der Rabatte die Importpreise gezielt zu unterbieten[15]. Im Düngejahr 1969/70 kam es zu heftigen Kampfmaßnahmen. Danach hat man sich wohl mit den belgischen Exporteuren geeinigt, denn im nächsten Jahr gingen die Rabatte wieder zurück. Die Importe aus Belgien konnten in der Folgezeit ihren Anteil in etwa beibehalten. Der Preis für belgische Importe entspricht dem Inlandspreis, doch werden geringe Zusatzrabatte

14 Vergleiche Albers, Willi, Die Strategie der Marktpartner bei Stickstoff, in Agra Europa, Nr. 14/4. April 1972, Sonderbeilage, Bad Godesberg, S. 6.

15 Nach Angaben des Kartellamtes sollen sich die gewährten Rabatte 1969/70 teilweise mehr als verdoppelt haben. Die Ruhr-Stickstoff AG bestätigte das in einem Gespräch am 6. 4. 1973.

gewährt, die nach Angaben der Ruhr-Stickstoff offiziell zwei, tatsächlich aber 3,5 Prozent ausmachen. Die deutschen Hersteller sind daher heute nach eigenen Angaben keinem spürbaren Preiswettbewerb durch die belgischen Importe mehr ausgesetzt[16].

Anders ist es mit den Importen aus Ostblockländern. Sie liegen im Preis teilweise ganz erheblich niedriger als Inlandsware[17]. Die Ostblockimporte haben erst in den letzten Jahren größere Bedeutung bekommen. Für die meisten Ostblockländer ist der Wert der Einfuhr von Stickstoffdüngern noch kontingentiert, so für Polen mit 6,5 Mill. DM[18], für Ungarn mit 4,5 Mill. DM[19] und für Bulgarien mit 4 Mill. DM[20]. Keine Kontingente bestehen für Jugoslawien und Rumänien, die dann auch entsprechend hoch an den Importen beteiligt sind[21, 22].

Die billigen Ostblocklieferungen sind allerdings mit einem gewissen Risiko für die Abnehmer verbunden: „Im vergangenen Jahr um diese Zeit waren erheblich größere Mengen Stickstoff aus dem Ostblock in die Bundesrepublik verkauft, als effektiv nachher geliefert wurden[23]." Auch Termine wurden mehrfach nicht eingehalten.

---

16 Nach Angaben der Ruhr-Stickstoff AG.

17 Siehe dazu S. 64 ff.

18 Vergleiche Runderlaß Außenwirtschaft Nr. 9/72 betreffend Polen ..., in: Bundesanzeiger Nr. 55 vom 18. März 1972, S. 1 f.

19 Vergleiche Runderlaß Außenwirtschaft Nr. 32/72 betreffend Ungarn ..., in: Bundesanzeiger Nr. 110 vom 16. Juni 1972, S. 2 f.

20 Vergleiche Runderlaß Außenwirtschaft Nr. 41/72 betreffend Bulgarien ..., in: Bundesanzeiger Nr. 143 vom 3. August 1972, S. 2 f.

21 Zuletzt wurde 1972 die Kontingentierung für Rumänien aufgehoben. Stickstoffdünger sind im Warenprotokoll nicht mehr aufgeführt. Dazu heißt es: „In der Warenliste A sind für zahlreiche Waren keine Kontingente mehr enthalten. Diese und andere Waren können in die Bundesrepublik Deutschland nach deren autonomen Einfuhrbestimmungen ohne Mengen- oder Wertbegrenzung eingeführt werden." Vergleiche Runderlaß Außenwirtschaft Nr. 10/72 betreffend Rumänien ..., in: Bundesanzeiger Nr. 64 vom 5. April 1972, S. 6 f.

22 Eine Aufschlüsselung der Importe aus Ostblockländern ist in Tabelle 8, S. 60 vorgenommen.

23 Schramm, Ekkehard, Der Düngemittelmarkt heute, in: Ernährungsdienst — Deutsche Getreidezeitung vom 5. 8. 1972, S. 12. Vergleiche auch Marktbeeinflussung, ebenda, vom 11. 3. 1972, S. 1.

Benachteiligt fühlt sich die deutsche Industrie dadurch, daß in den anderen Mitgliedsländern der EWG die Stickstoffimporte aus dem Ostblock wesentlich enger begrenzt sind. So ist der Zuwachs der gesamten Importe aus dem Ostblock in die EWG von 171 000 t Stickstoff im Düngejahr 1970/71 auf 209 000 t Stickstoff in 1971/72 allein auf Kosten der Bundesrepublik gegangen[24]. Schaubild 4 zeigt die Anteile der Ostblockimporte am Verbrauch der EWG-Länder:

Schaubild 4: Stickstoffdüngemittel in der EWG — Importe aus Osteuropa in % des Verbrauchs

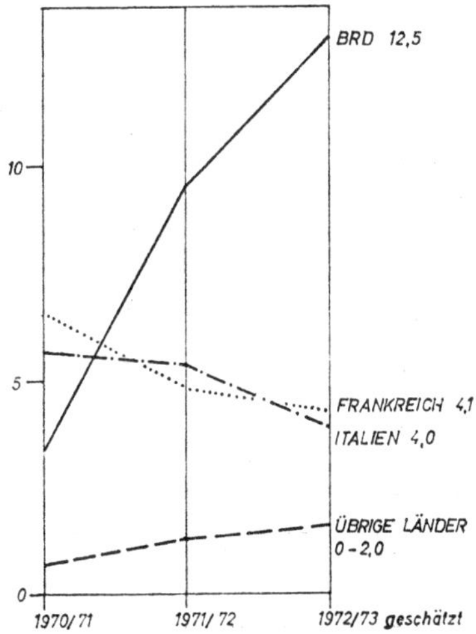

Hauptimporteure von Stickstoff aus dem Ostblock sind die Deutsche Raiffeisen-Warenzentrale in Frankfurt, die W. Nielsen „Thor" KG in Flensburg, die nur Streckengeschäfte tätigt, und die Bayerische Warenvermittlung (Baywa) in Nürnberg[25]. Daneben sind weitere Importeure tätig.

[24] Vergleiche Sander, Greif, Importe aus Drittländern in die EWG, in: Ernährungsdienst — Deutsche Getreidezeitung vom 3. 3. 1973, S. 7.

[25] Nach Angaben des Bundeskartellamtes.

Tabelle 8

Stickstoffdüngemittel-Importe aus Ostblockländern 1970/71—1972/73 (Stand 31. 12. 72) in 1000 t Stickstoff[a)]

Land	Düngejahr	Kalkammonsalpeter	Harnstoff	Insgesamt	% der Gesamtimporte
Jugoslawien	1970/71	4,9	—	6,6	4,9
	1971/72	17,8	—	27,7	12,1
	1972/73	17,8	—	21,7	15,7
Bulgarien	1970/71	—	—	—	—
	1971/72	—	10,4	10,5	4,6
	1972/73	—	5,1	5,2	3,8
CSSR	1970/71	—	1,5	1,5	1,1
	1971/72	0,5	1,7	2,2	1,0
	1972/73	—	2,2	2,2	1,6
Polen	1970/71	2,4	4,4	7,4	5,5
	1971/72	9,6	5,4	15,9	7,0
	1972/73	1,4	8,0	10,5	7,6
Rumänien	1970/71	9,4	3,0	12,5	9,3
	1971/72	20,8	8,3	29,2	12,8
	1972/73	15,7	4,9	20,6	15,0
UdSSR	1970/71	—	—	—	—
	1971/72	—	—	—	—
	1972/73	—	5,6	5,6	4,1
Ungarn	1970/71	5,9	—	5,9	4,4
	1971/72	7,7	3,5	11,2	4,9
	1972/73	2,5	1,8	4,3	3,1

a) Nach Angaben der Ruhr-Stickstoff AG.

C. Das System der Preisbildung[26]

Neben den reinen Herstellungskosten, die bei Stickstoffdüngemitteln vor allem durch einen hohen Energieaufwand bei der Produktion beeinflußt werden, haben die Kosten für die Düngerlogistik, also für Lagerung, Umschlag und Transport, besondere Bedeutung. Das hat zwei Gründe:

26 Preisbestandteile sind auch die Rabatte und Konditionen. Sie werden jedoch nicht hier, sondern erst im Kapitel „Industrie und Handel" dargestellt. An dieser Stelle fehlen noch die Grundlagen des Verhältnisses von Industrie und Handel, die zum Verständnis der Rabattgestaltung notwendig sind.

„1. Der saisonale Verkaufsrhythmus kann nur durch eine umfangreiche Lagerhaltung mit dem weitgehend gleichmäßigen Produktionsrhythmus in Einklang gebracht werden.

2. Infolge seines niedrigen Wertes je Gewichtseinheit ist der Dünger besonders transport- und arbeitskostenempfindlich[27]."

Diese beiden Faktoren beeinflussen daher in besonderer Weise das System der Preisbildung bei allen Handelsdüngern.

I. Die Preisstaffelung im Saisonverlauf

Die Ausbringung der Stickstoffdünger — das Ausstreuen — konzentriert sich auf einen kurzen Zeitraum von etwa vier Monaten[28]. Normalerweise würde die Nachfrage in diesen Monaten massiert auftreten. Die Industrie ist jedoch an einer kontinuierlichen Produktion und niedrigen Lagerhaltungskosten interessiert. Sie hat daher ein Staffelpreissystem eingeführt, durch das besondere Anreize in Form von Preisnachlässen bei Frühbezug gewährt werden. Die Nachlässe sollen einen Ausgleich für die beim Abnehmer entstehenden Lager- und Kapitalkosten darstellen. Die höchsten Preise werden für eine Lieferung erhoben, die genau zum Ausbringungszeitpunkt erfolgt.

Die Preislisten gelten jeweils für ein Jahr. Da die einzelnen Düngersorten unterschiedliche Ausbringungszeiten haben, weicht die Gültigkeit der Preisliste oft vom statistischen Düngejahr ab, das vom 1. Juli bis zum 30. Juni des darauffolgenden Jahres dauert[29]. Bei fast allen Stickstoffdüngern gibt es acht Preisstaffeln, von denen die ersten sieben jeweils für einen Monat vom 1. August an gelten. Die achte und

---

[27] Schöttler, Rudolf, Einzelbereiche der Düngerwirtschaft, in: Bundesministerium für Ernährung, Landwirtschaft und Forsten (Herausgeber), Berichte über Landwirtschaft, neue Folge, Band XLVIII, Heft 3/4, Hamburg und Berlin, S. 682.

[28] Vergleiche Schaubild 5, S. 63.

[29] Vergleiche Statistisches Bundesamt, Fachserie D, Reihe 9, II. Düngemittelversorgung, Wirtschaftsjahr 1971/72, S. 3.

höchste Preisstaffel dauert vom 1. März bis zum 31. Juli. Eine Ausnahme von dieser Regelung macht nur Kalkstickstoff. Hier gibt es neun Staffeln, und die Gültigkeit der Preisliste beginnt bereits am 1. Juni[30].

Die Gesamtspanne der Nachlässe vom ersten bis zum letzten Liefermonat ist bei den Stickstoffdüngern zwar verschieden, doch sind die Unterschiede nur gering. Bei den wichtigsten Sorten betrug die Ersparnis in der günstigsten Staffel in Prozent vom Netto-Listenpreis der höchsten Staffel im Düngejahr 1972/73[31]:

Kalkammonsalpeter	9,2
Harnstoff	8,7
N-haltige Mehrnährstoffdünger	9,5—10,3

Dieses Liefersystem hat tatsächlich zu einer gewissen Kontinuität im Lieferrhythmus geführt. Die monatlichen Verladespitzen liegen bei Kalkammonsalpeter bei 17 Prozent der Jahreslieferungen[32]. Im Vergleich zu den Verbrauchsspitzen ist das ein sehr niedriger Wert.

Neben diesen Staffelpreisen als Grundlage des Preissystems existieren weitere Abstufungen. So spielt der Termin der Auftragserteilung ebenso eine Rolle für den endgültig zu zahlenden Preis wie die genauen Vorschriften für den Liefertermin. Auch hierbei gibt es noch Schwankungen von mehreren Prozent[33].

II. Das Frankostationspreissystem

Die Lieferung aller Stickstoffdünger erfolgt franko Station. Ein Frankostationspreis liegt vor, wenn „der Preis für alle Verbraucher ohne Rücksicht auf ihre Entfernung vom Produktionsort gleich ist und die Transportkosten pauschal

---

[30] Vergleiche Heller, L., Landmann, R. und H., Düngerbezugs-Preisliste 1972/73, Teil II, Göttingen 1972, S. 64.

[31] Vergleiche Heller, L., Landmann, R. und H., Düngerbezugs-Preisliste 1972/73, Teil II.

[32] Vergleiche Schaubild 5, S. 63.

[33] Vergleiche Heller, L., Landmann, R. und H., Düngerbezugs-Preisliste 1972/73, Teil II.

Schaubild 5: Monatlicher Verbrauch von Kalkammonsalpeter in der Landwirtschaft in Prozent vom Jahresverbrauch, Preisstaffeln für Kalkammonsalpeter, monatliche Lieferungen von Stickstoffdünger an die Landwirtschaft

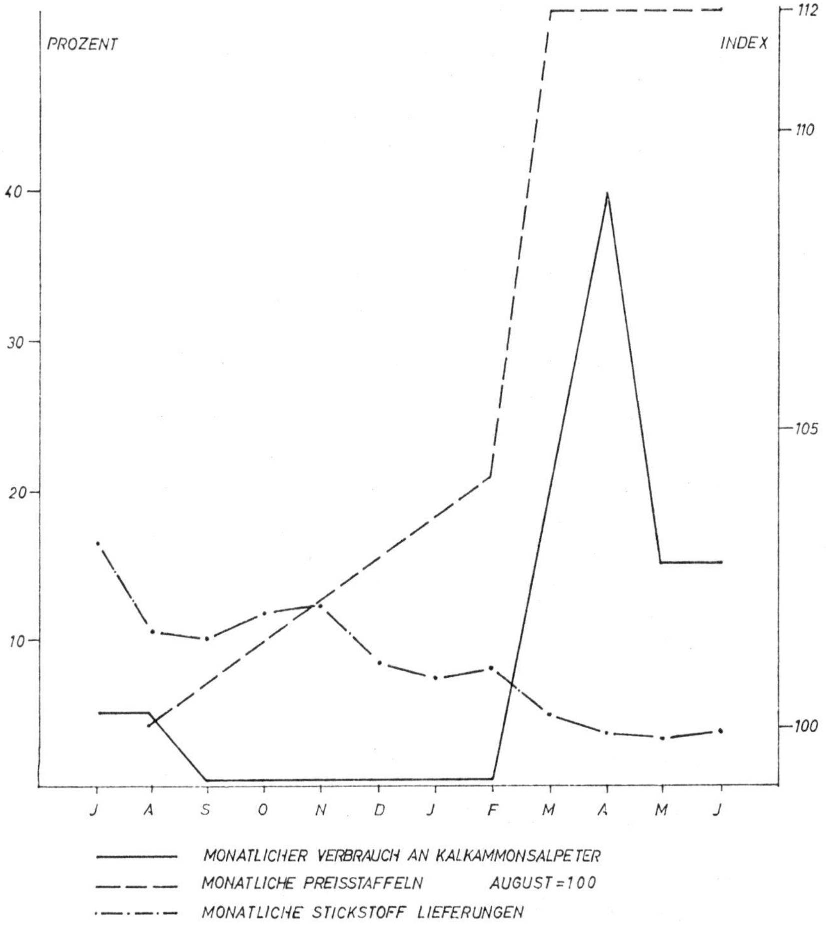

(mit einem Durchschnittswert) in die Erzeuger- und damit auch in die Verbraucherpreise eingehen"[34]. Der durchschnittliche Frachtkostensatz ist im Lieferpreis enthalten. „Frachterhöhungen bei der Bundesbahn innerhalb des Preisjahres gehen zu Lasten des Käufers[35]."

Für stickstoffhaltige Mehrnährstoffdünger wurde erstmals im Düngejahr 1973/74 eine Abholvergütung in der Einlagerungsphase gewährt. Sie beträgt im Durchschnitt 5,00 DM je Tonne und „entspricht in etwa den ersparten Frachtkosten"[36]. Diese Maßnahme ist nach Auskunft des Fachverbandes Stickstoffindustrie durch den Konkurrenzdruck der Hersteller von Phosphatdüngern notwendig geworden.

III. Preisvergleiche

1. Vergleich von Inlands-, Export- und Importpreisen

Die Listenpreise der Industrie sind mit den Außenhandelspreisen nur nach umfangreichen Umrechnungen zu vergleichen. Während in den Inlandspreisen Rabatte und Skonti sowie bei Frankoanlieferung die durchschnittlichen Frachtkosten enthalten sind, bei Bruttopreisen zudem noch die Steuern, müssen für die Importware noch die Zölle zugerechnet werden. Aber auch dann bleibt ein Preisvergleich unbefriedigend, weil die im Inland anfallenden Kosten der Industrie für landwirtschaftliche Beratung und Werbung nicht beziffert werden können.

a) Inlands- und Importpreise

Der Fachverband Stickstoffindustrie hat zwischen deutschem und rumänischem Harnstoff einen Preisvergleich angestellt. Da die rumänische Importware im Preis wesentlich niedriger lag als deutscher Harnstoff, hat der Fachver-

---

[34] Albers, Willi, Marktlage, Preise und Preispolitik für Düngemittel in den EWG-Ländern und ihre Bedeutung für die Produktionskosten der Landwirtschaft, Kiel 1963, S. 164.

[35] Meyer, F., Düngemittelpreise 1970/71, in: Deutsche Landwirtschafts-Gesellschaft (Herausgeber), Mitteilungen der DLG, 85. Jahrgang, Frankfurt/Main, Heft 31/1970, S. 1045.

[36] Fachverband Stickstoffindustrie, Pressekonferenz am 17. Mai 1973 in Bad Nauheim, Ausführungen von Direktor Friedrich Nisslmüller, S. 3.

band über den Verband der Chemischen Industrie ein Preisprüfungsverfahren beim Bundesamt für die gewerbliche Wirtschaft beantragt[37]. In der Begründung nimmt der Fachverband den Preisvergleich vor[38].

Der Verband kommt dabei zu folgender Rechnung:

1.	deutscher Harnstoff 46 % N, lose Ware, arithmetisches Mittel der Listenpreise 1971/72 (August 1971 bis Juli 1972)[39]	DM 412,65	je t Ware
	abzüglich 11 % Preisnachlässe[40]	DM 45,39	je t Ware
		DM 367,26	je t Ware
	abzüglich 2 % Skonto	DM 7,35	je t Ware
		DM 359,91	je t Ware
	Zuschlag wegen erhöhter Fracht[41]	DM 0,38	je t Ware
	Großhandelseinstandspreis	DM 360,29	je t Ware
	abzüglich Durchschnittsfracht	DM 22,85	je t Ware
	ab Werk	DM 327,44	je t Ware
	entspricht	DM 0,734	je kg N
2.	Durchschnittlicher Grenzübergangswert laut Außenhandelsstatistik für Harnstoffbezüge, 46 % N, aus Rumänien in der Zeit vom Juli 1971 bis Mai 1972	DM 180,85	je t Ware
	+ 12,8 % Zoll[42]	DM 23,15	je t Ware
	verzollt	DM 204,00	je t Ware
	abzüglich Verpackung	DM 16,00	je t Ware
	Grenzübergangswert für lose Ware, verzollt	DM 188,00	je t Ware
	entspricht	DM 0,409	je kg N
	Differenz: deutscher Harnstoff	DM 0,734	je kg N
	rumänischer Harnstoff	DM 0,409	je kg N
		DM 0,325	je kg N
			= 44 %

[37] Gemäß Runderlaß Außenwirtschaft Nr. 42/70 betreffend I, 1: Einfuhr aus Staatshandelsländern, Beobachtungen der Entwicklung der Einfuhr, Preisprüfung, vom 23. Oktober 1970, in: Bundesanzeiger Nr. 200 vom 27. Oktober 1970, S. 1 f.

[38] Vergleiche Verband der Chemischen Industrie eV: Brief an das Bundesamt für die gewerbliche Wirtschaft vom 28. Juli 1972, Anlage: Begründung des Fachverbandes Stickstoffindustrie eV zur Einleitung eines Preisprüfungsverfahrens durch den Verband der chemischen Industrie wegen Niedrigpreiseinfuhren von Düngeharnstoff aus Rumänien, S. 2, sowie Preisvergleich, S. 6 ff.

[39] Es handelt sich um den Nettopreis bei Auftragserteilung bis zum 25. Juni 1971 ohne Terminvorschrift für lose Ware.

[40] Rabatte für die Handelsstufen zuzüglich 1 Prozent Jahresvergütung.

Das heißt: Der rumänische Harnstoff kostet in der Bundesrepublik nur 56 Prozent der Inlandsware.

Berechnet man analog dazu die Harnstoffimporte aus allen Ostblockländern für das Jahr 1972, so erhält man einen Grenzübergangswert für lose Ware (verzollt) von durchschnittlich DM 191,35 je t Ware, für Einfuhren aus dem EWG-Bereich (ohne Zoll) von DM 206,94 je t Ware, während der Inlandspreis DM 336,88 je t Ware im Durchschnitt betrug[43].

Auf der Basis dieser Berechnung kann auch für Kalkammonsalpeter ein Preisvergleich versucht werden. Für das Jahr 1972 ist ein Vergleich allerdings nicht sinnvoll. Die deutsche Industrie hat ab August 1972 Kalkammonsalpeter mit 26 Prozent N angeboten, während der Nährstoffgehalt vorher nur 24 Prozent betrug. Das Ausland hat zwar vom selben Zeitpunkt an ebenfalls 26prozentige Ware geliefert, doch waren auch vorher von Ostblockländern solche Lieferungen exportiert worden, wenn auch nur vereinzelt. Ein Vergleich ist daher nicht möglich.

Wählt man jedoch das letzte Vierteljahr 1972 und das erste Vierteljahr 1973 als Basis, so ist ein Vergleich wenigstens tendenziell ergiebig. Zwar ergeben sich auch hierbei Schwierigkeiten. So ist die durchschnittliche Frachtbelastung bei Kalkammonsalpeter nicht bekannt. Sie kann von der Belastung bei Harnstoff durch unterschiedliche Gewichtung der Entfernung abweichen, doch sollen trotzdem gleiche Frachtkosten unterstellt werden[44]. Man erhält dann einen durchschnittlichen Inlandspreis von DM 184,58 je t Ware als Ab-Werk-Preis[45].

---

41 Frachterhöhung ab 1. Januar 1972, weiterberechnet ab 1. März 1972.

42 Nach den Richtlinien des Runderlasses Außenwirtschaft Nr. 42/70.

43 Die Abweichung gegenüber dem oben errechneten Inlandspreis ergibt sich durch den Unterschied zwischen dem Kalenderjahr und dem Wirtschaftsjahr. Beim Wirtschaftsjahr mußte eine weitere Tariferhöhung der Bundesbahn ab 1. Mai 1972 berücksichtigt werden, die in die neue, ab August geltende Preisliste aufgenommen wurde. Außerdem wurden die Preisstaffeln etwas verändert.

44 Unter Berücksichtigung der Tariferhöhungen.

45 Im Jahresmittel dürfte der Preis etwas höher liegen, da die höchsten Preisstaffeln im Untersuchungszeitraum von Oktober 1972 bis März 1973 nicht ausreichend berücksichtigt sind.

Der Grenzübergangswert für lose Ostblockware (verzollt) beträgt DM 165,00 DM bis 170,00 je t Ware, für lose Ware aus dem EWG-Raum (ohne Zoll) DM 176,33 je t Ware. Im genannten Zeitraum sind die Unterschiede bei Kalkammonsalpeter also wesentlich geringer als bei Harnstoff.

Bei Mehrnährstoffdüngern läßt sich kein Preisvergleich durchführen. Die Statistik schlüsselt nur unzureichend nach verschiedenen Sorten auf, so daß die Anteile der einzelnen Sorten am Außenhandel nicht bekannt sind.

b) Inlands- und Exportpreise

Ebenso wie die Importpreise sind auch die Exportpreise nicht ohne weiteres mit den Inlandspreisen zu vergleichen. Zwar weist die Außenhandelsstatistik die Grenzübergangswerte aus und enthält damit bereits eine Vorfracht. Ob diese Vorfracht allerdings mit der durchschnittlichen Frachtbelastung im Inland annähernd übereinstimmt, ist nicht bekannt. Trotz dieser Unsicherheit sollen im folgenden der Exportpreis frei Grenze oder frei Schiff und der Inlandspreis franko Station verglichen werden. Vom Inlandspreis müssen die Rabatte abgezogen werden. Außerdem ist ein Nettopreis ohne Mehrwertsteuer heranzuziehen. Berücksichtigt werden muß ferner, daß die Listenpreise im Inland sich auf Waggonladungen von 25 t Ware beziehen, während die Exporte teilweise in ganzen Schiffsladungen mit mehreren tausend Tonnen geliefert werden. Für Mehrnährstoffdünger ist wegen der ungenügenden Spezifizierung der Außenhandelsstatistik wiederum kein Vergleich möglich.

Bei Stickstoffdünger ist schon früher festgestellt worden, daß die Preise in stickstofferzeugenden Ländern wesentlich höher liegen als in Ländern ohne eigene Stickstoffproduktion[46]. Da Stickstoff wegen seines hohen Energiebedarfs vornehmlich in Industrieländern erzeugt wird, werden die Exportpreise noch einmal aufgeschlüsselt in Industrieländer

---

[46] „Das Preisniveau für Stickstoff in den ‚stickstofffreien' Ländern liegt um bis zu 50 Prozent unter demjenigen in Ländern mit eigener Stickstoffindustrie." Albers, Willi, Die Strategie . . ., S. 7.

und Entwicklungsländer[47]. Das Ergebnis kommt in der folgenden Tabelle zum Ausdruck:

Tabelle 9

Vergleich der Inlandspreise und der Exportpreise für wichtige Düngersorten 1972 in DM[a)]

Sorte	Inlandspreis[b)]	Exportpreis[c)] insgesamt	davon in Industrieländer	davon in Entwicklungsländer
Kalkstickstoff ungeölt,[d)] 100 kg N	133,78	142,58	—	—
Ammoniumsulfat, 100 kg N	69,37	36,60	47,71	27,75
Ammonsulfatsalpeter 100 kg Ware	19,37	12,43	10,96	12,78
Kalkammonsalpeter[e)] 100 kg Ware	18,33	15,81	17,57	14,75
Harnstoff, 100 kg Ware	35,34	18,84	20,29	17,16

a) Errechnet nach: Statistisches Bundesamt, Fachserie G, Außenhandel, Reihe 2, Spezialhandel nach Waren und Ländern Dezember und Jahr 1972, S. 160 f.

b) Inlandspreis: Ungesackte Ware, ohne Steuer, abzüglich Händlerrabatt und zwei Prozent Skonto, arithmetisches Jahresmittel, Lieferung von 25 t Ware per Waggon. Früheste Auftragserteilung ohne Terminvorschrift.

c) Lieferung frei Grenze beziehungsweise frei Schiff.

d) Lieferung von Kalkstickstoff erfolgt praktisch nur in Industrieländer,

e) Die Umstellung von 24 auf 26 Prozent N ist weder bei den Inlandspreisen noch bei den Exportpreisen mengenmäßig gewichtet.

Diese Gegenüberstellung kann zwar aufgrund der Unsicherheitsfaktoren einige Fehler enthalten, die kleinere Differenzen ausgleichen können. Es steht jedoch ganz außer Frage, daß die Exportpreise für Ammoniumsulfat, Ammonsulfatsalpeter und Harnstoff wesentlich niedriger liegen als die entsprechenden Inlandspreise. Mögliche Fehler können diese Differenzen auch nicht annähernd ausgleichen.

47 Als Industrieländer werden alle europäischen Länder mit Ausnahme von Griechenland und der Türkei verstanden, ferner die USA und Kanada, die Republik Südafrika, Australien, Neuseeland und Japan.

Interessant ist vor allem der Exportpreis für Harnstoff. Er weicht — vor allem bei Lieferungen in Entwicklungsländer — nur wenig von den Importpreisen für Harnstoff aus Ostblockländern ab. Die deutsche Industrie fordert also ungefähr die gleichen Harnstoffpreise (Grenzübergangswert) bei Exporten in Entwicklungsländer wie die Ostblockländer für die deutschen Importe.

2. Internationaler Preisvergleich

Einen Vergleich der Preise aller wichtigen Düngemittel in den Mitgliedsländern der EWG hat Albers für 1962/63 versucht[48]. Die Untersuchung hat wegen der laufenden Veränderungen im Preisgefüge für die aktuelle Situation allerdings nur sehr begrenzten Aussagewert.

Die Untersuchung der Preise in verschiedenen Ländern ist korrekt wohl nur durch die Industrie möglich. Für jeden Außenstehenden fehlt eine Reihe wichtiger Unterlagen über Frachtkosten, Qualität, Rabatte, Konditionen und mengenmäßige Gewichtung der Staffelpreise. Ohne diese Daten ist ein Vergleich mit so großen Unsicherheitsfaktoren belastet, daß keine gültigen Aussagen gemacht werden können. Hinzu kommen in einzelnen Fällen Subventionen, außerdem ist die unterschiedliche Steuerbelastung zu berücksichtigen.

Für wichtige stickstoffhaltige Düngemittel hat der Fachverband Stickstoffindustrie einen Preisvergleich vorgenommen. Für das Düngejahr 1972/73 kommt der Verband zu folgenden Ergebnissen[49]:

Das Ergebnis ändert sich, wenn die unterschiedlichen Frachtbelastungen wegfallen und Ab-Werk-Preise zugrundegelegt werden. Mit der Bundesrepublik als Preisbasis kommt der Verband dann zu folgenden Werten:

---

48 Vergleiche Albers, Willi, Marktlage . . ., Anlang, S. 5 ff.

49 Einstandspreise Letztverteiler, lose, netto Kasse, volle Wagenladungen, franko, ohne Steuer, arithmetisches Jahresmittel. Vergleiche Fachverband Stickstoffindustrie: Pressemitteilung vom 15. November 1972, Westeuropäischer Preivergleich, S. 2 f.

Tabelle 10 a

Preise für Kalkammonsalpeter, Mehrnährstoffdünger 15/15/15 und 20/20/0 in verschiedenen europäischen Ländern 1972/73

Land	Kalkammonsalpeter 26 % N (in DM je kg N)	Mehrnährstoffdünger 15/15/15 (in DM je 100 kg Ware)	Mehrnährstoffdünger 20/20/0 (in DM je 100 kg Ware)
Bundesrepublik	0,84	27,08	27,96
Belgien	0,81	27,26	27,46
Frankreich	0,77	26,88	29,69
Italien	0,65	26,95	28,51
Niederlande	0,84	28,28	27,25
Großbritannien	0,86	32,76	—

Tabelle 10 b

Preisvergleich ab Werk 1972/73 (Bundesrepublik = 100)

Land	Kalkammonsalpeter 26 % N	Mehrnährstoffdünger 15/15/15	Mehrnährstoffdünger 20/20/0
Bundesrepublik	100	100	100
Belgien	103	105	103
Frankreich	93	101	108
Italien	81	103	108
Niederlande	108	110	102
Großbritannien	108	128	—

Die unterschiedliche Belastung durch Steuern und Frachtkosten geht aus Schaubild 6, S. 71, hervor.

Seit diesem Preisvergleich hat sich die Situation erheblich verändert. Die Energiekosten sind im Gefolge der Ölkrise in die Höhe geschnellt, und die Kosten für Importe von Rohphosphaten für Mehrnährstoffdünger sind ebenfalls stark angestiegen. Die oben genannten Preise haben damit als absolute Zahlen nur noch einen begrenzten Aussagewert. Sie sind jedoch als Anhaltspunkt nach wie vor wichtig, da von der Ölkrise und den Importverteuerungen alle Länder betroffen sind.

D. Industrie und Handel

I. Die verschiedenen Gruppen des Großhandels

Der Industrie stehen drei Gruppen von Großhandelsgesellschaften gegenüber. Es sind dies die Raiffeisen-Zentralgenossenschaften, die ebenfalls genossenschaftlich organisierten Vereinigten Landwarenhändler (vor allem der Rhein-

Schaubild 6: EWG — Belastung der Preise für Kalkammonsalpeter durch Fracht und Mehrwertsteuer 1972/73

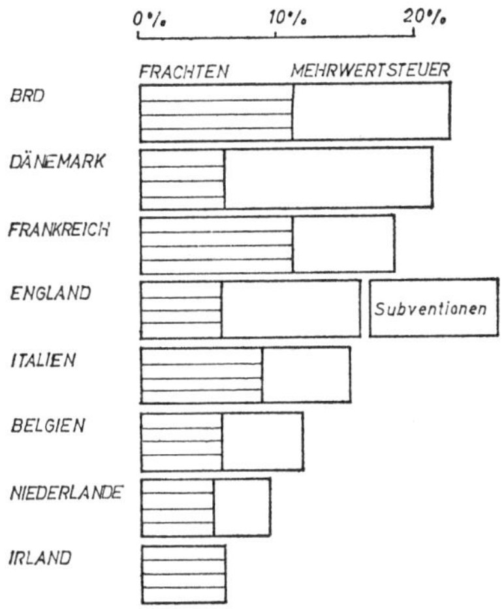

Sieg-Düngerhandel und die bayerische Firma Lagerland) und als dritte Gruppe schließlich der „freie" Düngemittel- Großhandel. Bei der letzten Gruppe sind wiederum zwei Arten zu unterscheiden: Der Werks- und Konzernhandel und der unabhängige Großhandel.

Die größte Bedeutung unter den Großhandelsgruppen haben die Raiffeisen-Zentralgenossenschaften. Auf sie entfällt ein Marktanteil von etwa 60 bis 62 Prozent[50]. Die Zentralgenossenschaften treten gegenüber der Industrie nicht gemeinsam auf. Nur die kleineren Genossenschaften werden

---

50 Nach Angaben der Industrie und der Deutschen Raiffeisen Waren-Zentrale.

einheitlich durch die Deutsche Raiffeisen Waren-Zentrale vertreten, während die großen Zentralgenossenschaften als eigenständige Nachfrager auftreten.

Die Vereinigten Landwarenhändler haben insgesamt einen Marktanteil von etwa fünf bis acht Prozent[51]. Diese Nachfrage tritt der Industrie im allgemeinen geschlossen gegenüber. Dagegen ist der Zusammenhalt zwischen den freien Düngemittelhändlern loser. Nur in wenigen Fällen kommt es zu Kooperationen gegenüber der Industrie.

Obwohl die Genossenschaften auf der Groß- und Einzelhandelsstufe den größten Marktanteil haben und eine direkte Einflußnahme der Industrie über Beteiligungen am Handel dadurch begrenzt ist, darf die Verflechtung von Industrie und Handel nicht unterschätzt werden. So ist die BASF direkt und indirekt (über die Wintershall AG und die Guano-Werke AG) an einer ganzen Reihe von Unternehmen des Düngemittelhandels beteiligt[52]. Ähnliches gilt für den Hauptaktionär der Ruhr-Stickstoff AG, für die VEBA, die über die Hugo Stinnes AG im Handel tätig ist.

II. Die Rabattgestaltung

Die Rabatte spielen bei den Stickstoffdüngemitteln eine große Rolle. Dem Handel wird ein genereller Rabatt von elf Prozent gewährt. Dieser offizielle Rabatt ist jedoch eher als Richtwert anzusehen, der im allgemeinen überschritten wird. Zwischen den Herstellern und den Handelsgesellschaften werden in jedem Jahr Verhandlungen über die tatsächlichen Rabatte geführt. Da der Industrie verschiedene Gruppen von Händlern oder auch Einzelunternehmen gegenüberstehen, weichen die den Händlern tatsächlich gewährten Rabatte im allgemeinen voneinander ab.

---

[51] Nach Angaben der Ruhr-Stickstoff AG.

[52] Beteiligungen der BASF liegen bei folgenden Gesellschaften des Düngemittelhandels vor: Hauptvertriebsstelle für Düngemittel GmbH, Ludwigshafen, Karl Grimm GmbH, Bad Zwischenahn, Joh. Pfeffer GmbH, Memmingen, Lorentz-Düngerhandel GmbH, Bielefeld, Düngerhandel Kassel GmbH, Kassel, Landhandel Glückstadt GmbH, Glückstadt, Hahner Landhandel GmbH, Hahn, Guano Spezialdünger Handelsgesellschaft mbH und Co KG, Bielefeld.

III. Die Wiederverkaufspreise des Handels

Die von der Industrie veröffentlichten Listenpreise sind an und für sich als Verbraucherpreise gedacht. Sie haben diesen Charakter in den letzten Jahren jedoch zunehmend verloren. Dafür ist offensichtlich der Wettbewerb auf der Handelsstufe verantwortlich. Nach Angaben der Deutschen Raiffeisen Waren-Zentrale sind im Düngejahr 1972/73 vom Großhandel auf die Listenpreise teilweise $10^3/_4$ Prozent, ja sogar 11 Prozent Preisnachlässe an die Abnehmer gewährt worden, selbst in Fällen, wo die von den Herstellern gewährten Rabatte 11 Prozent nicht überschritten. Ähnlich äußert sich Schramm: „In allen Vertriebsstufen gibt es ausreichende Handelsspannen — sie werden nur aus unfaßbaren Gründen weitergegeben, vermutlich weil sie offensichtlich zu hoch sind ... es wird mit Sicherheit im Moment in der ersten Hand keine daran beteiligte Gruppe geben, die an den jetzt gerade durchgeführten Stickstoff-Verkäufen etwas verdient hat[53]."

Ähnlich ist es auch bei den Ostblockimporten. Auch hier werden die Preisvorteile vom Handel an die Verbraucher weitergegeben[54]. Die Preisunterschiede gegenüber Inlandsware betragen allerdings für den Verbraucher nur wenige Prozente. Eine Ausnahme bildet Harnstoff. Hier ist der Listenpreis für inländische Ware jedoch ein „Mondpreis": Er steht zwar in den offiziellen Preislisten, doch kommt praktisch kein Geschäft zustande. So wurden 1971/72 nur noch etwa 200 t N an Harnstoff von den deutschen Herstellern an die Landwirtschaft verkauft[55]. Bei einer solch verschwindend geringen Menge ist der Listenpreis nicht als Verbraucherpreis anzusehen, sondern als rein theoretischer, willkürlich festgesetzter Preis, der nur der Vollständigkeit halber aufgeführt ist und bei dem mit Abschlüssen überhaupt nicht gerechnet wird, ja bei dem Abschlüsse gar verhindert werden

---

53 Schramm, Ekkehard, Der Düngemittelmarkt heute, S. 12.

54 Nach Angaben der Industrie und der Deutschen Raiffeisen Waren-Zentrale.

55 Vergleiche Begründung des Fachverbandes Stickstoffindustrie e. V. zur Einleitung eines Preisprüfungsverfahrens . . ., S. 3.

sollen. Die Feststellung, daß die Preisunterschiede zwischen Inlandsharnstoff und importierter Ware vom Handel an die Verbraucher weitergegeben werden, ist daher ebenso unbestritten wie nichtssagend.

Zweites Kapitel

Analyse des Wettbewerbs

A. Die Beurteilung des Rationalisierungskartells Ruhr-Stickstoff AG

Die erste Erlaubnis der Ruhr-Stickstoff AG datiert vom 15. Dezember 1960, am 20. März 1965 wurde die Erlaubnis verlängert, eine weitere vorläufige Verlängerung bis zur endgültigen Entscheidung wurde am 25. Juni 1969 ausgesprochen. Die endgültige Entscheidung steht noch aus.

Das Kartellamt spricht die Erlaubnis zu einem Rationalisierungskartell aus, „wenn die Regelung der Rationalisierung wirtschaftlicher Vorgänge dient und geeignet ist, die Leistungsfähigkeit oder Wirtschaftlichkeit der beteiligten Unternehmen in technischer, betriebswirtschaftlicher oder organisatorischer Beziehung wesentlich zu heben und dadurch die Befriedigung des Bedarfs zu verbessern"[1]. Ferner können höherstufige Kartelle nur genehmigt werden, wenn der Rationalisierungszweck auf andere Weise nicht erreicht werden kann und im Interesse der Allgemeinheit liegt. Es ist zu prüfen, ob die Grundlagen, die 1965 zur Verlängerung der Erlaubnis führten, heute noch zutreffen.

Ursprünglich waren es 52 Unternehmen, die das Kartell gründeten[2]. Inzwischen sind es jedoch nur noch 13 Aktionäre

---

[1] Paragraph 5 Absatz 2 des Gesetzes gegen Wettbewerbsbeschränkungen.

[2] Vergleiche Beschluß des Bundeskartellamtes vom 20. März 1965 — B 3 — 413410 — J — 276/64 — („Ruhrstickstoff III"), abgedruckt in: Wirtschaft und Wettbewerb, Nr. 7/8, 1965, S. 611.

mit Stimmrecht und Ablieferung[3]. Auch diese Mitglieder sind zum Teil noch miteinander eng verbunden[4]. Wirkliche Bedeutung für das Kartell haben nur die drei Synthesehersteller sowie die Ruhrkohle AG.

Das Kartellamt hat in seiner Entscheidung 1965 Erfolge bei der Hebung der Leistungsfähigkeit und der Wirtschaftlichkeit bejaht. Es führte zur Begründung die Spezialisierung der Produktion, die Verringerung der Lagerkosten, die Rationalisierung des Versandes durch zentrale Disposition, die Frachtkostenverringerung im Export und niedrigere Finanzierungskosten an. Das Amt kam zu der Überzeugung, daß diese Erfolge nicht ohne den Kartellzusammenschluß möglich gewesen wären[5].

Mit der zunehmenden Konzentration kann man jedoch nicht mehr davon ausgehen, daß auch weiterhin Rationalisierungserfolge nur durch das Kartell eintreten können. Zwar könnte man für die Kokereimitglieder in jedem Fall höhere Verkaufskosten veranschlagen, wenn sie aus dem Kartell ausscheiden und dessen Funktionen selbst übernehmen müßten. Bei der Kokerei- und Gasherstellung fällt Stickstoff jedoch als Abfallprodukt an, das nur geringe zurechenbare Kosten verursacht.

Es kann unterstellt werden, daß die Produktionskosten wesentlich niedriger liegen als bei den Synthese-Herstellern. Kostensteigerungen bei den Koks- und Gasherstellern durch

---

[3] Vergleiche Ruhr-Stickstoff AG: Bericht über das Geschäftsjahr 1971/72, Bochum, S. 2.

[4] So sind drei der saarländischen Mitglieder eng verbunden. Die französische Gruppe Compagnie de Saint Gobain-Pont-à-Mousson ist mit 60 Prozent an der Halbergerhütte GmbH und mit über 25 Prozent an der AG der Dillinger Hüttenwerke beteiligt. Weitere mehr als 25 Prozent des Kapitals der Dillinger Hüttenwerke sind in Händen der Neunkircher Eisenwerk AG. Die Familie Stumm ist mt 33 1/3 Prozent an der Halbergerhütte GmbH und über die Stumm AG mit 50 Prozent an der Neunkircher Eisenwerk AG beteiligt. Nicht zu übersehen ist auch die Beteiligung der öffentlichen Körperschaften an den Kartellmitgliedern. Sie sind maßgeblich an der Berliner Gaswerke AG, an der Saarbergwerke AG, an den Stahlwerken Peine-Salzgitter AG und an der VEBA-AG beteiligt.

[5] Vergleiche Beschluß des Bundeskartellamtes vom 20. März 1965, S. 614 ff.

eine Auflösung des Kartells brauchen daher weder zu Preiserhöhungen noch zu Verlusten zu führen.

Auf die Synthese-Hersteller entfallen fast 90 Prozent der Produktion. Allein die VEBA-Chemie hat einen Anteil von rund zwei Dritteln, der mit der Einbeziehung der halben Produktion der Gewerkschaft Victor sogar über drei Viertel beträgt. Die Ruhr-Stickstoff AG verkauft also heute ohnehin schon in überwiegendem Umfang die Produktion der VEBA-Chemie.

Die andere Hälfte der Produktion der Gewerkschaft Victor kann von der BASF vertrieben werden, die ja über ein ausgebautes Vertriebssystem verfügt. Für die VEBA-Chemie als größtem Aktionär der Ruhrkohle AG bestehen wahrscheinlich keine großen Schwierigkeiten, auch den Kokerei-Stickstoff dieses Unternehmens abzusetzen. Bei der langjährigen Zusammenarbeit mit den anderen kleinen Herstellern ist auch ein Vertrieb ihrer Produktion durch die VEBA-Chemie möglich und wahrscheinlich.

Das Kartell ist aus Rationalisierungsgründen also kaum noch zu rechtfertigen. Es bleibt die Frage, ob das Kartell den Wettbewerb negativ beeinflußt. Durch die Beteiligung der BASF an dem Kartellmitglied Gewerkschaft Victor bieten sich dem wichtigsten Konkurrenten direkte Einfluß- und Informationsmöglichkeiten, die den Wettbewerb einschränken können. Ohne einen entsprechenden Erfolg des Kartells gibt es keine Rechtfertigung, diese Einbußen hinzunehmen.

Es bestehen zwei Möglichkeiten, den Wettbewerb zu intensivieren: Entweder Weiterbestehen des Kartells und Ausscheiden der Gewerkschaft Victor oder Auflösung des Kartells. In jedem Fall müßte damit eine Aufteilung der Produktion der Gewerkschaft Victor zwischen der VEBA-Chemie und der BASF verbunden sein. Da die kleineren Mitglieder des Kartells in keinem Fall in der Lage sind, eine eigene Forschungs-, Beratungs- und Verkaufsorganisation aufzubauen und zu unterhalten, müssen diese Funktionen von einer anderen Stelle übernommen werden. Das Weiterbestehen des Kartells könnte sich daher anbieten, zumal der eingeführte Markenname Rustica auch von kleineren Produzenten weiter benutzt werden sollte.

Dennoch spricht manches gegen diesen Vorschlag. Die VEBA-Chemie würde nach dem Ausscheiden der Gewerkschaft Victor und der Einbringung der halben Produktion dieser Gesellschaft über einen Anteil von gut 80 Prozent am Kartell verfügen. Das Kartell wäre damit praktisch eine Beteiligungsgesellschaft der VEBA-Chemie. Es ist daher eher sinnvoll, die Ruhr-Stickstoff AG auch äußerlich als Verkaufsgesellschaft der VEBA-Chemie auszuweisen. Ähnlich wie bei Kalidüngern, wo nach der Auflösung des Kartells der Verkauf der Kali-Chemie durch langfristige Verträge von der Kali und Salz AG übernommen wurde, könnte die Ruhr-Stickstoff AG mit den kleineren Herstellern langfristige Verträge zur Übernahme deren Produktion abschließen. Diese Lösung würde den Charakter des Unternehmens klarer zutage treten lassen. Erzwingbar sind solche Verträge allerdings nicht.

B. Die Beurteilung des Verhaltens der Oligopolisten

I. Neigung zu Absprachen im Oligopol

Jeder der drei großen Anbieter von Stickstoffdüngemitteln hat alle wichtigen Sorten in seinem Sortiment. Bei den Einzeldüngern werden Stickstoffmagnesiumsulfat, Ammoniumsulfat, Kalkammonsalpeter, Ammonsulfatsalpeter und Harnstoff von allen Herstellern angeboten, bei den Mehrnährstoffdüngern die wichtigsten Sorten 10/8/18, 12/12/17/2 (Mg), 13/13/21 mit und ohne Bor, 15/15/15 und 20/20/0[6]. Nur die mengenmäßig relativ unbedeutenden Sorten werden nur von einem oder zwei Herstellern angeboten, doch bietet die Produktion keine technischen Probleme, so daß auch die anderen Hersteller ihre Produktion jederzeit umstellen können. Ungeachtet der sekundären Qualitätsunterschiede bei den einzelnen Sorten kann daher morphologisch von einem Oligopol gesprochen werden.

[6] Vergleiche Heller, L., Landmann, R. und H., Düngerbezugs-Preisliste 1972/73, Teil II, S. 26 f.

Die Zahl der Anbieter ist jedoch nicht das einzige Kriterium für eine oligopolistische Marktstruktur. Ebenso wichtig ist die Verhaltensweise der Marktteilnehmer.

Zu den typischen oligopolistischen Verhaltensweisen wird im allgemeinen die Neigung zu Absprachen zwischen den Marktteilnehmern gezählt. Sie versuchen, sich zu einigen, den Markt zu monopolisieren und die Preiskonkurrenz auszuschalten[7].

In der Stickstoffindustrie gibt es eine Reihe von Indizien dafür, daß die drei großen Anbieter koordiniert handeln. Einerseits sind die Preise bei allen drei Anbietern gleich. Das könnte allerdings auch ein Zeichen für intensiven Wettbewerb sein. Jedoch werden die Preise jeweils von allen Anbietern gemeinsam, zum gleichen Zeitpunkt und in gleicher Höhe geändert. Das gilt nicht nur für Preissenkungen, auf die die Konkurrenz im Oligopol reagieren muß, sondern auch für Preiserhöhungen.

Nicht jede gleichförmige Preiserhöhung braucht auf Absprachen zu beruhen. Es geht in der Stickstoffindustrie auch nicht um die Veränderung eines bestimmten Preises, sondern um ein ganzes System mit einem Bündel von Bestandteilen. Wenn ein solches System mit einer ganzen Reihe von Bestandteilen von allen Anbietern gleichzeitig und gleichförmig verändert wird, so kann vermutet werden, daß das keine zufällige Übereinstimmung ist, sondern daß sich die Marktteilnehmer vorher abgestimmt haben.

Diese Vermutung wird unterstützt, wenn man die Veränderungen des Systems in den drei Düngejahren 1970/71, 1971/72 und 1972/73 betrachtet[8]. Außer den reinen Preisveränderungen in diesem Zeitraum wurden folgende Bestandteile des Preissystems geändert:

Der Beginn der Gültigkeitsdauer der Preislisten wurde von Juli auf August verlegt. Die Bestellstichtage, 1970/71 je

---

[7] Vergleiche Gerhard, Walter, Rabattwettbewerb und Rabattordnung in einer Wirtschaftsordnung funktionsfähiger Konkurrenz, Wirtschafts- und Sozialwissenschaftliche Dissertation, Köln 1960, S. 115 ff.

[8] Vergleiche Heller, L., Landmann R. und H., Düngerbezugs-Preislisten 1970/71, 1971/72, 1972/73, jeweils Teil II.

nach Hersteller verschieden, wurden bei allen Herstellern im folgenden Jahr auf den gleichen Termin gelegt. Der zweite Bestellstichtag wurde vom 15. 10. 1971 auf den 30. 11. 1972 verschoben. Der Zuschlag für verspäteten Auftragseingang wurde von zwei Prozent auf 1,5 Prozent gesenkt. Bei Mehrsortenladungen in Waggons wurde die Beiladegebühr je 100 kg Ware von DM 0,75 über DM 1,00 auf DM 1,50 angehoben. Für 1973/74 wurde erstmals bei Mehrnährstoffdüngern eine Abholvergütung von durchschnittlich DM 5,00 je t Ware eingeführt. Besonders deutlich war die Umstellung der Preisstaffeln. Vergleicht man in den drei Jahren die Ersparnisse in den einzelnen Staffeln gegenüber dem Höchstpreis, so wird deutlich, daß hier das ganze Staffelpreissystem umgestellt wurde.

Tabelle 11

Ersparnis bei Bestellung in den einzelnen Preisstaffeln in Prozent vom Preis der höchsten Staffel bei Ammonsulfatsalpeter[a)]

Monat	1970/71	1971/72	1972/73
Juli	12,0	—	—
August	12,0	9,3	9,2
September	11,5	8,5	8,4
Oktober	9,8	7,8	7,7
November	7,9	7,1	7,0
Dezember	6,1	4,2	4,1
Januar	4,3	3,5	3,5
Februar	2,6	2,8	1,3
ab März	—	—	—

[a)] Errechnet nach: Heller, L., Landmann, R. und H., Düngerbezugs-Preislisten 1970/71, 1971/72 und 1972/73.

Alle diese Veränderungen wurden von allen Anbietern gleichzeitig und in gleicher Weise durchgeführt. Das läßt nur einen Schluß zu: Die Anbieter haben sich vorher abgesprochen und die Preise administrativ festgesetzt. Zu dieser Ansicht kam auch die Frankfurter Allgemeine Zeitung, die über die veränderten Bestandteile des Preissystems im Jahre 1971/72 schreibt: „In diesen Tagen haben sie ihre Umwelt erneut mit einer Aktion überrascht, deren inniger Gleichklang auf Märkten, wo wirklicher Wettbewerb stattfindet, gemeinhin unbekannt ist und auch noch nicht beobachtet wurde[9]." An anderer Stelle wird von einem „Paradefall" für abgestimmte Verhaltensweisen gesprochen[10].

II. Begünstigung von Absprachen durch die äußeren Bedingungen

Neben der Oligopolsituation gibt es eine Reihe von weiteren Bedingungen in der Stickstoffindustrie, die die Neigung zu Absprachen außerordentlich begünstigen. Dazu zählte vor allem die lange gültige, inzwischen aufgehobene Höchstpreisregelung. Mit den Höchstpreisen war für die Anbieter eine verbindliche Richtgröße gegeben, die nicht überschritten werden durfte. Die für das Oligopol typische Situation, daß nicht ein Anbieter allein seine Preise senken kann, sondern die Konkurrenten sofort reagieren müssen, führte für alle Anbieter zu der großen Gefahr, daß bei einem Preiswettbewerb auch die staatlichen Höchstpreise nach unten korrigiert würden. Das aber hätte möglicherweise Verluste bedeutet. Die Anbieter mußten sich also davor hüten, die geltenden Höchstpreise deutlich zu unterbieten.

Ein Verdrängungswettbewerb über die Preise hat zudem praktisch keine Erfolgsaussichten. Die Herstellung von Düngemitteln machte für alle drei Anbieter nur einen kleinen Teil ihrer Geschäftstätigkeit aus[11]. Ein Verdrängungswett-

---

[9] Krause, Klaus Peter, Die Stickstoffhersteller wagen viel, in: Frankfurter Allgemeine Zeitung vom 7. Juni 1971.

[10] Vergleiche Stickstoffdünger als Testfall, in: Blick durch die Wirtschaft, 21. Juni 1971. Vermutungen über Absprachen zwischen den Herstellern sind nicht erst in den letzten Jahren aufgetaucht. Vielmehr ist bereits seit 1950 ein Vorgehen der Hersteller uno actu zu beobachten, das sich selbst auf Details erstreckte und auch schon zu Zeiten Gültigkeit hatte, in denen die Zahl der Anbieter noch wesentlich größer war. Vergleiche dazu Michel, Oswin, Analyse des Angebots mineralischer Düngemittel im Bundesgebiet. Ein Beitrag zur Frage wirtschaftspolitischer Marktgestaltung, wirtschaftswissenschaftliche Dissertation, Mannheim 1959, S. 75 f. und S. 101.

[11] Zwar ist der Düngemittelbereich für die Ruhr-Stickstoff der größte Geschäftsbereich. Allerdings kann hier nicht das Kartell isoliert betrachtet werden, sondern es muß in seine Mitglieder aufgeschlüsselt werden. Die Veba ist dann ebenso ein Mischkonzern wie die BASF und die Farbwerke Hoechst.

bewerb müßte schon sehr lange anhalten, bis eventuell einer der Hersteller zur Aufgabe gezwungen werden könnte.

Ein Preiswettbewerb ist nicht nur über die Listenpreise, sondern auch über die Preisstaffeln möglich. Bei unterschiedlichen Staffeln, aber gleichen Durchschnittspreisen müßte jeder Hersteller befürchten, daß er die Nachfrage nach seinen Produkten insgesamt nicht steigern kann, sondern daß sich die bestehende Nachfrage zeitlich konzentriert und damit den gleichmäßigen Produktionsrhythmus stört.

Sofern Absprachen zu einer Monopolisierung des Marktes und damit zu höheren Gewinnen führen sollen, müssen auch potentielle Wettbewerber berücksichtigt werden. Die Marktzugangschancen sind jedoch bei Stickstoffdüngern außerordentlich gering. Einmal ist heute nur noch die Errichtung von Großanlagen ab 350 000 jato N wirtschaftlich. Zum anderen reicht die Produktion von Stickstoffdüngern allein nicht aus, um auf dem Markt Zugang zu finden. Ein umfangreiches Beratungssystem ist ebenso nötig wie landwirtschaftliche Forschungs- und Versuchsanlagen. Zudem dürften die Größe und wirtschaftliche Macht der drei Anbieter abschreckend sein.

Eher wäre schon eine Absprache über einen Verdrängungswettbewerb gegenüber den Importen denkbar. Die Einigung mit den belgischen Unternehmen über die Preise für Importware ist jedoch ein weiterer Faktor, der den Hang zu kämpferischen Verhaltensweisen dämpft.

Möglichkeiten zu Absprachen gibt es genügend. Einmal sind alle Hersteller Mitglied im Fachverband Stickstoffindustrie. Hier können sicherlich Absprachen vorgenommen werden, zumal der Fachverband Markt- und Preisuntersuchungen durchführt und praktisch über alle Daten verfügt. Solange noch die Höchstpreisverordnungen Gültigkeit hatten, führte der Verband auch die Verhandlungen mit den zuständigen Ministerien. Als weitere Stelle für Absprachen könnte das gemeinsame Exportkartell, die Nitrex AG, dienen. Sie wird für Absprachen zwischen den deutschen Herstellern allerdings keine große Bedeutung haben. Wohl aber wird vermutet, daß das Kartell zu Absprachen auf internationaler Ebene gebraucht wurde, vor allem über Gebietsschutzabkommen[12].

Eine institutionelle Verbindung zwischen den beiden größten Anbietern besteht durch die 50prozentige Beteiligung der BASF an der Gewerkschaft Victor Chemische Werke, Mitglied der Ruhr-Stickstoff. Über diese Beteiligung hat die BASF sicherlich nur einen geringen Einfluß auf das Kartell. In jedem Fall kann man aber einen Informationsvorsprung unterstellen. Mit anderen Worten: Wenn die BASF will, kann sie in kürzester Zeit jede Datenänderung der Ruhr-Stickstoff erfahren. Wieweit die BASF davon Gebrauch macht, ist unwichtig. Für die Beurteilung des Wettbewerbs ist die prinzipielle Möglichkeit entscheidend.

III. Die rechtliche Beurteilung der Absprachen

Ökonomisch sind abgestimmte Verhaltensweisen als eindeutige Beschränkung des Wettbewerbs zu werten. Die rechtliche Beurteilung jedoch hängt von der Gesetzgebung ab. Sowohl in der Bundesrepublik wie in der EWG ist in den letzten Jahren in Grundsatzurteilen zum Teerfarben-Fall entschieden worden, wie abgestimmte Verhaltensweisen juristisch zu beurteilen sind. Beide Urteile sind dabei zu unterschiedlichen Ergebnissen gekommen.

Im Gesetz gegen Wettbewerbsbeschränkungen (Kartellgesetz) der Bundesrepublik ist der Tatbestand der abgestimmten Verhaltensweise ursprünglich nicht ausdrücklich erfaßt worden. Lediglich der Paragraph 1 bot eine gewisse Handhabe, indem er die Unwirksamkeit wettbewerbsbeschränkender Vereinbarungen festlegte. Nach dem Teerfarben-Urteil des Bundesgerichtshofes[13] fallen abgestimmte Verhaltensweisen jedoch nur dann unter den Paragraphen 1, wenn zwischen den Beteiligten ein Vertrag abgeschlossen wurde[14]. Ein solcher Fall ist in der deutschen Stickstoffindu-

---

12 Vergleiche Albers, Willi, Strategie . . ., S. 7.

13 Vergleiche Beschluß des BGH vom 17. Dezember 1970 — KRB 1/70 („Teerfarben"), abgedruckt in: Wirtschaft und Wettbewerb, 3/1971, S. 187 ff.

strie nicht nachgewiesen. Vielmehr dürfte das gemeinsame Vorgehen der Hersteller auf Übereinkommen beruhen, die seit vielen Jahren von allen Beteiligten für verbindlich angesehen werden und daher nicht fixiert werden. Das Kartellamt kam daher zu dem Schluß, daß das Kartellgesetz nicht ausreichte, gegen die Absprachen der Stickstoffanbieter vorzugehen[15].

Zu einer anderen Beurteilung des Teerfarben-Falls kam der Gerichtshof der Europäischen Gemeinschaften[16]. Der Tatbestand der abgestimmten Verhaltensweise ist allerdings nach Artikel 85 Absatz 3 des EWG-Vertrages ausdrücklich untersagt. Vertragliche Einigung ist nicht notwendige Voraussetzung zum Eingreifen. Sofern „auf Märkten mit oligopolistischen Strukturen die Preise gleichmäßig und zum gleichen Zeitpunkt erhöht" werden und „somit die Risiken des Wettbewerbs und die Ungewißheit über nichtabgestimmte Reaktionen der Konkurrenz ausgeschaltet" sind, kann „der Tatbestand der verbotenen abgestimmten Verhaltensweise als erfüllt gelten"[17].

Mit dem Inkrafttreten der Kartellnovelle am 6. August 1973 ist das deutsche Kartellrecht dem europäischen in diesem Punkt weitgehend angeglichen worden[18]. Der neue Paragraph 25 des Kartellgesetzes unterscheidet sich vom Paragraphen 1 dadurch, „daß der Begriff ‚aufeinander abstimmen' nicht den Nachweis einer echten vertraglichen Einigung voraussetzt ..."[19]. Bloßes Parallelverhalten wird allerdings noch nicht mit abgestimmtem Verhalten gleichgesetzt. Vielmehr sollte nach Meinung des Kartellamtes[19] auf das Urteil des

---

14 Vergleiche ebenda, S. 192 f.

15 Nach Angaben von Beamten des Bundeskartellamtes gegenüber dem Verfasser in einem Gespräch am 15. März 1973.

16 Vergleiche Urteil des Gerichtshofes der EG vom 14. Juli 1972 — Rechtssache 51/69 („Farbstoffe"), abgedruckt in: Wirtschaft und Wettbewerb, 9/1972, S. 593 ff.

17 „Fernschreiben jetzt entbehrlich", in: Blick durch die Wirtschaft, 18. Juli 1972.

18 Vergleiche: Auch „abgestimmtes Verhalten" ist jetzt verboten, in: Blick durch die Wirtschaft, 6. August 1973.

19 Ebenda.

Europäischen Gerichtshofes zurückgegriffen werden, wonach die Grenzlinie dann überschritten wird, wenn „ein Hersteller mit seinen Konkurrenten — in welcher Art auch immer — zusammenwirkt, um für eine Preiserhöhung ein koordiniertes Vorgehen festzulegen und den Erfolg dieser Erhöhung dadurch zu sichern, daß im voraus ... jede Unsicherheit über das wechselseitige Verhalten beseitigt wird"[20]. In welcher Form der Nachweis dafür zu erbringen ist, wird erst nach den ersten höchstrichterlichen Entscheidungen endgültig feststehen.

IV. Auswirkungen der Kartellnovelle

Welche Auswirkungen von der Novellierung des Kartellgesetzes für das praktische Verhalten der Stickstoff-Anbieter zu erwarten sind, ist unsicher. In keinem Fall ist damit zu rechnen, daß die Wettbewerbsbeschränkungen schlagartig aufhören. Einige denkbare Strategien sollen hier behandelt werden:

1. Es ist möglich, daß alles wie bisher weitergeht. Die Stickstoffanbieter können sich darauf berufen, „Handel, Genossenschaften, Bauernverband und Regierung hätten sie ständig gedrängt, die Verkaufsbedingungen der besseren Übersichtlichkeit wegen völlig zu vereinheitlichen"[21].

2. Die zweite Möglichkeit besteht darin, daß die Anbieter die Preise einfrieren. Dieses Verhalten ist bei Oligopolisten durchaus nicht selten[22]. Ein solches Verhalten kann auch längerfristig beibehalten werden, wenn eine der beiden folgenden Voraussetzungen erfüllt ist. Entweder müssen die Herstellungskosten sinken, oder die bestehenden Preise müssen deutlich über den Grenzkosten liegen und die Kosten dürfen gar nicht oder nur langsam steigen. Diese Möglichkeit kann nach der Er-

[20] Urteil des Gerichtshofes der EG ..., S. 600.

[21] Krause, Klaus Peter, Die Stickstoffhersteller ...

[22] Auf die mangelnde Preisflexibilität in Oligopolen weist unter anderen Gerhardt hin. Vergleiche Gerhardt, Walter, S. 116 f. Vergleiche auch Zohlnhöfer, Werner, Wettbewerbspolitik im Oligopol, Veröffentlichungen der List Gesellschaft e.V., Band 54, Basel, Tübingen 1968, S. 23 und S. 25.

höhung der Energiekosten und der Importpreise für Rohphosphat im gegenwärtigen Zeitpunkt als irreal gelten.

3. Die Konditionen wie Preisstaffeln und Rabatte bleiben unverändert, nur die Endpreise werden nach dem Prinzip der Preisführerschaft mit wechselnden Preisführern verändert (erhöht). Begründet werden die Preiserhöhungen mit der oligopolistischen Interdependenz. In diesem Fall dürfte es wesentlich schwieriger sein, den Nachweis zu erbringen, daß es sich nicht um ein Parallelverhalten, sondern um abgestimmte Verhaltensweisen handelt.
4. Als weitere Möglichkeit sind unterschiedliche Preise, aber andere Absprachen denkbar, zum Beispiel Gebietsabsprachen, die sukzessive verwirklicht werden, oder Sortenspezialisierung, oder auch Mengenabsprachen.
5. Als letztes sei schließlich auf die Möglichkeit hingewiesen, zwar unterschiedliche Listenpreise zu fordern, diese aber durch verschieden hohe Rabatte oder sonstige Vergünstigungen auszugleichen, so daß unter dem Strich doch letztlich der gleiche Preis steht.

Es ist also mit der Novellierung des Kartellgesetzes keine Gewähr dafür gegeben, daß die Preise für Stickstoffdünger in Zukunft nicht abgestimmt sind.

C. Die Beurteilung des Systems einheitlicher Frankostationspreise

I. Theoretische Erörterung

1. Die ökonomische Interpretation des Frankostationspreises

In der ökonomischen Theorie werden die Frankostationspreise als eine Form der Preisdifferenzierung oder -diskriminierung angesehen. „Price discrimination may be defined as the practice of a firm or group of firms of selling (leasing) at prices disproportionate to the marginal costs of the products sold (leased) or of buying (hiring) at prices disproportionate to the marginal productivities of the factors bought (hired)[23]." Innerhalb der Theorie der Preisdifferenzierung zählen Frankostationspreise zur Gruppe der regionalen oder geographischen Differenzierung. „Mit ‚regionaler Preisdifferenzierung' werden alle Formen der Absatzpolitik eines Betriebes bezeichnet, bei denen der erzielte Nettostückerlös ab Werk mit den Bestimmungsorten oder mit den Absatzzonen, in die geliefert wird, variiert[24]." Ein weiteres wichtiges Merkmal der Frankostationspreise ist, daß es sich nicht um einen Einzelfall von Preisdiskriminierung handelt, sondern um ein „System" diskriminierender Tatbestände.

Formal erscheinen Frankostationspreise als ein typisches Beispiel für eine Nicht-Differenzierung: Preisdifferenzen sind ja gerade nicht festzustellen. Die formale Gleichheit ist auch oft der Grund für Mißverständnisse gewesen, die beseitigt werden könnten, wenn allgemein der Begriff „Preisdifferenzierung" durch „Preisdiskriminierung" ersetzt würde. „Eine ungleiche Behandlung kann auch darin liegen, daß ein Unternehmen zwei Kunden zum gleichen Preis unterschiedliche Leistungen zukommen läßt... Diskriminierungen derart, daß ein marktbeherrschendes Unternehmen unterschiedliche Preise für gleiche Leistungen verlangt, können ohne weiteres in eine scheinbare Gleichbehandlung (gleiche Preise für unterschiedliche Leistungen) umgewandelt werden[25]."

Im Fall der Frankostationspreise handelt es sich um unterschiedliche Leistungen, für die ein gleicher Preis verlangt wird. Das wird klar, wenn man die Lieferung unterteilt. Der erste Teil der Leistung ist die Produktion, der zweite Teil der

[23] Machlup, Fritz, Characteristics and Types of Price Discrimination. In: National Bureau of Economic Research: Business Concentration and Price Policy. Princeton 1955, S. 398.

[24] Möller, Hans, Grundlagen einer Theorie der regionalen Preisdifferenzierung, Nachdruck in: Barnikel, Hans-Heinrich (Herausgeber), Wettbewerb und Monopol, Darmstadt 1968, S. 301.

[25] Hamm, Walter, Einheitliche Frankostationspreise als Diskriminierungsinstrument, in: Wettbewerb als Aufgabe — Nach zehn Jahren Gesetz gegen Wettbewerbsbeschränkungen. Reihe Wirtschaftsrecht und Wirtschaftspolitik, Band 7, Bad Homburg v. d. H., Berlin, Zürich 1968, S. 338 f. Vergleiche dazu auch Machlup, Fritz, The Political Economy of Monopoly Business, Labor and Government Policies, Baltimore 1952, S. 136.

Transport des Gutes[26]. Entweder wird der Transport nicht von allen Abnehmern gleich bezahlt, oder dies gilt für die Produktionsleistung. Die Trennung in zwei Leistungsteile ist nicht nur gedanklicher Art. Sie wird dadurch unterstrichen, daß im allgemeinen zwei Anbieter auftreten, von denen jeder eine Leistung erstellt. Die Transportleistung wird vor allem von der Bundesbahn erstellt, die dafür auch je nach Entfernung unterschiedliche Preise fordert. Man kann also nicht von einer Gesamtleistung eines Unternehmens sprechen, die sich nur gedanklich aufteilen läßt. Vielmehr versucht der Anbieter der Produktionsleistung, die Preisunterschiede für unterschiedliche Transportleistungen dadurch auszugleichen, daß er ihnen unterschiedliche Preise ab Werk für gleiche Produktionsleistung gegenüberstellt. Vom ökonomischen Standpunkt sind daher Frankostationspreise ein klarer Fall von Preisdifferenzierung.

2. Die ökonomischen Folgen von einheitlichen Frankostationspreisen

Die Folgen von einheitlichen Frankostationspreisen hängen in starkem Maße von den Gegebenheiten des Marktes ab. So ist die Auswirkung in einem Monopol anders zu bewerten als bei oligopolistischer Marktstruktur, bei einer Preisbindung kann die Beurteilung anders ausfallen als bei Grundstoffmärkten mit hoher Transportkostenbelastung. Die Folgen von Frankostationspreisen bei preisgebundenen Waren und Gütern mit sehr geringer Transportkostenbelastung werden nicht gesondert untersucht[27]. Von der Betrachtung ausgeschlossen bleiben auch Wettbewerbsmärkte. „Auf Wettbewerbsmärkten ist ein Anbieter nur dann konkurrenzfähig, wenn er in die Preise eintritt, die er auf dem betreffenden regionalen Markt vorfindet. In aller Regel ergeben sich dabei unterschiedliche Ab-Werk-Preise. Diese differenzierenden Ab-Werk-Preise sind nicht das Symptom einer Preis-

---

[26] Produktion steht hier als Sammelbegriff für alle betrieblichen Leistungen bis zum Verkauf.

[27] Vergleiche Hamm, Walter, Einheitliche . . ., S. 340 ff.

diskriminierung, sondern das Ergebnis des Wettbewerbsprozesses ... oder einer aktiven (agressiven) Verkaufspolitik[28]."

a) Frankostationspreise beeinträchtigen die Lenkungsfunktion der Preise

aa) Transportkosten und Nachfragesteuerung

In einer marktwirtschaftlichen Ordnung hat der Preis eine Lenkungsfunktion. Bei Produktionsfaktoren soll er einen möglichst rationellen Einsatz gewährleisten. Das gilt für den Faktor Transportleistung ebenso wie für alle anderen Faktoren.

Durch Frankostationspreise wird diese Lenkungsfunktion außer Kraft gesetzt. Während der Nachfrager bei Ab-Werk-Preisen bei dem Anbieter kauft, bei dem die Summe aus Produktions- und Transportkosten am geringsten ist, wird er bei Frankostationspreisen nur noch von der Höhe der Produktionskosten in seiner Entscheidung beeinflußt[29].

Die Transportkosten sind für ihn bei Frankostationspreisen eine konstante Größe, die er durch die Wahl eines bestimmten Anbieters nicht beeinflussen kann. Geringfügige Unterschiede in den Produktionskosten lenken die Nachfrage zu dem am kostengünstigsten produzierenden Anbieter, selbst wenn wesentlich höhere tatsächliche Frachtkosten die minimalen Unterschiede in den Produktionskosten bei weitem überkompensieren. Selbst bei gleichen Kosten und Preisen werden persönliche Präferenzen dazu führen, daß erhebliche Nachfragemengen auf Anbieter entfallen, bei denen die tatsächlichen Frachtkosten wesentlich höher sind als bei anderen. Der Preis für die Transportleistung lenkt die Nachfrage nicht mehr zu den nahegelegenen Anbietern. Die Transportkosten insgesamt steigen dadurch deutlich an.

---

[28] Vergleiche ebenda, S. 352.

[29] Es sei unterstellt, daß sich Kostenunterschiede in entsprechenden Preisunterschieden ausdrücken.

bb) Beeinflussung von Standortentscheidungen

„Einheitliche Frankostationspreise verändern diese räumliche Ordnung der Preise und beseitigen einen Anhaltspunkt für ökonomisch richtige Standortentscheidungen ...[30]." Bei Ab-Werk-Preisen und normaler Nachfragereaktion ist in Randgebieten mit hoher Transportbelastung die Nachfrage ceteris paribus geringer als in Gebieten ohne große Transportkosten. Das kann die Anbieter dazu veranlassen, neue Produktionsstätten zu errichten, um die Nachfrage insgesamt zu steigern und den Absatz zu erhöhen. Selbst wenn die Produktionskosten in den Randgebieten höher liegen als bei den bereits bestehenden Produktionsstätten, können diese Mehrkosten geringer sein als die hohe Transportkostenbelastung. Dann ist eine Überwälzung der höheren Produktionskosten möglich, ohne daß die vorherigen Preise inclusive der Transportkosten überschritten werden. Trotz höherer Produktionskosten ist sogar ein insgesamt niedrigerer Preis möglich.

Bei Frankostationspreisen kann der Anreiz zur Errichtung neuer Produktionsstätten in Randgebieten entfallen. Ökonomisch richtige Standortkorrekturen unterbleiben, eine ineffiziente ökonomische Allokation der Produktionsfaktoren wird konserviert[31].

cc) Einengung der Marktzugangschancen

Frankostationspreise sind eine wirksame Waffe gegen Außenseiter- und Neuanbieterkonkurrenz. „Sieht man einmal von der Materiallagergebundenheit des Standortes ab, dann hat ein Neuanbieter die Wahl, sich mehr an der Peripherie oder näher am Zentrum eines zum Oligopol gehörenden Absatzgebietes anzusiedeln. Wählt er die erste Möglichkeit, dürfte die akute Bedrohung seiner Existenz nicht einmal in einem vergleichsweise zu Ab-Werk-Preisen niedrigem

---

30 Hamm, Walter, Einheitliche . . ., S. 344.

31 Vergleiche ebenda, S. 345.

Preisniveau zu sehen sein[32]." Die bereits vorhandenen Anbieter müßten ihre Ab-Werk-Preise schon beträchtlich senken, um den Neuanbieter unterbieten zu können. Bei Frankostationspreisen liegt der Verkaufspreis für Abnehmer an der Peripherie eines Absatzgebietes jedoch wesentlich niedriger als bei Ab-Werk-Preisen. Der Neuanbieter kann daher bei gleichen Ab-Werk-Preisen nicht wesentlich billiger anbieten, trotz geringer tatsächlicher Frachtkosten. Seine Chancen, auf dem Markt Zugang zu erhalten, werden erheblich vermindert.

Das gleiche gilt auch für den Außenhandel. Bei Ab-Werk-Preisen gibt es keine klare Trennung zwischen verschiedenen Märkten. Selbst kleine Preisveränderungen verschieben die Marktgrenzen. Dagegen sorgen Frankostationspreise für eine starre Grenze, die erst bei größeren Preisunterschieden durchbrochen werden kann: Der Markt wird abgesichert.

Die Überlegungen gelten nicht nur für ein Oligopol, sondern auch für Monopole und Kartelle.

b) Frankostationspreise verstärken eine vorhandene oligopolistische Interdependenz

Die oligopolistische Interdependenz ist am stärksten auf vollkommenen Märkten[33]. „Während preispolitische Maßnahmen bei Ab-Werk-Preisen nur in den Gebieten nahe der Marktbereichsgrenzen wirken, bieten Veränderungen des einheitlichen Frankostationspreises die Möglichkeit, auch die lebenswichtigen standortnahen Absatzgebiete des Konkurrenten beeinflussen zu können[34]." Die räumliche Ausdehnung des Marktes, die die Vollkommenheit des Marktes aufhebt, wird bei Frankostationspreisen ignoriert: Der Markt

---

[32] Kretzer, Rolf-Dieter, Frankostationspreise der deutschen Zementindustrie in wettbewerbspolitischer Sicht, (Mainz), 1969, S. 167.

[33] In Anlehnung an von Stackelberg wird ein Markt als vollkommen angesehen, „auf dem die sachlichen, personellen, räumlichen und zeitlichen Bedingungen des Prinzipes der Unterschiedslosigkeit erfüllt sind". Von Stackelberg, Heinrich, Grundlagen der theoretischen Volkswirtschaftslehre, 2. Auflage, Tübingen/Zürich 1951, S. 221.

[34] Kretzer, Rolf-Dieter, Frankostationspreise . . ., S. 164.

schrumpft zusammen und wird „vollkommener". Die Interdependenz zwischen den Oligopolisten wird dadurch verstärkt. „Über das unkomplizierte Koordinationsinstrument ‚Frankostationspreis' wird ein Grad an Kollusion erreicht, wie er sich nicht besser durch den ausgeklügelsten Kartellvertrag herbeiführen ließe[35]." Je höher der Grad an oligopolistischer Interdependenz, desto mehr verstärkt sich auch die Neigung zu Absprachen und gleichförmigem Verhalten. Bei einheitlichen Frankostationspreisen ist jeder Preiswettbewerb, der nicht zu einem Oligopolkampf führen soll, nahezu ausgeschlossen.

II. Praktische Auswirkungen der Frankostationspreise in der Stickstoff-Industrie

1. Darstellung der Folgen

Das Frankostationspreissystem in der Stickstoffindustrie beeinflußt in ganz entscheidender Weise den Wettbewerb. Nur durch dieses System kann die absolute Gleichpreisigkeit zwischen den Herstellern aufrechterhalten werden. Jedes andere Preissystem würde zumindest Zonen schaffen, in denen ein Preiswettbewerb wahrscheinlich wäre. Die oligopolistische Interdependenz, durch die niedrige Zahl von nur drei Anbietern ohnehin schon sehr ausgeprägt, wird durch die künstliche räumliche Schrumpfung des Marktes noch gesteigert.

Die Stickstoff-Hersteller versuchen, mit dem internen Warenaustausch die Lenkungsfunktion des Preises für Transportleistungen, die durch das Frankostationspreissystem außer Kraft gesetzt ist, teilweise zu ersetzen. Der interne Warenaustausch ist eine Art Auftragslenkung: Wenn einer der Anbieter Aufträge aus Gebieten erhält, die von einem seiner Konkurrenten wesentlich frachtgünstiger beliefert werden könnten, gibt er den Auftrag an diesen weiter. Der Konkurrent füllt dann eigene Ware in Säcke des Konkurrenten ab und verschickt sie. Der Abnehmer, der Ware zum Bei-

[35] Ebenda, S. 165.

spiel mit der Aufschrift Rustica erhält, hat keine Ahnung, daß der Inhalt Nitrophoska oder Complesal oder Enpeka ist. Für ihn spielt das auch keine Rolle, da es keine Qualitätsunterschiede gibt.

Die Auftragslenkung über den Preis kann durch dieses System jedoch nur zum Teil ersetzt werden. Der interne Warenaustausch wird im Verhältnis eins zu eins ausgeführt, das heißt, die BASF kann immer nur soviel Ware für die Ruhr-Stickstoff abfüllen und verschicken, wie umgekehrt die Ruhr-Stickstoff für die BASF abfüllt und verschickt. Die BASF-Gruppe nimmt nach eigenen Angaben jedoch bei ihren zugehörigen Unternehmen einen vollständigen Ausgleich vor. Trotzdem werden immer noch Abnehmer von Werken beliefert, die für sie frachtungünstig liegen.

Welche Größenordnung der interne Warenaustausch erreicht hat, geht aus den Angaben der BASF hervor. Danach sollen 16 Prozent des Absatzes an Stickstoff-Düngemitteln auf diese Form der Auftragslenkung entfallen. Während die durchschnittliche Lieferentfernung vor der Praktizierung dieses internen Warenaustausches mehr als 300 km betrug, ist sie jetzt auf wenig mehr als 200 km zurückgegangen[36].

Dieses System führt zunächst zu Frachtgewinnen der Anbieter. Die Durchschnittsfrachten werden durch die weite Entfernung vom Verkäufer zum Abnehmer erhöht. Tatsächliche Frachtkosten fallen aber nur für den Transport vom Lieferanten zum Abnehmer an. Die Differenz bei unveränderten Preisen und sonstigen Kosten ist zusätzlicher Gewinn der Hersteller. Allerdings wird von der Industrie darauf hingewiesen, daß Tariferhöhungen bei der Bundesbahn nicht oder nicht in vollem Umfang weitergegeben worden sind. Das sei nur deshalb möglich gewesen, weil der interne Warenaustausch eine Erlösverbesserung bewirkt habe[37].

Für die Anbieter ist die gegenseitige Abhängigkeit von Vorteil. Die ohnehin nur geringe Gefahr, daß einer der Konkurrenten einen Preiskampf inszeniert, ist auf ein Minimum

[36] Nach Angaben der BASF.

[37] Nach Angaben der BASF.

beschränkt. Die Durchschnittsfracht, die in den Frankopreisen enthalten ist, dürfte aller Wahrscheinlichkeit nach nur für einen Anbieter mit den tatsächlichen Frachtkosten übereinstimmen, und zwar für den, bei dem die tatsächliche Durchschnittsfracht am höchsten ist. Es müßte schon Zufall sein, wenn die Verteilung der Lieferungen auf das gesamte Bundesgebiet zu genau den gleichen durchschnittlichen Frachtkosten aller Anbieter führt.

Dennoch können die anderen Anbieter nicht ihre niedrigeren Frachtkosten ansetzen. Sie würden damit eine sofortige Senkung der fiktiven Ab-Werk-Preise ihres Konkurrenten und damit einen Preiskampf provozieren.

Eine weitere Folge des Frankostationspreises ist die für den Verbraucher ungünstige Standortstruktur der Produktionsstätten. So wird in Bayern, dem Bundesland mit der größten landwirtschaftlichen Nutzfläche, als einziger Stickstoffdünger Kalkstickstoff hergestellt. Dabei ist der Bedarf an Stickstoffdünger in Bayern so groß, daß ein Werk in rentabler Größenordnung ausgelastet werden könnte. Die jetzigen Lieferungen von den weit entfernten Lieferwerken — etwa Köln oder Castrop-Rauxel — belasten die Ware stark mit Frachtkosten, auch wenn durch den internen Warenausgleich ein Teil der überflüssigen Transportkosten eingespart wird. Ein Werk mit Standort in Bayern könnte bei Ab-Werk-Preisen selbst bei geringfügig höheren Produktionskosten vermutlich noch billiger liefern als die bestehenden Werke.

Gerade im frachtfernen Bayern wirkt sich das Frankostationspreissystem als sicherer Schutz der Produzenten gegenüber dem Vordringen von Importen aus, wenn man die Ostblockimporte außer acht läßt. Obwohl Österreich über eine leistungsfähige Stickstoffindustrie mit einem potenten Anbieter verfügt — die österreichischen Stickstoffwerke haben ein Monopol —, wird kein Stickstoff aus Österreich importiert. Das liegt wahrscheinlich vor allem an den internationalen Absprachen. Ein Anreiz, die Absprachen zu durchbrechen, dürfte aber nur dann überhaupt gegeben sein, wenn die Gewinnchancen für ein Eindringen in fremde Märkte gut sind. Ein solcher Anreiz ist dann gegeben, wenn die Standortvorteile stark ins Gewicht fallen. Bei Ab-Werk-Preisen ist das in wesentlich größerem Ausmaß der Fall als bei Frankostationspreisen. Daß internationale Absprachen auch einmal durchbrochen werden können, haben die Belgier — wenn auch nur kurzfristig — bewiesen.

Zusammenfassend können für das Frankostationspreissystem der Stickstoffindustrie zwei Feststellungen getroffen werden: Dieses System trägt in wesentlichem Maß dazu bei, daß die Intensität des Wettbewerbs der Hersteller untereinander außerordentlich gering ist, und es führt als Folge davon zu einem wesentlich schlechteren Marktergebnis als ein System von Ab-Werk-Preisen.

2. Einwände gegen Ab-Werk-Preise

Die Einhelligkeit, mit der alle an der Düngung Interessierten bisher die Beibehaltung des Frankostationspreissystems gefordert haben, ist ein Indiz dafür, daß die Betroffenen gegen Ab-Werk-Preise eine ganze Reihe von Einwänden vorzubringen haben. Diese Einwände werden im folgenden auf ihre Stichhaltigkeit hin untersucht.

a) Ab-Werk-Preise verhindern gleiche Produktionsbedingungen

Von den Gegnern der Ab-Werk-Preise wird argumentiert, daß durch dieses System für verschiedene Nachfrager verschiedene Preise gelten und dadurch ungleiche wirtschaftliche Produktionsbedingungen entstehen. Die Verteilung des Düngers dürfe sich nur nach den natürlichen Erfordernissen des Bodens, nicht aber nach der zufälligen Entfernung von der Düngerfabrik richten. Durch Frankostationspreise seien dagegen die Startchancen für alle Landwirte insoweit gleich[38].

---

[38] Vergleiche Herlemann, Hans-Heinrich, Die Versorgung ..., S. 57 f. Dieses Argument ist auch heute noch weit verbreitet. So erklärte August C. Kreft, Vorstandsmitglied der Deutschen Raiffeisen Waren-Zentrale: „Wenn beispielsweise jeder Landwirt die effektiven Frachtkosten zu zah-

Die verschiedenen Preise sind zwar nicht zu leugnen, doch sind die daraus gezogenen Folgerungen nicht stichhaltig. Das Argument könnte nicht einmal dann anerkannt werden, wenn tatsächlich gleiche Startchancen in der Landwirtschaft bestehen würden. Davon kann jedoch nicht die Rede sein. Vielmehr gibt es eine ganze Reihe von Unterschieden, die wesentlich eher als zufällig zu bezeichnen sind als die Entfernung von der Düngerfabrik. So vor allem die natürlichen Unterschiede in der Bodenqualität, im Klima und in der historischen Entwicklung, die etwa für die Größe der landwirtschaftlichen Betriebe von Bedeutung sind. Weitere Unterschiede bestehen in der Entfernung vom Verbraucher, den unterschiedlichen Kosten für andere Produktions- und Betriebsmittel, den Kosten für Arbeitskräfte und dem Grad des Arbeitskräftemangels. Es gibt keinen einleuchtenden Grund dafür, ausgerechnet im Düngemittelbereich eine absolute Gleichheit verwirklichen zu wollen. Überhaupt ist der Begriff der Chancengleichheit in diesem Zusammenhang völlig fehl am Platze. Gleiche Kosten eines Unternehmens haben absolut nichts mit gleichen Chancen zu tun.

Allerdings wird oft behauptet, daß in bestimmten Gebieten die ungünstigen Voraussetzungen kumulieren und daß die Unterschiede sich durch Ab-Werk-Preise noch verschärfen würden. Das mag für einige Gegenden, vor allem in Bayern, richtig sein. In diesem Zusammenhang muß jedoch klargestellt werden, daß die Entfernung von der Düngerfabrik keineswegs zufällig ist. Vielmehr ist die bestehende regionale Verteilung der Produktionsstätten erst durch das Frankostationspreissystem zementiert worden. Bei der großen landwirtschaftlich genutzten Fläche und der entsprechend hohen Nachfrage nach Dünger[39] wäre ein Stickstoffwerk in Bayern durchaus sinnvoll.

---

len hätte, würden praktisch neue Strukturprobleme geschaffen. Dann müßten etwa die Bauern in Bayern viel höhere Kosten tragen als ihre Kollegen, die das Glück haben, in der Nähe eines Produzenten zu sitzen." Teurer Dünger treibt die Preise, in: Genossenschafts-Forum, Heft4/1974, Wiesbaden, S. 29.

39 Ein gutes Viertel der landwirtschaftlichen Nutzfläche der Bundesrepublik liegt in Bayern. Etwas geringer ist der Verbrauch an Stickstoffdünger.

Die unterschiedliche Düngungsintensität in Bayern bei Stickstoffdüngern könnte durch die mit dem Standortvorteil verbundenen Kostensenkungen sicherlich gesteigert werden.

Im übrigen ist die Preisgleichheit bei Düngemitteln ohnehin auch beim Frankostationspreissystem nur eine Fiktion. Die unterschiedliche Weitergabe der Rabatte führt ebenso zu verschiedenen Verbraucherpreisen wie die Abholvergütungen oder die besonderen Erstattungen bei Bezug auf dem Binnenschiffahrtswege. Vor allem aber sind die verschiedenen Schwerpunkte der Importlieferungen dafür verantwortlich, daß die Preisgleichheit längst durchbrochen ist. Von den billigen Ostblockimporten zum Beispiel hat vor allem Bayern Nutzen, während der Harnstoff aus dem Osten in Rheinland-Pfalz, Baden-Württemberg und Hessen praktisch keinen Einzug gehalten hat[40]. Bayern, das Paradebeispiel der Befürworter von Frankostationspreisen, würde bei einer Umstellung auf Ab-Werk-Preise vermutlich in noch stärkerem Maße mit Ostblockdüngern beliefert werden.

b) Ab-Werk-Preise führen zu Sortenverschiebungen

Befürworter des Frankostationspreissystems befürchten, bei Ab-Werk-Preisen würde es zu Sortenverschiebungen kommen: In frachtungünstigen Gebieten würde die Nachfrage nach Düngemitteln von geringem Wert je Gewichtseinheit infolge der größeren Frachtbelastung stark zurückgehen, statt dessen würden mehr Düngemittel von hohem spezifischen Wert abgesetzt. Es würden nicht mehr allein die natürlichen Produktionsbedingungen für die Anwendung der verschiedenen Düngersorten ausschlaggebend sein, sondern die zufällige Verkehrslage zu den Produktionsstätten würde die Sortenwahl bestimmen[41]. Dieses Argument geht von zwei

---

Vergleiche Chemie Revisions- und Beratungsgesellschaft mbH (Herausgeber), Kreisstatistik . . ., Gesamtübersicht (ohne Seitenangabe).

[40] Vergleiche Schramm, Ekkehard, Der Düngemittelmarkt heute, S. 13.

[41] Herlemann führt dieses Argument für einen Ab-Werk-Preis für alle Düngemittel an und bezieht sich damit vor allem auf das Nährstoffverhältnis. Das gleiche Argument gilt natürlich auch für Düngersorten mit gleichem Nährstoff, wenn auch die Auswirkungen längst nicht die Bedeutung haben wie bei einem unterschiedlichen Nährstoffverhältnis in verschiedenen Regionen. Vergleiche Herlemann, Hans-Heinrich, Die Versorgung . . ., S. 58.

Voraussetzungen aus, die nicht zutreffen: Erstens gibt es keinerlei Anhaltspunkte dafür, daß die jetzt gegebene Sortenwahl anbautechnisch optimal ist. Sortenverschiebungen brauchen in keiner Weise zu schlechteren Ergebnissen zu führen. Da das anbautechnische Optimum immer mit einer höheren Düngungsintensität verbunden ist als das ökonomische Optimum, ist die gegebene Düngeranwendung in erster Linie ökonomisch motiviert, und nur unter Berücksichtigung des gegebenen Preisverhältnisses kann die beste anbautechnische Zusammensetzung bestimmt werden.

Zweitens wird unterstellt, daß der Preis für die Anwendung der verschiedenen Düngersorten keine Bedeutung hat, sondern daß allein die natürlichen Produktionsbedingungen ausschlaggebend sind. Diese Annahme ist falsch, wie leicht nachzuweisen ist. In dem frachtgünstigen Nordrhein-Westfalen wird weit überdurchschnittlich viel Thomasphosphat verbraucht, der billige Harnstoff aus dem Ostblock wird vor allem in Bayern angewandt, wo die zusätzlichen Transportkosten zum Grenzübergangswert gering sind, die Abholvergütungen für Superphosphat steigern die Nachfrage in frachtgünstigen Gegenden beträchtlich, und bei Mehrnährstoffdüngern haben Preissenkungen für den NP-Dünger 20/20/0 zu einer starken Nachfrageerhöhung geführt. Der Preis ist also für die Sortenwahl von ausschlaggebender Bedeutung, und jede optimale Düngungsintensität kann sich immer nur auf ein bestehendes Preisgefüge beziehen.

c) Preisvergleiche bei Ab-Werk-Preisen überfordern den Landwirt

Nach Ansicht von Herlemann fehlt es dem Landwirt an der Fähigkeit, sich bietende Preisvorteile entsprechend auszunutzen. „Der deutsche Bauer ist in erster Linie Produzent und soll es auch sein! Die Fälle, in denen sich hervorragendes fachliches Können mit guten kaufmännischen Fähigkeiten verbindet, gehören zu den seltenen Ausnahmen. Für die Landwirtschaft sind daher wichtiger als geringe Preisvorteile einheitliche und stabile Preisverhältnisse und einfache, übersichtliche Marktbedingungen[42]." Auch von seiten der Industrie wurde gelegentlich geäußert, daß das ohnehin etwas komplizierte Preissystem durch Ab-Werk-Preise noch unübersichtlicher würde.

Die Vorstellung, daß der deutsche Bauer produzieren und nicht kalkulieren solle, kann inzwischen wohl als veraltet gelten. Im übrigen wurden der Landwirtschaft auch zur Zeit der Herlemannschen Arbeit auf dem Düngesektor wesentlich höhere kalkulatorische Fähigkeiten abverlangt als die Berechnung von Frachtkosten für einige wenige Produktionsstätten. Vor allem mußte der Landwirt seit je Preiswürdigkeitsvergleiche zwischen verschiedenen Düngersorten mit unterschiedlichem Nährstoffgehalt, verschiedener Wirkungsweise, unterschiedlichem Arbeitsaufwand und verschiedenen Nebenbestandteilen anstellen. Abgesehen von der Unterschätzung der kaufmännischen Fähigkeiten in der Landwirtschaft trifft dieses Argument auch deshalb nicht zu, weil der Landwirt durch diese Berechnungen praktisch gar nicht belastet wird. Die zusätzlichen Berechnungen werden vielmehr auf der Großhandelsstufe, höchstens aber auf der Einzelhandelsstufe anfallen. Daß der Handel aber nicht in der Lage ist, die Frachtkosten bei 10 bis 15 Lieferwerken zu errechnen, wird wohl niemand ernsthaft behaupten wollen.

d) Ab-Werk-Preise führen zu einem Rückgang der Gesamtproduktivität der Landwirtschaft

Der Rückgang der Gesamtproduktivität der Landwirtschaft bei Ab-Werk-Preisen wird von Herlemann wie folgt begründet: „Da der Geldaufwand für Mineraldünger weitgehend durch die Höhe der Betriebseinnahmen bestimmt wird, würde von zwei Betrieben mit gleichen Roherträgen und bisher gleichem Düngeraufwand, von denen der erste frachtgünstig, der zweite frachtungünstig liegt, nach Aufhebung des Frachtenausgleichs der Düngerverbrauch beim ersten Betrieb steigen, beim zweiten zurückgehen. Das würde sich — auf län-

[42] Ebenda, S. 59.

gere Zeit gesehen — entsprechend auf die Höhe der Naturalerträge und damit des Betriebseinkommens auswirken und die gegensätzliche Entwicklung verschärfen, das heißt die Wirtschaftsweise des ersten Betriebs würde intensiviert, die des zweiten extensiviert. Daraus ergibt sich aber ein Rückgang der Gesamtproduktion beider Betriebe, da nach dem Gesetz vom abnehmenden Ertragszuwachs der Mehraufwand in dem intensiven Betrieb nicht den gleichen Mehrertrag bringt, wie er durch Verwendung der gleich großen Düngermenge in dem extensiven Betrieb hätte erzielt werden können, das heißt der Naturalertrag im Betrieb 2 geht stärker zurück, als er im Betrieb 1 steigt[43]."

Herlemann geht von drei Annahmen aus:

1. Der Aufwand für Düngemittel ist weitgehend von den Betriebseinnahmen abhängig. Ob diese Annahme heute noch zutrifft, müßte eine genaue Analyse zeigen. Es gibt jedoch berechtigte Zweifel an der hohen Einkommenselastizität der Nachfrage.

2. Die Wirtschaftsweise in frachtgünstigen landwirtschaftlichen Betrieben ist wesentlich intensiver als in frachtfernen: Durch die unterdurchschnittliche Höhe der Stickstoffdüngung je ha landwirtschaftliche Nutzfläche in Bayern wird diese Annahme weitgehend nachgewiesen.

3. Der durchschnittliche Verbraucherpreis bei Ab-Werk-Preisen entspricht dem Frankostationspreis. Der mengenmäßige Rückgang der Stickstoffanwendung in frachtfernen Gebieten ist genauso groß oder größer als die mengenmäßige Zunahme in frachtgünstigen Gebieten.

Gegen diese letzte Annahme spricht sehr viel. Zunächst ist damit zu rechnen, daß der durchschnittliche Verbraucherpreis bei Ab-Werk-Preisen unter dem Frankostationspreis liegt. Auf gleicher Höhe würde er ceteris paribus nur dann liegen, wenn schon heute von jeder Produktionsstätte nur die Nachfrage befriedigt würde, die von ihr aus mit den niedrigsten Frachtkosten beliefert werden könnte. Das ist

---

[43] Ebenda, S. 57.

ganz sicher nicht der Fall. Die Sorten aller Hersteller werden vielmehr über das ganze Bundesgebiet verteilt geliefert. Ab-Werk-Preise würden also insgesamt zu niedrigeren Frachtkosten und damit zu niedrigeren Verbraucherpreisen führen.

Wieweit und ob überhaupt selbst in frachtungünstigen Gebieten die Verbraucherpreise gegenüber dem Frankostationspreis erhöht würden, kann hier nicht beantwortet werden. Doch ist nicht damit zu rechnen, daß wesentliche Verteuerungen auftreten. Die extremen Entfernungen vom nächsten Lieferwerk sind nicht so überaus groß: So betragen die Entfernungen (Bahnkilometer) von Frankfurt nach Passau rund 450 km, Frankfurt—Oberstdorf 425 km, Ludwigshafen—München 375 km. Die durchschnittliche Frachtentfernung bei der BASF beträgt auch bei internem Warenaustausch noch über 200 km. Es kann unterstellt werden, daß bei den anderen Herstellern die durchschnittliche Frachtentfernung wesentlich höher ist. Die BASF-Gruppe verfügt durch ihre Beteiligungen über wesentlich mehr und günstiger verteilte Produktionsstätten als die Ruhr-Stickstoff und die Farbwerke Hoechst. Innerhalb der Gruppe wird nach Angaben der BASF eine vollständige Auftragslenkung vorgenommen. Da außerdem der Düngemitteltarif der Bundesbahn mit wachsender Entfernung nur degressiv ansteigt, ist von Ab-Werk-Preisen auch in weit entfernten Regionen nicht mit einer ins Gewicht fallenden Erhöhung der Transportkosten und damit der Verbraucherpreise zu rechnen.

Weiter kann unterstellt werden, daß Preiserhöhungen in extensiv bewirtschafteten Betrieben weniger stark ins Gewicht fallen als bei intensiver Bewirtschaftung. Je extensiver die Bewirtschaftung, desto größer ist ceteris paribus der Abstand der Düngungsintensität vom ökonomischen Optimum. Je weiter aber der Abstand vom Optimum, desto größer muß eine Preiserhöhung sein, wenn die optimale Düngemenge verändert werden soll.

Schließlich wird die Sortenverschiebung dazu führen, daß die Stickstoffmenge nicht in dem Maße zurückgeht, wie Herlemann das annimmt. Es wird zu einer Umschichtung der

Nachfrage kommen: Statt niedrig-prozentiger Sorten werden vor allem konzentrierte Einzeldünger und Mehrnährstoffdünger nachgefragt, bei denen die Frachtkosten weniger stark ins Gewicht fallen und außerdem die Ausbringungskosten geringer sind.

e) Ab-Werk-Preise begünstigen Gebietsabsprachen

Bei Ab-Werk-Preisen ist die Gefahr, daß es zwischen den nur drei Herstellern zu einer räumlichen Aufteilung der Nachfrage kommt, zweifellos recht groß. Ähnliches ist ja offensichtlich im internationalen Bereich seit langem von der Industrie mit Erfolg praktiziert worden. Dennoch ist die Situation in der Bundesrepublik wesentlich anders zu beurteilen als in Westeuropa insgesamt.

Gegen die Aufteilung des Marktes unter den Produzenten spricht vor allem die Zahl und die räumliche Verteilung der Produktionsstätten. Sie macht eine räumliche Aufteilung nahezu unmöglich. So bestehen allein in Nordrhein-Westfalen folgende Produktionsstätten: Gelsenkirchen (VEBA-Chemie), Oberhausen (Ruhr-Chemie/Farbwerke Hoechst), Castrop-Rauxel (Gewerkschaft Victor, BASF/VEBA-Chemie), Köln (Chemische Fabrik Kalk, BASF) und Krefeld (Guano-Werke, BASF). Dazu kommen noch die Kokerei-Hersteller im Ruhrgebiet. In anderen Gebieten ist die Konzentration der Produktionsstätten zwar geringer, doch auch in Niedersachsen und Hessen/Rheinland-Pfalz/Saargebiet liegen die Werke recht nahe beieinander. Unter diesen Umständen würde eine regionale Aufteilung der Nachfrager so kompliziert und ausgeklügelt sein müssen, daß das Bundeskartellamt keine großen Schwierigkeiten haben dürfte, solche Absprachen nachzuweisen, zumal nach der Kartellnovelle der Nachweis schriftlicher Verträge entbehrlich geworden ist.

Zudem dürfte es dem Handel relativ leicht fallen, solche Gebietsabsprachen zu durchbrechen. Vor allem die Genossenschaften, die ja teilweise über die Deutsche Raiffeisen-Waren-Zentrale gemeinsam einkaufen, könnten diese Gebietsabsprachen leicht unterlaufen. Eher sind Quotenvereinbarungen der Industrie möglich. Auch hier kann der Handel korrigierend eingreifen. Sollte es zu einem Geldausgleich bei nicht eingehaltenen Quoten kommen, müßte das ebenfalls leicht nachzuweisen sein.

III. Einführung von Ab-Werk-Preisen zur Stärkung des Wettbewerbs

Es hat sich gezeigt, daß das Frankostationspreissystem in der Bundesrepublik nicht nur als Preisdiskriminierung wirkt, sondern daß davon weitere wettbewerbshemmende Wirkungen ausgehen. Wesentlichste Voraussetzung für eine Intensivierung des Wettbewerbs ist daher die Aufhebung der Frankostationspreise. Alle anderen Maßnahmen, die zur Stärkung des Wettbewerbs eingesetzt werden, können nur bei Ab-Werk-Preisen voll zur Geltung kommen.

Die auffälligste und augenscheinlichste Wirkung von Ab-Werk-Preisen ist die Aufhebung der „Gleichpreisigkeit im Raum". Der Markt Bundesrepublik wird vom künstlichen Punktmarkt auf seine tatsächliche räumliche Dimension zurückentwickelt. Frachtmehrkosten, die beim Frankostationspreissystem dadurch entstehen, daß nicht vom nächsten Hersteller geliefert wird, fallen weg oder entstehen nur dann, wenn der entferntere Hersteller günstigere Ab-Werk-Preise anbietet. Die gesamte durchschnittliche Frachtkostenbelastung wird geringer, die Preise für Stickstoffdüngemittel werden im Schnitt des Bundesgebietes sinken. Wie hoch die Frachteinsparungen sind, kann nur durch eine genaue Analyse der regionalen Liefermengen der einzelnen Hersteller beim bestehenden Frankostationspreissystem geschätzt werden. Eine solche Analyse kann in dieser Untersuchung nicht vorgenommen werden. Es ist jedoch anzunehmen, daß die Ersparnis beträchtlich ist. Im Vergleich zu den überhöhten Frachtkosten bei franko Anlieferung wäre es sogar denkbar, daß ein Ab-Werk-Preissystem selbst in ungünstig gelegenen Gebieten wie im Südosten Bayerns nicht zu wesentlich höheren Verbraucherpreisen führen muß. In jedem Fall besteht die Aussicht, daß die überwiegende Mehrzahl der Nachfrager den Stickstoff zu günstigeren Preisen erstehen kann als bisher. Sofern man nicht eine völlig unelastische Nachfrage unterstellt, wird wahrscheinlich die Gesamtnachfrage gesteigert und die Produktivität der Landwirtschaft sich insgesamt erhöhen. Eine Folge der Ab-Werk-Preise ist aber auch, daß nicht mehr jeder Landwirt den Dünger zum gleichen Preis erhält.

Als zweite Auswirkung der Ab-Werk-Preise entsteht eine Reihe von Zonen, in denen die Nachfrager gleiche oder annähernd gleiche Frachtkosten bei Belieferung durch verschiedene Hersteller zu zahlen haben. In diesen Zonen wird der Wettbewerb zwischen den Herstellern erheblich verschärft. Vor allem in den Gebieten, wo nur geringe Frachtunterschiede auftreten, wird sich auf die Dauer ein Preiswettbewerb nicht vermeiden lassen, sei es über die Ab-Werk-Preise oder über die Rabatte und Konditionen. Sowohl die Zahl der Produktionsstätten als auch ihre regionale Verteilung ist so günstig, daß die Zonen gleicher oder annähernd gleicher Frachtkosten von mindestens zwei Herstellern erheblich ins Gewicht fallen. Gegenüber den anderen Herstellern ist allerdings die BASF im Vorteil, da die zu dieser Gruppe gehörenden Produktionsstätten besser verteilt sind und die Zahl der Produktionsstätten wegen der zahlreichen Beteiligungen am größten ist. Der größte Teil der Nachfrage kann von Produktionsstätten der BASF am günstigsten beliefert werden.

Als dritte Folge werden Absprachen zwischen den Herstellern erschwert und in ihrer Wirkung vermindert. Absprachen können nur dann über einen längeren Zeitraum erfolgreich sein, wenn die bestehende Verteilung der Nachfrage durch sie nicht wesentlich verändert wird. Solange das Frankostationspreissystem gilt, ist das der Fall. Durch Ab-Werk-Preise wird die Verteilung der Nachfrage zunächst vollkommen verändert. Die Anpassung an diese Gegebenheit wird einige Jahre dauern. In dieser Zeit wird jeder Anbieter versuchen, sich eine möglichst günstige Position zu erobern, bevor die Strukturen wieder erstarren. Ob es danach wieder zu Absprachen im bisherigen Ausmaß kommt, ist jedoch fraglich. Jede Tarifänderung der Bundesbahn und jede Veränderung der Ab-Werk-Preise wird auch das Gewicht der Frachtkosten verändern. Das wird die Nachfrage insgesamt beweglicher gestalten.

Als vierte Folge schließlich kann die Einfuhr erleichtert werden. Wieweit diese Auswirkung sich durchsetzt, hängt allerdings in starkem Maße davon ab, ob die internationalen Absprachen unterbunden oder mindestens durchbrochen werden. In jedem Fall ist anzunehmen, daß ein Großteil der jetzt vorgenommenen Importe in Gebiete fließt, die zu den deutschen Herstellern frachtfern gelegen sind. Dadurch werden die negativen Folgen des Ab-Werk-Preises — höhere Preise in frachtfernen Gebieten — weitgehend neutralisiert.

Die Standortstruktur in der Stickstoffindustrie steht zwar Ab-Werk-Preisen nicht im Wege. Denoch ist sie bei weitem nicht so günstig, wie man es auf einem Markt mit hoher Wettbewerbsintensität erwarten sollte. Vor allem in Bayern und Baden-Württemberg, aber auch in Niedersachsen gibt es weite Landesteile, die relativ weit von den bestehenden Produktionsstätten entfernt sind. Zu weit, als daß die Standortstruktur als befriedigend angesehen werden könnte.

Als eine Ursache für die unbefriedigende Standortverteilung kann das seit Jahrzehnten bestehende Frankostationspreissystem angesehen werden. Durch dieses System fehlte der Anreiz zu ökonomisch richtigen Standortentscheidungen, weil die räumliche Dimension des Marktes aufgehoben wurde. Die jetzige Verteilung der Produktionsstätten beruht also auf Versäumnissen, die durch die mangelnde Wettbewerbsintensität entstanden.

Unter diesen Umständen könnte man sogar an eine Korrektur durch staatliche Eingriffe denken. Der Staat könnte den Herstellern Investitionshilfen zur Verfügung stellen, falls sie neue Produktionsstäten in Gebieten errichten, die eine frachtungünstige Lage zu den jetzigen Herstellern haben. Dabei ist nicht an direkte Subventionen gedacht, sondern eher an Anreize in Form von Sonderabschreibungen. Zwar handelt es sich bei den in Frage kommenden Gebieten vornehmlich um strukturschwache Regionen, wie etwa das

Zonenrandgebiet, in denen ohnehin schon besondere Investitionsanreize bestehen. Andererseits sind Werke in diesen Gebieten mit einem gewissen Risiko behaftet, da sie besonders von den Ostblockimporten betroffen wären, deren Preisfestsetzung nicht nach erwerbswirtschaflichen Grundsätzen erfolgt. Sofern daher die bestehenden Anreize nicht ausreichend sind, die ungünstige Standortstruktur zu verändern, könnten zusätzliche Hilfen gegeben werden.

Unter keinen Umständen dürfen die Investitionshilfen unbefristet in Aussicht gestellt werden. Es besteht sonst die Gefahr, daß sich die Produktionsstätten langfristig wiederum konzentrieren. Um das zu vermeiden, ist entweder eine Fristsetzung auf einen bestimmten Zeitpunkt — vielleicht drei oder fünf Jahre — oder eine Beschränkung auf bestimmte Objekte sinnvoll. Dabei sind Werke zur Herstellung von Primärstickstoff ebenso wichtig wie Anlagen zur Herstellung von Mehrnährstoffdünger.

Die Aussichten, daß die Industrie solche Anreize ausnutzt, sind zur Zeit nicht sehr gut. Zwar sind — wie die Industrie selbst zugibt — manche Anlagen heute noch nicht mit den Kapazitäten ausgestattet, die längerfristig rentabel arbeiten können. Es ist daher zu erwarten, daß in den nächsten Jahren veraltete Anlagen durch neue Werke ersetzt werden. Dadurch ergibt sich die Gelegenheit, Versäumnisse in der Standortverteilung zu korrigieren. Andererseits ist die Industrie heute nach eigenen Angaben nicht dazu bereit, für Stickstoffdünger zu investieren. Die steigenden Importe aus dem Ostblock lassen ihr die Risiken zu hoch erscheinen. Nur bei einer Änderung der Politik gegenüber den Ostblockimporten könnten daher die Investitionsanreize Erfolg haben.

Für die Landwirtschaft hat eine solche Maßnahme drei Vorteile. Erstens sind die Anlagen, die auf dem neuesten technischen Stand sind, in der Lage, kostengünstiger zu produzieren. Zweitens verringern sich die Frachtkosten für die Verbraucher, die von der bisherigen Standortstruktur benachteiligt werden. Und drittens schließlich handelt es sich bei den in Frage kommenden Landesteilen durchweg um Regionen mit einer ungünstigen Infrastruktur. Eine Anlage zur Stickstoffherstellung wird daher in diesen Gegenden ein Stück Strukturpolitik sein: Neue Arbeitsplätze werden geschaffen, das Steueraufkommen der Kommunen steigt und der Schrumpfungsprozeß in der Landwirtschaft kann durch die neuen Arbeitsplätze beschleunigt und in seinen negativen Folgen gemildert werden.

D. Die Bedeutung des Außenhandels

Seit einigen Jahren ist der Anteil der Importe am Verbrauch der Landwirtschaft von Düngemitteln so groß geworden, daß er ein beachtlicher Faktor ist. Zusammen mit den sinkenden Exporten haben die Importe zu einem erheblichen Rückgang der Inlandsproduktion geführt. Es ist jedoch fraglich, ob die steigenden Einfuhren auch zu einer Verbesserung des Marktergebnisses geführt haben.

Bei den Importen von Kalkammonsalpeter aus Belgien hat es nur vorübergehend eine Verschärfung des Wettbewerbs gegeben. Inzwischen sind die Belgier sozusagen als vierter Oligopolist anerkannt, der sich einen festen Marktanteil erkämpft hat. Die Einigung mit den Belgiern hat praktisch zu einem neuen Gleichgewicht zwischen den Anbietern geführt. Die Intensität des Wettbewerbs ist nicht gesteigert worden, sondern nach einer Episode verstärkter Aktivität auf das Ausgangsniveau zurückgefallen[44]. Heute gibt auch die Industrie an, daß die belgischen Importe sie nicht einem verstärkten Wettbewerb aussetzen.

Anders sind die Ostblockimporte zu bewerten. Hier hat es keine Einigung gegeben, sie ist auch für die Zukunft unwahrscheinlich. Da diese Importe billiger sind als die Inlandsware, ist für den Verbraucher das Ergebnis ein niedrigerer Durchschnittspreis. Die deutsche Industrie hat bisher nur verbal und juristisch[45], nicht aber ökonomisch reagiert.

---

[44] Vergleiche dazu S. 55 ff.

[45] Durch Beantragung von Preisprüfungs-Verfahren.

Die deutschen Hersteller haben sich mehrfach über die Ostimporte beklagt. Ihre Vorbehalte lassen sich in sechs Punkten zusammenfassen:

1. Die Ostimporte gefährden die Frankostationspreise und schaffen — entlang der Grenzen und in der Nähe der Häfen — Zonen niedriger Preise.
2. Sie gefährden die Einlagerung, da die größten Lieferungen in der Zeit der höchsten Preisstaffeln erfolgen.
3. Sie haben einen negativen Einfluß auf die Kontinuität der Produktion und damit auf die Produktionskosten.
4. Sie dämpfen nicht die Preise, da sie jede Preisbewegung mit einem Dumpingabstand mitmachen.
5. Die deutsche Industrie kann sich nicht mit kommerziellen Mitteln gegen die Importe wehren, da freie Exporte in Ostblockländern nicht möglich sind.
6. Die Landwirtschaft wird auf die Dauer von sehr weit entfernten Produktionsanlagen abhängig[46].

Wenn die Aussage der Industrie richtig ist, daß die Ostblockimporte immer in einem bestimmten Dumpingabstand zu den Inlandspreisen angeboten werden, dann ist ein Preiswettbewerb praktisch sinnlos. Zwar sind Situationen denkbar, in denen die Nachfrage sehr elastisch auf Preisänderungen reagiert und bei Nachfragesteigerungen die Produktion ausgeweitet werden kann. Eine solche Situation ist jedoch aus zwei Gründen unrealistisch:

1. Wäre die Nachfrage tatsächlich so elastisch, dann könnte unterstellt werden, daß die Anbieter im Inland die Preise gesenkt hätten und weniger zu extrem niedrigen Preisen exportiert hätten.
2. Zumindest für einen Teil des Importangebotes kann ein atypischer Verlauf der Angebotskurve unterstellt werden. Die Importe aus den meisten Ländern sind kontingentiert.

---

[46] Vergleiche dazu Fachverband Stickstoffindustrie, Pressekonferenz am 17. Mai 1973 in Bad Nauheim, Ausführungen von Dr. Karl-Heinz Tillmann, S. 7 f.

Sofern nicht extreme Preissenkungen im Inland vorgenommen werden, kann man unterstellen, daß die Kontingente ausgeschöpft werden. Da die Kontingentierung in Wert- und nicht in Mengeneinheiten ausgedrückt ist, führen Preissenkungen, die im Dumpingabstand mitvollzogen werden, bei Ausschöpfung der Kontingente zu Erhöhungen der Importe. Im Extremfall einer unelastischen Gesamtnachfrage würden somit Preissenkungen der inländischen Industrie zu einem Nachfragerückgang nach Inlandsware führen.

Nur bei hoher Preiselastizität würden nicht nur die steigenden Importmengen, sondern auch noch zusätzliche Mengen an Inlandsware abgesetzt. Je größer die Steigerung der Inlandsnachfrage, desto eher könnte die Preissenkung durch Kosteneinsparungen überkompensiert werden — etwa wenn die Kapazitäten unteroptimal ausgelastet wären, wenn eine Kostendegression bei steigenden Produktionszahlen vorliegt oder die optimale Betriebsgröße noch nicht erreicht ist. Nur dann wäre eine Preissenkung sinnvoll. Dieser Fall ist jedoch unrealistisch.

Die inländischen Anbieter können unter diesen Umständen kein Interesse daran haben, die Preise zu senken. Es besteht sogar die Gefahr, daß geplante Preissenkungen unterbleiben, wenn keine Nachfragesteigerung wegen steigender Importe erwartet werden kann.

Es muß ferner berücksichtigt werden, daß in den anderen westeuropäischen Ländern eine wesentlich stärkere Abschirmung gegen Ostblockimporte besteht. Die Ostblockländer haben also keine Ausweichmöglichkeit in andere EWG-Länder. Von einer Liberalisierung der Einfuhrpolitik in diesen Ländern wäre dagegen eher eine Intensivierung des Preiswettbewerbs in der ganzen EWG zu erwarten. Es ist anzunehmen, daß die Importe zunächst in erster Linie in das Land mit dem höchsten Preisniveau fließen würden. Die Industrie dieses Landes hätte dann jedoch die Möglichkeit, durch Preissenkungen die Importe umzuleiten. Niedrigere Preise wären dann nicht nur ein Mittel zur Steigerung der nachgefragten Menge. Gleichzeitig würde auch das Angebot aus Importen in diesem Land zurückgehen. In diesem Fall wäre ein Preiswettbewerb durchaus sinnvoll.

Zu prüfen ist noch der Einfluß der Importe auf das Staffelpreissystem. Die Preisstaffelung hat zu einer Senkung der Kosten in der Produktion und der Lagerhaltung geführt. Wenn jetzt die Lieferungen aus dem Ostblock vorwiegend in der höchsten Preisstaffel anfallen, wird die Kontinuität der Produktion gefährdet, und die Kosten werden steigen. Das kann wiederum zu Preissteigerungen führen, die mit Dumpingabstand auch für die Importe gelten. Die Preise insgesamt erreichen eine höheres Niveau. Dasselbe gilt auch, wenn Preissenkungen durch die Kostenerhöhung unterbleiben.

In diesen Überlegungen ist eine Reihe von Verhaltensweisen unterstellt, die hypothetischen Charakter haben. Das gilt vor allem für die beiden Annahmen, daß der Dumpingabstand gewahrt wir und daß die Kontingente auch bei unterschiedlichen Preisen ausgeschöpft werden. Für beide Hypothesen gibt es stichhaltige Argumente, aber keinen Nachweis. Es ist jedoch ausreichend, daß die Industrie diese Hypothesen für richtig hält und ihre Strategie danach ausrichtet. Die Folge davon ist, daß jeder Preis- oder Konditionenwettbewerb der inländischen Anbieter gegenüber den Importen bisher unterblieb. Die Ostblockimporte haben daher zwar das Preisniveau etwas senken können. Ein wirklicher Preiswettbewerb findet jedoch nicht statt.

Das insgesamt etwas niedrigere Preisniveau, das sich aus dem Durchschnitt der niedrigeren Importpreise und der höheren Inlandspreise zusammensetzt, ist zwar für den Verbraucher vorteilhaft, aber noch längst nicht zufriedenstellend. Es wäre jedoch mit einer weiteren Preissenkung[47] zu rechnen, wenn die deutschen Hersteller gezwungen wären, ihre Preise anzugleichen. Diese Folge ist bislang ausgeblieben, und es besteht die Gefahr, daß die Industrie auch weiterhin nicht mit Mitteln des Preiswettbewerbs, sondern mit einer Reduzierung der Kapazitäten reagiert, sofern überhaupt Reaktio-

---

47 Im Augenblick allerdings wohl eher mit geringeren Preissteigerungsraten.

nen nötig werden. Bereits im Düngejahr 1973/74 ist die gesamte Situation auf dem Inlandsmarkt entschärft worden, da die Ostblockimporte voraussichtlich keine Steigerungsraten mehr aufweisen. Die Ursache für diese Entwicklung — ob sie kuzfristig oder von Dauer ist, muß sich erst noch erweisen — liegt in der weltweiten starken Nachfragesteigerung. Die Weltmarktpreise sind 1973/74 infolge der drängenden Nachfrage aus den USA, der UdSSR und China so stark angestiegen, daß die Ostblockländer am Weltmarkt höhere Preise erzielen können als in der Bundesrepublik[48].

Bei den Ostblockimporten ist allerdings zu beachten, daß nicht nur der Weltmarktpreis, sondern auch der Bedarf an bestimmten Devisen von Bedeutung ist. Daher ist auch in Zukunft mit größeren Lieferungen in die Bundesrepublik zu rechnen, wenn die Quoten nicht verändert werden, wobei das jetzt erreichte Niveau in etwa beibehalten werden könnte. Unter diesen Umständen würden die Importe auch in Zukunft kaum zu einer Intensivierung des Wettbewerbs beitragen können, sofern die jetzigen Regelungen beibehalten werden.

Die Möglichkeiten für einen Preiswettbewerb und damit zu einer weiteren Senkung des Preisniveaus könnten jedoch vergrößert werden, wenn die Staaten der EG eine gemeinsame Einfuhrpolitik für Stickstoffdünger betreiben würden. Bisher sind in allen anderen Ländern der EG die Importe stark eingeschränkt. Die Hauptmasse der Ostblocklieferungen muß daher in die Bundesrepublik fließen.

Das würde sich ändern, wenn eine mengenmäßige Kontingentierung für die gesamte EG festgelegt werden könnte. Innerhalb der EG müßte dann jede Beschränkung wegfallen. Die Folgen einer solchen Maßnahme liegen auf der Hand: Die Importe aus dem Ostblock würden vornehmlich in die Länder gelangen, die das höchste Preisniveau haben, weil hier auch für die Lieferländer die besten Preise erzielt werden könn-

---

48 Vergleiche dazu: Teurer Dünger treibt die Preise, S. 29, ferner: „Die Stickstoffversorgung ist geregelt", in: FAZ vom 11. 7. 1974, S. 9, und: Düngemittelknappheit in Amerika, in: Blick durch die Wirtschaft, 25. 3. 1974, S. 2, sowie: Stickstoff-Düngemittel bald wesentlich teurer, in: Handelsblatt Nr. 25 vom 5. 2. 1974, S. 8.

ten. Im Gegensatz zu der jetzigen Situation in der Bundesrepublik ist dann aber ein Preiswettbewerb der inländischen Hersteller mit den Lieferländern erfolgversprechend. Sobald die Preise unter das Niveau eines anderen EG-Landes sinken, wird ein Teil des Importangebotes in dieses Land abwandern.

Schließlich wird ein Preisniveau erreicht werden, bei dem sich die Importmengen gleichmäßiger als bisher auf die einzelnen Länder verteilen. Dieses Preisniveau wird sicherlich günstiger sein als bei einer Beibehaltung der jetzigen Regelung. Der hohe Konzentrationsgrad in der Stickstoffindustrie aller EG-Staaten läßt mit hoher Wahrscheinlichkeit vermuten, daß der Stickstoffpreis nirgendwo durch intensiven Wettbewerb zustande gekommen ist. Der Spielraum für Preiskämpfe ist daher in allen Ländern recht groß.

Wenn die nationalen Industrien untereinander aufgrund ihrer gegenseitigen Absprachen schon nicht als Konkurrenten auftreten, so besteht doch über die Importe aus dem Ostblock wenigstens die Möglichkeit, den Wettbewerb zu forcieren. Mögen die nationalen Industrien auch weiterhin die Märkte der Konkurrenten respektieren, so sind doch die Importe bei einer Kontingentierung für die gesamte EG in der Lage, die Marktgrenzen zu durchbrechen. Jede Industrie müßte zu Gegenmaßnahmen greifen, und das bedeutet ein Mehr an Wettbewerb in allen Ländern. Die Höhe der Kontingentierung hat für die Wirksamkeit dieser Einfuhrpolitik besondere Bedeutung. Die Kontingente müssen mindestens so hoch angesetzt werden, daß keine nationale Industrie es sich erlauben kann, die Importe zu ignorieren. Jede nationale Industrie muß gezwungen sein, Gegenmaßnahmen zu ergreifen, wenn die gesamten Importe oder der größte Teil in ihr Absatzgebiet geliefert wird. Die Kontingentierung sollte daher höher sein als die Menge, die heute in die EG eingeführt wird. Eine Größenordnung von 400 000 bis 500 000 t N würde diese Bedingung erfüllen.

Die Schwierigkeit bei der Durchsetzung einer solchen wettbewerbsfördernden Maßnahme ist politischer Natur. Es ist bekannt, daß manche Mitgliedstaaten der EG die nationale

Industrie auch mit protektionistischen Maßnahmen schützen — selbst um den Preis der Ausschaltung des Wettbewerbs. Andererseits wird die Lage der Landwirtschaft in allen Mitgliedsländern mit Sorge betrachtet. Wenn die Preisvorteile, die durch eine Intensivierung des Wettbewerbs zu erwarten sind, für die Landwirtschaft ins Gewicht fallen, könnte die Bereitschaft zu einer gemeinsamen Importpolitik eher vorliegen. Eine Durchsetzbarkeit der Kontingentierung für den gesamten EG-Raum scheint dann nicht ausgeschlossen.

Da jedoch die Durchsetzbarkeit nicht gesichert ist, müssen mögliche Alternativen untersucht werden. Die erste denkbare Alternative wäre die mengenmäßige Kontingentierung der Ostblockimporte für die Bundesrepublik, ähnlich wie in den anderen EG-Staaten. Eine solche Maßnahme würde das Marktergebnis nicht verbessern, eher verschlechtern. Die deutsche Industrie könnte ihren Kalkulationen eine feste Menge Stickstoffdünger zugrunde legen, die von den Importeuren geliefert wird. Bei jeder Nachfagemenge, die darüber hinausgeht, könnte sie jedoch ohne Rücksicht auf die Preise der Importware autonom vorgehen. Es würde ein ähnlicher Zustand erreicht wie bei den Importen aus Belgien. Eine solche Maßnahme ist daher nicht geeignet, das Marktergebnis zu verbessern.

Als zweite Alternative bietet sich eine völlige Aufhebung aller Importbeschränkungen an. Die Folgen einer solchen Maßnahme sind nicht abzusehen. Nach Ansicht der Industrie würde das langfristig dazu führen, daß in der Bundesrepublik überhaupt kein Stickstoffdünger mehr erzeugt wird. Die deutschen Hersteller sehen nach eigenen Angaben keine Möglichkeit, wirksame Gegenmaßnahmen zu ergreifen. Die Folge wäre eine allmähliche Stillegung der Kapazitäten.

Es muß jedoch bezweifelt werden, ob die Industrie auf verstärkte Importe nicht anders als mit einem Kapazitätsabbau reagiert. Zwar hat sie bisher noch keine Gegenmaßnahmen eingeleitet. Das war möglich, weil ein Teil der bestehenden Anlagen veraltet war und ohne große Einbußen stillgelegt werden konnte. Insofern haben die Importe bisher die Modernisierung beschleunigt, was durchaus wünschenswert ist.

Diese Reaktion der Industrie ist jedoch nicht unbegrenzt fortzusetzen. Sobald auch die modernen Anlagen nur noch unbefriedigend ausgenutzt werden können, ist eine Verschärfung des Preiswettbewerbs zu vermuten. Ob die deutschen Hersteller dabei längerfristig zur Aufgabe gezwungen werden können, ist angesichts der Größe und Bedeutung der stickstofferzeugenden Konzerne äußerst fraglich.

Aber selbst wenn der größte Teil des deutschen Stickstoffverbrauchs langfristig durch Importe befriedigt werden sollte, ist das vom ökonomischen Standpunkt aus noch nicht unbedingt ein Schaden. Wenn die Ostblockimporte dem Verbraucher wegen der niedrigen Preise attraktiver erscheinen und deshalb das inländische Angebot aus dem Markt drängen, so hat sich das günstigere Angebot im Zuge der internationalen Arbeitsteilung durchgesetzt. Das Marktergebnis hat sich für den Verbraucher verbessert, was in den niedrigeren Importpreisen zum Ausdruck kommt.

Die Einwände, die von seiten der Industrie und anderer gegen eine unbegrenzte Ausdehnung der Ostblockimporte erhoben werden, können unter dem Stichwort „Risiko" zusammengefaßt werden. Es wird vorgebracht, daß die Versorgung der Landwirtschaft in politischen Krisenzeiten unsicher ist, daß die deutsche Landwirtschaft von ausländischer Technologie abhängig werden könnte und daß sich nach einer Ausschaltung der deutschen Industrie das Preisniveau erhöhen würde. Für den letzten Einwand werden zwei Begründungen gegeben: Erstens sei nach Stillegung der deutschen Kapazitäten der Ostblock nicht mehr gezwungen, Dumpingpreise zu fordern. Die Lieferländer würden dann in der Lage sein, aufgrund ihrer Marktmacht überhöhte Preise durchzusetzen. Kurzfristige Preisvorteile müßten dann langfristig mit höheren Produktionskosten der Landwirtschaft bezahlt werden. Dieses Argument ist insofern nicht stichhaltig, als auch bei einer solchen Situation die Bundesrepublik nicht ausschließlich auf Importe aus dem Ostblock angewesen wäre, sondern auch aus anderen Ländern importieren könnte. Zweitens wird argumentiert, daß nur ein Teil der Nachfrage durch Ostblockdünger preisgünstiger beliefert werden könnte. In Gebieten, die von den Häfen oder der deutschen Ostgrenze weit entfernt gelegen sind, würde die hohe Transportkostenbelastung die Preise so sehr steigen lassen, daß die deutsche Industrie in solchen Gebieten billiger anbieten könne. Dennoch sei es möglich, daß die deutschen Hersteller aufgeben müßten, weil nur noch Anlagen mit sehr großer Kapazität rentabel arbeiten könnten. Obwohl die Ostblockimporte in einigen Gegenden billiger seien, könnte daher das Preisniveau insgesamt höher liegen als heute. Auch diesem Argument kann mit dem Hinweis auf andere Importmöglichkeiten begegnet werden. Im übrigen ist es selbst langfristig unwahrscheinlich, daß sämtliche Kapazitäten in der Bundesrepublik stillgelegt werden müßten. Es besteht allerdings die Möglichkeit, daß die deutsche Industrie ihre Produktion bei einer unbegrenzten Ausdehnung der Importe durch Aufhebung auch der noch bestehenden Kontingente erheblich einschränken müßte.

Die Beurteilung der beiden anderen Risikofaktoren entzieht sich einer ökonomischen Argumentation. Die Entscheidung hierüber ist politischer Natur. Wenn die allgemeine politische Konstellation darauf schließen läßt, daß auch bei einer Schrumpfung der inländischen Kapazitäten die Nachfrager nach Stickstoffdüngern auch langfristig ausreichend durch den Ostblock versorgt werden können, ist gegen eine Aufhebung der noch bestehenden Kontingente nur wenig einzuwenden. Wenn jedoch Zweifel daran bestehen, ob eine ausreichende Versorgung gesichert ist, sollte die deutsche Industrie wenigstens in einem bestimmten Umfang vor den Importen durch Beibehaltung der Kontingentierung geschützt werden.

E. Die Beurteilung der weiteren Komponenten des Wettbewerbs

I. Das Staffelpreissystem

Das Staffelpreissystem hat sich in der Vergangenheit bewährt. Anhand der Verkaufsstatistiken der einzelnen Produzenten kann nachgewiesen werden, daß der Absatz relativ stetig vonstatten geht und keine übermäßig großen Lagerkosten entstehen. Durch die zeitliche Anpassung des Absatzes an den Produktionsrhythmus sind die Produktionskosten gesenkt worden, außerdem sind Lieferschwierigkeiten und Engpässe in den Stoßzeiten des Verbrauchs vermieden worden.

Der Wettbewerb wird durch das System der Staffelpreise nicht beeinträchtigt. Das gilt selbst dann, wenn alle Hersteller die gleiche Staffelung der Preise vornehmen. Zwar könnten unterschiedliche Preisstaffeln unter den gegenwärtigen Verhältnissen den Grad der Wettbewerbsintensität erhöhen. Doch ist die Gleichpreisigkeit in erster Linie auf das Frankostationspreissystem und nicht auf die Staffelpreise zurückzuführen.

Unterschiedliche Preisstaffeln bei den einzelnen Herstellern sind bei einem Frankostationspreissystem praktisch gar nicht möglich. Sie würden dazu führen, daß zwar insgesamt die Nachfrage einigermaßen gleichmäßig auf das ganze Jahr verteilt wird. Für den einzelnen Hersteller jedoch würde die Nachfrage wieder stoßweise auftreten, und zwar immer dann, wenn seine Preisstaffel günstiger ist als die der Konkurrenz. Der Effekt des Staffelpreissystems, die Einsparung von Produktions- und Lagerkosten, würde dadurch verlorengehen. Das Staffelpreissystem bringt so viele Vorteile, daß es auch weiterhin beibehalten werden sollte.

II. Die vertikalen Marktbeziehungen

Nach den Marktanteilen zu urteilen, hat der Handel gegenüber der Stickstoff-Industrie eine starke Position, vor allem durch die Stärke der Genossenschaften. Wegen der föderalistischen Struktur treten die selbständigen Hauptgenossenschaften jedoch nicht gemeinsam auf, sondern verhalten sich gegenüber der Industrie wie Konkurrenten.

Die Möglichkeiten einer Beeinflussung der Herstellerpolitik sind unter den gegenwärtigen Bedingungen nur gering. Durch die Ostblockimporte hat der Handel der Industrie allerdings spürbare Umsatzeinbußen gebracht. Da jedoch die

Weltnachfrage zur Zeit höhere Zuwachsraten aufweist als das Angebot, kann die Industrie in naher Zukunft eine Kompensation der Absatzverluste im Inland durch eine Erhöhung der Exporte erreichen. Der intensive Wettbewerb auf der Großhandelsstufe beschränkt die Möglichkeiten des Handels, die einzelnen Hersteller gegeneinander auszuspielen. Zwar sind die Genossenschaften insgesamt in der Lage, erhebliche Nachfragemengen von einem Hersteller zum anderen umzudirigieren. Dazu ist jedoch ein einheitliches Vorgehen Voraussetzung, was angesichts des bestehenden Kartellrechts[49] und der Konkurrenz der Zentralgenossenschaften untereinander kaum möglich ist. Der interne Warenaustausch der Hersteller kann darüber hinaus den Druck auf einen Hersteller mindern oder gar neutralisieren, wenn die Industrie sich langfristig von einem Oligopolgleichgewicht mehr verspricht als von kurzfristigen Nachfragesteigerungen bei einem Hersteller — allerdings nur, wenn die Anbieter bereit wären, nicht nur einen Austausch von 1 : 1 zu praktizieren.

Der Rabattwettbewerb ist auf stickstoffhaltige Dünger beschränkt. Es ist allerdings fraglich, ob es über die Rabatte, wie von der Industrie behauptet, tatsächlich zu einem Wettbewerb der Hersteller untereinander kommt. Bei den anscheinend bis in die kleinsten Details gehenden Absprachen über die Preise ist es nicht gerade wahrscheinlich, daß der Bereich der Rabatte aus den Regelungen ausgeklammert wird und alles das an Wettbewerb nachgeholt wird, was bei den Preisen durch die Absprachen verhindert wird. Ebenso ist es möglich, daß hier nur ein Scheinwettbewerb ausgetragen wird.

Sicherlich ist es richtig, daß die Rabatte der einzelnen Hersteller unterschiedlich sein können, und es in vielen Fällen auch tatsächlich sind. Dennoch sind Absprachen organisatorisch leicht durchzuführen, wenn sie sich nicht auf eine genau fixierte Höhe der Rabatte beziehen, sondern auf einen gewissen Spielraum. So ist es denkbar, daß ausgehend vom offiziellen Rabatt in Höhe von elf Prozent eine Einigung besteht,

---

49 Vergleiche Albers, Willi, Die Strategie . . ., S. 12.

diese Zahl um nicht mehr als vier Prozent zu überschreiten, daß also der Inhalt einer Abmachung einen Maximalwert enthält. In diesem Fall können die Rabatte der Hersteller zwar zwischen elf und fünfzehn Prozent schwanken und dementsprechend unterschiedlich sein, gleichzeitig ist aber von vornherein ausgeschlossen, daß über den Wert von fünfzehn Prozent hinaus die Hersteller Preiskämpfe austragen. Sobald ein Anbieter, der nur elf Prozent gewährt, einen Nachfragerückgang verspürt, steigert er die Rabatte bis fünfzehn Prozent und weiß, daß er dann nicht mehr teurer sein kann als die Konkurrenz.

Diese Überlegungen sind hypothetischer Art. Sie sollten nur darauf hinweisen, daß allein unterschiedliche Rabatte und die Behauptung der Industrie, daß über die Rabatte ein scharfer Wettbewerb besteht, noch nichts über den tatsächlichen Wettbewerb aussagen. Nur wenn die Industrie bereit ist, wenigstens für vergangene Jahre ihre Rabatte aufzudecken, kann die Intensität des Wettbewerbs auf diesem Sektor überprüft werden.

III. Der Qualitätswettbewerb

Die Möglichkeit, deutliche Qualitätsverbesserungen zu erzielen oder neue hochwertige Sorten herzustellen und dadurch einen innovatorischen Vorsprung vor der Konkurrenz zu erhalten, ist äußerst gering. Vor allem in der Stickstoffindustrie sind alle Anbieter auf dem gleichen technischen Niveau. Verschiebungen können wohl nur eintreten, wenn das jetzt angewandte Haber-Bosch-Verfahren durch ein völlig anderes, kostengünstigeres Syntheseverfahren abgelöst würde. Das Haber-Bosch-Verfahren dürfte inzwischen völlig ausgereift sein.

Neue Sorten können zwar unschwer hergestellt werden, vor allem bei den Mehrnährstoffdüngern. So ist die Zahl der Sorten in den USA weit größer als in der Bundesrepublik. Sinnvoll ist das jedoch nicht, da die produzierten Sorten alle wesentlichen Zusammensetzungen erfassen, die vom Verbraucher benötigt werden. Düngersorten mit einer höheren

Nährstoffkonzentration wären zwar für manchen Verbaucher wünschenswert. Sie werfen auch keine technischen Probleme auf. Die Produktionskosten sind jedoch beträchtlich höher, so daß sich selbst die ganz hochprozentigen Ammoniak-Dünger keiner großen Beliebtheit in der Bundesrepublik erfreuen. Die Preise für die Ammoniaklösungen scheinen in der Bundesrepublik allerdings auch sehr hoch zu sein, denn in Dänemark hat die Ammoniakdüngung immerhin einen Marktanteil von etwa 50 Prozent[50]. In jedem Fall haben alle Anbieter die technischen Voraussetzungen, jeden zur Zeit existierenden Stickstoffdünger in kürzester Zeit anbieten zu können. Impulse für den Wettbewerb können von einem Qualitätswettbewerb mit innovatorischem Vorsprung eines dynamischen Unternehmens nicht ausgehen.

Der Qualitätswettbewerb muß jedoch nicht unbedingt nur auf die technisch jeweils beste Qualität beschränkt sein. Denkbar ist auch ein Fall, daß Ware minderer Qualität angeboten wird, für die durch niedrige Produktionskosten ein attraktiver Preis möglich wäre. Dieser Fall scheidet durch die präzisen Qualitätsvorschriften des Düngemittelgesetzes und der Düngemittelverordnung aus. Mindere Qualitäten sind nicht zugelassen.

Im Bereich der Stickstoffindustrie sind daher in den letzten Jahren keine wesentlichen Qualitätsveränderungen festzustellen. Eine Ausnahme bildet Kalkammonsalpeter, dessen Nährstoffanteil von 20,5 Prozent N über 23 und 24 auf 26 Prozent gesteigert wurde. Auch hierbei handelt es sich aber nicht um die Ausnutzung neuer technischer Entwicklungen. Vielmehr bietet die deutsche Industrie schon seit langer Zeit Kalkammonsalpeter mit 26 Prozent N an, allerdings nur für Exporte[51]. Die Umstellung ist wohl weniger „im Interesse aller Partner"[52] durchgeführt worden als vielmehr wegen der Ostblockimporte, bei denen der Kalkammonsalpeter schon

[50] Vergleiche ebenda, S. 11.

[51] Vergleiche Beschluß des Bundeskartellamtes vom 20. März 1965 („Ruhrstickstoff III"), S. 616.

[52] Schöttler, Rudolf, Das neue Stickstoff-Düngejahr 1972/73, in: Fachverband Stickstoff-Industrie, Pressekonferenz am 27. 5. 1972 in Hannover, S. 4.

vorher teilweise einen Nährstoffgehalt von 26 Prozent N hatte. Auch für den Qualitätswettbewerb in der Stickstoffindustrie ist gültig, was schon für Preise und Konditionen galt: Die Hersteller werden wohl kaum das bestehende Gleichgewicht nachhaltig stören.

IV. Der Wettbewerb in Forschung, Werbung und Beratung

Da nur geringe Möglichkeiten bestehen, bei den einzelnen Düngemitteln verbesserte Qualitäten zu erreichen, ist die Forschung vor allem auf die Anwendung der Dünger ausgerichtet. Praktisch alle Hersteller verfügen über eigene landwirtschaftliche Versuchsanstalten, so die BASF in Limburgerhof und die Ruhr-Stickstoff AG in Hanninghof. Die Ergebnisse werden vornehmlich in der landwirtschaftlichen Beratung und in der Werbung an die Verbraucher weitergegeben. Die meisten Versuche sollen Aufschluß über die optimale Düngungsintensität bei Einsatz der eigenen Sorten und bei verschiedenen Kulturen geben. Die Forschungsergebnisse tragen dazu bei, die Düngernachfrage insgesamt zu erhöhen.

Forschung, Werbung und Beratung enthalten im allgemeinen sachliche Informationen für den Landwirt. Die Zahlen über Ertragssteigerungen bei unterschiedlichen Düngerangaben sind durch die Forschungsergebnisse aus Gefäß- und Parzellenversuchen belegt und nachgewiesen. Die Werbung hat eher aufklärenden als emotionellen Charakter.

Daß trotzdem das eigene Produkt im Vordergrund steht, ist selbstverständlich. Vielfach beschränkt sich die Werbung jedoch nicht nur auf die Vorzüge der sekundären Qualitätsmerkmale, sondern auf das Düngungssystem, das für die eigenen Sorten am zweckmäßigsten ist. So wirbt etwa das Thomasphosphat-Kartell sehr intensiv für die Systeme N + P + K und PK + N und stellt die Vorteile dieser beiden Systeme heraus[53]. Die BASF dagegen weist in Anzeigen be-

[53] Vergleiche Bader, B., Düngungsratschläge für den praktischen Landwirt, herausgegeben von der landwirtschaftlichen Abteilung der Thomas-

sonders auf die Arbeitsersparnis bei Mehrnährstoffdüngern hin.

Dieses Vorgehen der Hersteller deutet an, daß der „Wettbewerb der Düngungssysteme" in der Düngemittelindustrie intensiver ist als der Wettbewerb der Hersteller gleicher Düngersorten. Die wesentlichen Verschiebungen in der Nachfrage der letzten 20 Jahre waren daher vor allem unter den Düngungssystemen zu beobachten: Zunächst der starke Anstieg der Mehrnährstoffdünger, dann der Rückgang bei gleichzeitigem starken Anstieg des Absatzes von PK-Düngern.

Die einzige — wenn auch nicht sehr bedeutende — Form eines „Preiskampfes" zwischen deutschen Herstellern spielt sich folgerichtig nicht zwischen den Herstellern gleicher Düngemittel ab, sondern zwischen den Düngungssystemen; zunächst die Abholvergütungen in der Phosphatindustrie als Gegenmaßnahme gegen das Vordringen der Mehrnährstoffdünger, dann als Reaktion die Abholvergütungen der Stickstoffindustrie bei Mehrnährstoffdüngern „in Anpassung an die Gegebenheiten bei anderen phosphathaltigen Düngersorten"[54].

F. Zusammenfassung

In der Stickstoffindustrie ist die Intensität des Wettbewerbs nur gering. Drei Tatbestände sind hierfür von besonderer Bedeutung: Die durch die geringe Zahl von Anbietern und weitere Rahmenbedingungen vorhandene ausgeprägte oligopolistische Interdependenz, die Gleichpreisigkeit durch das Frankostationspreissystem und die mangelhafte Wirksamkeit der Importe. Eine Intensivierung des Wettbewerbs von Dauer kann nur dann eingeleitet werden, wenn diese Ursachen zielgerichtet verändert werden. Dazu ist eine Reihe von Maßnahmen möglich, deren volle Wirksamkeit indes nur dann

phosphatfabriken GmbH., Düsseldorf 1971, S. 30 ff. Ferner Bader, B., und Pollinger, Th., Die Th-Dünger, herausgegeben von der landwirtschaftlichen Abteilung der Thomasphosphatfabriken GmbH, Düsseldorf 1970, S. 15 ff. und S. 35 ff.

[54] Ohne Verfasser, Das neue Stickstoff-Düngejahr 1973/74, Pressekonferenz des Fachverbandes Stickstoffindustrie am 17. 5. 1973 in Bad Nauheim.

erreicht werden kann, wenn sie als Paket aufgefaßt, also zusammen verwirklicht werden.

Am wichtigsten, ja von ausschlaggebender Bedeutung, ist die Einführung von Ab-Werk-Preisen. Bei einer Beibehaltung der Frankostationspreise bleiben alle anderen Maßnahmen lediglich Schönheitskorrekturen. Zwar kann die Kontingentierung der Ostblockimporte für die gesamte EG zu Preissenkungen führen, doch nicht zu einem Wettbewerb der deutschen Hersteller untereinander. Vielmehr ist bei gleichen Preisen anzunehmen, daß der Zusammenhalt der Hersteller durch einen gemeinsamen Kampf gegen die Importe noch gestärkt wird.

Investitionshilfen bei Frankostationspreisen sind eine Vergeudung. Zwar können neue Standorte entstehen, doch wenn die Lenkungsfunktion des Transportpreises außer Kraft gesetzt wird, hat das keine Auswirkungen auf den Preis. Ein Stickstoffwerk in Bayern, das einen Teil seiner Produktion in Niedersachsen oder Schleswig-Holstein absetzt, während die Produktionsstätten in Nordrhein-Westfalen und Niedersachsen weiterhin nach Bayern liefern, rechtfertigt in keiner Weise Struktur- und Investitionsanreize. Ebenso ist auch das Ausscheiden der Gewerkschaft Victor aus dem Kartell bei Aufrechterhaltung der Frankostationspreise lediglich ein formaler Akt mit symbolischer Bedeutung. Die erste und wichtigste Forderung für eine Intensivierung des Wettbewerbs in der Stickstoffindustrie lautet daher: Abschaffung der Frankostationspreise, Einführung von Ab-Werk-Preisen.

ZWEITER TEIL

Der Wettbewerb in der Phosphat-Industrie

Drittes Kapitel

Grundlagen für die Beurteilung des Wettbewerbs

A. Produktion und Kapazitäten

Die Produktionsziffern der deutschen Hersteller von phosphathaltigen Düngemitteln haben sich in den letzten Jahren nur wenig geändert. Die größte Inlandsproduktion wurde 1972/73 erzielt, ein Ergebnis, das sich 1973/74 kaum wiederholen wird.

Tabelle 12

Inlandsproduktion von Phosphatdüngern in 1000 t P_2O_5[a)]

1960/61	1964/65	1968/69	1969/70	1970/71	1971/72	1972/73	1973/74[b)]
768	950	905	919	946	976	986	887

[a)] *Quelle:* Statistisches Bundesamt, Fachserie D, Reihe 9, II. Düngemittelversorgung, Wirtschaftsjahr, verschiedene Jahrgänge (bis 1965: Reihe 6, Düngemittelversorgung, Wirtschaftsjahr).

[b)] 11 Monate von Juli 1963 bis Mai 1974. Vergleiche ebenda, Mai 1974.

Produktion und Kapazitäten sind wesentlich von der Stahlproduktion beeinflußt, da der beliebteste Phosphatdünger — das Thomasphosphat — als Kuppelprodukt bei der Verhüttung phosphatreicher Eisenerze anfällt. Entscheidend für die Produktionsmenge von Thomasphosphat ist daher nicht die insgesamt verarbeitete Roheisenmenge, sondern die Menge an phosphorhaltigen Eisenerzen, die nach dem LDAC-Verfahren oder anderen verwandten Verfahren verhüttet wird. Vor allem das schwedische Eisenerz ist stark phosphorhaltig[1]. Der Anteil dieser Erze an der gesamten Stahlproduk-

[1] Vergleiche Oehmichen, Jobst, Eisen—Stahl—Thomasphosphat, in: Mitteilungen der DLG, Heft 36 vom 3. 9. 1970, S. 1182 f.

tion ist in den letzten Jahren zurückgegangen, wie die folgende Übersicht zeigt[2]:

Jahr	Stahlerzeugung insgesamt	davon LDAC-Stahl
1960	34,0 Mio. t	14,8 Mio. t
1965	36,8 Mio. t	14,3 Mio. t
1969	45,3 Mio. t	15,8 Mio. t
1971	40,3 Mio. t	13,3 Mio. t

Längerfristige Prognosen über die Produktion von Thomasphosphat sind außerordentlich schwierig. Zwar kann man davon ausgehen, daß der Anteil des LDAC-Stahls an der Gesamtstahlproduktion weiter rückläufig sein wird, wie weit davon aber auch die Produktionsmenge von Thomasmehl betroffen wird, entzieht sich vorläufig der Beurteilung. Es scheint jedoch so, als ob die Thomasphosphat-Produktion auch absolut rückläufig sein wird. Jedenfalls lassen die Produktionsziffern der letzten Jahre diese Entwicklung erwarten. Während 1971/72 noch rund 339 000 t P_2O_5 an Thomasphosphat erzeugt wurden, sank die Erzeugung 1972/73 ganz erheblich auf rund 286 000 t P_2O_5[3] — und das trotz einer relativ guten Stahlkonjunktur. Kurzfristig kann diese Produktion durch besonders gute Stahlkonjunkturen eventuell wieder steigen, langfristig ist aber wohl eher mit einem weiteren Rückgang zu rechnen.

Die rückläufige Entwicklung von Thomasphosphat hat in den letzten Jahren vor allem die Erzeugung von Glühphosphaten und feinvermahlenem Rohphosphat begünstigt. 1970/71 betrug die Produktion dieser Dünger nur 130 000 t P_2O_5, stieg dann 1971/72 auf 176 000 t P_2O_5 und 1972/73 auf 209 000 t P_2O_5 an[4]. Dagegen konnte die Superphosphatproduktion nur geringfügig gesteigert werden.

---

[2] Vergleiche Thomasphosphat auch künftig knapp, in: Ernährungsdienst — Deutsche Getreidezeitung, Hannover, vom 21. 12. 1972, S. 11.

[3] Vergleiche Statistisches Bundesamt, Fachserie D, Reihe 9, II. Düngemittelversorgung, Wirtschaftsjahr 1972/73.

[4] Vergleiche ebenda, verschiedene Jahrgänge.

Für die anderen Hersteller von phosphathaltigen Düngemitteln bringt die Abhängigkeit der Thomasphosphat-Herstellung von der Stahlkonjunktur besondere Probleme. Thomasphosphat ist der billigste und der beliebteste Phosphatdünger. Schwankungen in der Produktion — ob nach oben oder nach unten — führen auch bei den anderen Herstellern zu Schwankungen, die wegen der geringeren Bedeutung dieser Sorten besonders stark sind. Der Auslastungsgrad der vorhandenen Kapazitäten ist daher stark von der erzeugten Menge an Thomasphosphat abhängig.

Andererseits bedeutet eine rückläufige Entwicklung bei Thomasphosphat, das nicht nachfrageorientiert produziert wird, auch dann einen steigenden Verbrauch an anderen Düngersorten, wenn die Nachfrage insgesamt konstant bleibt. folgt man daher der Auffassung, daß Thomasphosphat langfristig immer geringere Bedeutung haben wird, kann man den anderen Phosphatdüngern überdurchschnittliche Wachstumsraten voraussagen.

B. Das System der Preisbildung

I. Der Einfluß der staatlichen Höchstpreisverordnungen

Bis zum 30. April 1973 bestand für Thomasphosphat eine staatliche Höchstpreisvorschrift, seitdem kann sich der Preis am Markt bilden[5]. Bei den anderen Phosphatdüngern waren die Höchstpreisverordnungen schon länger aufgehoben

Die jetzigen Preise für Thomasphosphat können noch nicht als Marktergebnis angesehen werden. Es dürfte einige Zeit dauern, bis sich die Aufhebung der Höchstpreise auswirkt. Obwohl im Düngejahr 1973/74 rechtlich keine Preisvorschriften mehr vorlagen, sind die bis dahin gültigen Preise wohl zunächst als Richtgröße angesehen worden. Aus drei Gründen kann jedoch längerfristig mit deutlichen Preissteigerungen gerechnet werden:

---

[5] Vergleiche Verordnung PR Nr. 2/73 über die Aufhebung der Preisvorschriften für Thomasphosphat (Thomasmehl) und Kali-Düngemittel vom 2. April 1973, bekanntgemacht im Bundesanzeiger Nr. 73 vom 13. April 1973.

1. Die Industrie hat sich intensiv für die Abschaffung der Preisvorschriften eingesetzt. Wenn dabei auch grundsätzliche Überlegungen nicht zu leugnen sind, so dürfte doch der Hauptgrund für die Aktivität der Hersteller darin zu sehen sein, daß die Industrie mindestens langfristig höhere Preise für durchsetzbar hält.

2. Bei Thomasphosphat ist eine direkte Zurechnung von Kosten nicht möglich. Die Thomasschlacke ist ein Abfallprodukt bei der Verhüttung phosphathaltiger Eisenerze, für die Verarbeitung zu einem Düngemittel fallen nur geringe Kosten für das Vermahlen der Schlacke an. Da die Nachfrage nach Thomasphosphat in den letzten Jahren deutlich höher lag als das Angebot und für die nächsten Jahre allgemein eine Vergrößerung der Versorgungslücke erwartet wird[6], kann auf die Dauer mit Preiserhöhungen gerechnet werden. Über den Umfang der Erhöhungen können vorerst nur Spekulationen angestellt werden.

3. Unmittelbar nach Aufhebung der Höchstpreisbindung wurden die Preise für Thomasphosphat um elf Prozent heraufgesetzt[7]. Diese Verhaltensweise deutet darauf hin, daß die Hersteller von Thomasphosphat in stärkerem Maße von ihrer Marktmacht Gebrauch machen wollen. Das ist ihnen um so eher möglich, als seit dieser Preiserhöhung die Importpreise für Rohphosphat, das für die Herstellung der übrigen Phosphatdünger benötigt wird, ganz erheblich angestiegen sind[8]. Zudem sind auch die

---

6 So stellt Schmitz fest, daß 1971/72 „bei Thomasphosphat alle Lagerreserven, auch an Rohschlacke, voll beanprucht" wurden. Schmitz, Franzjosef, Kalkverbrauch ..., S. 2. Deutlicher wird die Versorgungslücke im Düngejahr 1972/73: „Im laufenden Düngejahr ist zum ersten Mal seit Jahren Thomasphosphat nicht mehr ausreichend verfügbar. Der Rückstand bei Lieferungen an die Landwirtschaft von April bis Oktober ... beträgt bereits mehr als 50 000 t P_2O_5 und wird bis zum Ende des Düngejahres möglicherweise noch weiter anwachsen." Ronge, Hans, Entwicklung des Phosphat-Verbrauchs, in: Ernährungsdienst — Deutsche Getreidezeitung vom 20. 1. 1973, S. 10.

7 Vergleiche Bundesverband der Raiffeisen Warengenossenschaften, Jahrbuch 1972 (Bonn), abgeschlossen am 30. Juni 1973, S. 42.

8 Die Weltmarktpreise für Rohphosphat haben sich innerhalb Jahresfrist verdreifacht. Vergleiche BASF erhöht Düngerpreise, in: Handelsblatt vom 5. 2. 1974, S. 8. Auch seit Anfang 1974 sind die Preise noch nicht zur

Kosten für die Stickstoffproduktion durch die Energieverteuerung höher geworden, so daß die Mehrnährstoffdünger gleich doppelt von Preissteigerungen betroffen sind[9].

II. Die Formen der geographischen Preisdifferenzierung

1. Das Frachtbasissystem bei Thomasphosphat

„Bezieht der Verkäufer seinen Preis nicht auf den Standort des Werkes, sondern auf einen Ort in näherer oder weiterer Entfernung vom Produktionsort — auf einen sogenannten Basisort —, und berechnet er den Käufern die Frachtkosten von dieser Basis aus, dann geht der Ab-Werk-Preis in einen Frachtbasispreis über"[10]. Dieser Fall ist bei den Düngemitteln auf Thomasphosphat und Novaphos beschränkt. Thomasphosphat wird ab Frachtbasis Oberhausen-West geliefert, bei Novaphos liegt ein System multipler Frachtbasen vor, und zwar mit den Basisorten Krefeld Ost Hafen, Löhne (Westfalen), Lübeck-Dänischburg, Ingolstadt Hauptbahnhof, Nordenham und Ludwigshafen Hauptbahnhof[11]. Für Thomasphosphat gilt die Berechnung auf der Frachtgrundlage Oberhausen nicht nur für die Mitglieder des Kartells, sondern auch für die Außenseiter und sogar für die meisten Importe. Die Differenz zwischen den berechneten und den tatsächlichen Frachtkosten ist teilweise beträchtlich, zumal innerhalb des Syndikates Frachtenlenkung besteht, jeder Auftrag also vom frachtgünstigsten Werk aus beliefert wird.

Ruhe gekommen. Marokko, der wichtigste Phosphatexporteur der Welt, setzte den Preis für die Tonne Rohphosphat am 1. 7. 1974 um weitere 50 % von 42 auf 63 Dollar herauf. Vergleiche Marokkos Handelsdefizit vergrößert, in: Blick durch die Wirtschaft vom 27. 7. 1974, S. 2.

9 Die BASF hat ihre Preise für Mehrnährstoffdünger mit Wirkung vom 1. 2. 1974 um durchschnittlich 19,4 Prozent erhöht. Vergleiche Stickstoff-Düngemittel bald wesentlich teurer. Eine weitere Preiserhöhung für Mehrnährstoffdünger zwischen 4,3 und 8,3 Prozent trat am 1. 7. 1974 in Kraft. Vergleiche „Die Stickstoffversorgung ist geregelt".

10 Kretzer, Rolf-Dieter, Frankostationspreise . . ., S. 1.

11 Vergleiche Heller, L., Landmann, R. und H., Düngerbezugs-Preisliste 1972/73, Teil I, S. 5 und 6 f.

2. Abholvergütungen und Frankostationspreise

Bei den meisten Phosphatdüngern wird schon seit langem eine Abholvergütung gewährt. Es wird die anteilige Bahnfracht vergütet, mindestens jedoch eine DM je 100 kg Ware[12]. Für PK-Dünger werden unterschiedliche Vergütungen gewährt, die von 0,65 DM bis 1,40 DM je 100 kg Ware reichen. Für einzelne Sorten wird ab bestimmten Lieferstationen ein Werbekostenzuschuß von 0,15 DM bis 0,25 DM je 100 kg an Abholer gewährt[13]. Alle diese Sorten werden sonst franko Station geliefert.

Sofern nur die anteilige Bahnfracht erstattet wird, kann bei den Abholvergütungen nicht von einer geographischen Preisdifferenzierung gesprochen werden. Anders ist es jedoch bei der festgelegten Mindesterstattung von einer DM. Hier werden die Preise differenziert, solange die tatsächliche Bahnfracht niedriger liegt als eine DM je 100 kg Ware. Immerhin sind davon Lieferungen bis zu 70 km vom Lieferort betroffen.

Nach Angaben der Superphosphat-Industrie wird von der Möglichkeit, die Ware selbst abzuholen, in regem Umfang Gebrauch gemacht. Das ist nicht zuletzt auf die Vielzahl der Lieferstationen zurückzuführen. Allein die Superphosphat-Industrie und die KG Stodiek haben zwölf Lieferstellen. Insgesamt gibt es bei den Phosphatdüngern 20 Lieferstellen[14].

Einzelne Hersteller gewähren bei bestimmten Lieferstationen auch beim Bahnversand im Umkreis von 70 Bahnkilometern eine Vergütung von 0,50 bis 0,65 DM je 100 kg Ware[15].

III. Preisstaffeln und Preisvergleiche

Ebenso wie bei den Stickstoffdüngern ist auch bei den Phosphatdüngern der Verbrauch auf eine kurze Zeitspanne

---

12 Vergleiche ebenda, S. 6 ff.

13 Vergleiche ebenda, S. 6, S. 14 und S. 17.

14 Vergleiche ebenda, S. 7.

beschränkt. Um die Nachfrage einigermaßen gleichmäßig auf die einzelnen Monate zu verteilen, ist daher auch bei den Phosphatdüngern eine saisonale Preisstaffelung üblich. Für Thomasphosphat gibt es drei Preisstaffeln, die Ersparnis in der günstigsten Staffel beträgt 19,9 Prozent vom Netto-Listenpreis der höchsten Staffel. Für PK-Dünger gibt es je nach Fabrikat 4 bis 10 Staffeln, die maximale Ersparnis liegt zwischen 12,3 und 16,8 Prozent[16].

Preisvergleiche zwischen Inlands-, Auslands- und Außenhandelspreisen wie beim Stickstoff sind bei den Phosphatdüngern nicht möglich ohne entsprechende Informationen der Industrie. Die Mehrnährstoffdünger sind in der Außenhandelsstatistik nur unzureichend nach verschiedenen Sorten aufgeschlüsselt, so daß die Anteile der einzelnen Sorten nicht erkennbar sind. Auch für Thomasphosphat bietet die Statistik keine brauchbare Grundlage, da nicht zwischen Dünger und Rohschlacke unterschieden wird.

IV. Preisvergleich der Düngungssysteme

Thomasphosphat wird oft als der billigste Phosphatdünger angesehen. Dabei wird oft übersehen, daß die isolierte Betrachtung nur einer Düngersorte zu Fehlschlüssen verleiten kann. Alle drei Nährstoffe müssen in ausreichender Menge gedüngt werden, so daß es nicht entscheidend ist, ob eine bestimmte Sorte besonders billig ist, sondern vielmehr, mit welcher Sortenkombination die gesamte Düngung besonders kostengünstig ist. Es ist daher zweckmäßig, einen Preisvergleich der Düngungssysteme vorzunehmen. Diese Art des Preisvergleichs ist bisher in der Landwirtschaft weitgehend vernachlässigt worden.

Im folgenden werden daher vier Systeme verglichen: Die Düngung nur mit Einzeldüngern, die NPK-Düngung, die Grunddüngung mit einem PK-Dünger und Ergänzungsdüngung mit einem N-Einzeldünger sowie die Herbstdüngung

---

15 Vergleiche ebenda, S. 14, S. 17 und S. 19.

16 Vergleiche ebenda.

mit einem Kali-Einzeldünger und die Ergänzungsdüngung mit einem NP-Dünger. Gültig für den Vergleich ist die Preisliste 1972/73. Dieses Jahr war das bislang letzte „normale" Jahr, das heißt die Preise waren noch nicht ständigen schwerwiegenden Veränderungen unterworfen. Seitdem hat sich die Preisrelation zwischen den einzelnen Düngern zwar vollständig verschoben. Die zahlenmäßigen Ergebnisse sind daher heute nicht mehr richtig. Dennoch aber gibt dieser Vergleich Aufschluß darüber, wie wenig Bedeutung die isolierte Betrachtung des Preises einer bestimmten Sorte unter Umständen haben kann. Es wäre sehr zu empfehlen, nach einer Stabilisierung der Preisrelationen den Vergleich der Düngungssysteme zu aktualisieren.

Es werden jeweils die wichtigsten Sorten der drei Nährstoffe verglichen. Da Thomasphosphat ab Frachtbasis geliefert wird und dadurch je nach Entfernung von der Frachtbasis der Preis wechselt, wird die Berechnung für drei verschiedene Verbrauchsorte durchgeführt, und zwar Köln (Entfernung von der Frachtbasis 70 km), Göttingen (263 km) und München (672 km). Es wird der Bruttopreis für gesackte Ware bei Lieferung im Dezember zugrunde gelegt[17].

Bei einer Düngung von 100 kg N, 100 kg P_2O_5 und 100 kg K_2O enstanden dann bei den einzelnen Systemen folgende Einstandskosten für den Verbraucher:

1. Einzeldüngung mit Kalkammonsalpeter, Thomasphosphat und 50er Kali:

Kalkammonsalpeter	DM 102,53		
50er Kali (grob)	DM 38,40		
Thomasphosphat (Köln)	DM 58,51		
Thomasphosphat (Göttingen)		DM 68,54	
Thomasphosphat (München)			DM 79,39
	DM 199,74	DM 209,47	DM 220,32

2. Mehrnährstoffdünger:

Sorte 15/15/15	DM 232,64

[17] Grundlage der Berechnung ist die Preisliste nach Heller, L., Landmann, R. und H., Düngerbezugs-Preisliste 1972/73.

3. Grunddüngung PK-Dünger, Ergänzungsdüngung Kalkammonsalpeter:

Sorte 0/16/16	DM 150,52		
Kalkammonsalpeter	DM 102,53		
	DM 253,05		

4. Grunddüngeung 50er Kali, Ergänzungsdüngung NP-Dünger:

50er Kali	DM 38,40		
Sorte 20/20/0	DM 179,30		
	DM 217,70		

5. Grunddüngung PK-Dünger und Thomasphosphat, Ergänzungsdüngung Kalkammonsalpeter:

Sorte 0/15/25	DM 103,48		
Kalkammonsalpeter	DM 102,53		
40 kg Thomasph. (Köln)	DM 22,93		
40 kg Thomasph. (Göttingen)		DM 27,28	
40 kg Thomasph. (München)			DM 31,75
	DM 228,94	DM 233,29	DM 237,76

Bei einer Düngung von 100 kg N, 90 kg P_2O_5 und 100 kg K_2O:

6. Gründüngung PK-Dünger, Ergänzungsdüngung Kalkammonsalpeter:

Sorte 0/18/20	DM 134,90		
Kalkammonsalpeter	DM 102,53		
	DM 237,43		

7. Zum Vergleich die gleiche Düngermenge mit Einzeldüngern:

Kalkammonsalpeter	DM 102,53		
50er Kali	DM 38,40		
Thomasphosphat (Köln)	DM 55,35		
Thomasphosphat (Göttingen)		DM 61,30	
Thomasphosphat (München)			DM 70,45
	DM 196,28	DM 202,23	DM 211,38

Das Ergebnis ist einigermaßen erstaunlich. Daß die Düngung mit Einzeldüngern am preisgünstigsten war, kann nicht überraschen. Schließlich sind die Ausbringungskosten hierbei am höchsten. Daß jedoch das System NP + K nur wenig teurer, ja in einigen Gebieten sogar billiger war, konnte kaum vorausgesehen werden. Schließlich hat dieses System bisher nur wenige Anhänger. Es muß ferner berücksichtigt werden, daß beim NP- + K-System in zwei Arbeitsgängen rund 700 kg Dünger ausgebracht werden müssen, während bei der Einzeldüngung drei Arbeitsgänge mit rund 1250 kg Dünger anfallen. An zusätzlichen Kosten fallen für das Einzeldüngersystem Arbeitskosten und größerer Lagerraum an. Man kann daher davon ausgehen, daß das System NP + K in weiten Teilen der Bundesrepublik am preisgünstigsten war.

Schließlich ist hier noch auf die Ostblockimporte einzugehen. Der billige Harnstoff hat viele Landwirte dazu angeregt, von NPK-Düngern auf ein System von PK + Harnstoff zu wechseln. Der Grenzübergangswert für Harnstoff lose Ware (verzollt) betrug DM 0,409 je kg N. Dazu gerechnet werden müssen die Händlerrabatte, Skonti, Mehrwertsteuer, Verpackung und Frachtkosten. Im Durchschnitt dürften daher die Einstandskosten für die Landwirtschaft bei 100 kg N etwa bei DM 65,— bis DM 70,— gelegen haben. Da andererseits die PK-Dünger gegenüber dem NP-Dünger und den übrigen Einzeldüngern teurer waren, dürfte das System PK + Harnstoff ebenfalls über DM 200,— gekostet haben. Trotz des billigen Importharnstoffs bestanden daher insgesamt für den Landwirt keine Vorteile. Diese Tatsache ist in der bisherigen Diskussion über die Ostblockimporte noch nicht genügend berücksichtigt worden.

C. Der Außenhandel

Die Abhängigkeit der Thomasphosphatproduktion von der Stahlerzeugung läßt eine Anpassung der Kapazitäten an die Nachfrage nicht zu. Da das in der Bundesrepublik hergestellte Thomasphosphat nicht ausreicht, die Nachfrage zu den herrschenden Preisen zu decken, haben die Importe vor allem den Zweck, die überschüssige Nachfrage zu befriedigen.

Infolgedessen ist Thomasphosphat der bei weitem wichtigste phosphathaltige Dünger bei den Importen. Von den insgesamt 107 000 t P_2O_5, die 1972 importiert wurden[18], ent-

[18] Vergleiche Statistisches Bundesamt, Fachserie D, Reihe 9, II. Düngemittelversorgung, Januar 1972 bis Dezember 1972, jeweils S. 4.

fallen fast 75 000 t P_2O_5 auf Thomasphosphat[19]. Die anderen Einzeldünger kommen auf Importe von gut 10 000 t P_2O_5[20], während etwa 22 000 t P_2O_5 auf Mehrnährstoffdünger entfallen.

Mehr als 90 Prozent des Thomasphosphats stammen aus belgischer oder luxemburgischer Produktion, und auch bei den anderen Einzeldüngern sind es etwa 40 Prozent[20].

Genaue Zahlen über die einzelnen Importeure liegen nicht vor. Aus früheren Zahlen und einzelnen Angaben der Industrie und des Handels sind jedoch einigermaßen exakte Schätzungen möglich. Größter Importeur mit einem knappen Drittel ist die Thomasmehlgesellschaft mbH. Rund ein Fünftel der Importe entfällt auf die Oranienburger Chemische Fabrik AG. Weitere jeweils mehr als zehn Prozent der Importe dürften auf die Eisen- und Stahlgesellschaft Saar-Luxemburg mbH und auf die Handelsfirma Carl Beiselen entfallen.

Die Thomasmehlgesellschaft ist eine gemeinsame Tochtergesellschaft des Thomasphosphatkartells und der ausländischen Thomasphosphat-Lieferanten. Die Mitglieder des Kartells sind mit über 72 Prozent an diesem Importeur beteiligt[21], die belgischen und luxemburgischen Lieferanten mit über 16 Prozent[22]. Das Kartellmitglied AG der Dillinger Hüttenwerke ist zu 60 Prozent an der Eisen- und Stahlgesellschaft Saar-Luxemburg beteiligt[23]. Schließlich liegt eine — wenn auch indirekte — Verflechtung zwischen dem Kartell und der Oranienburger Chemische Werke Fabrik AG vor: An

19 Errechnet aus 493 265 t Ware. Vergleiche Statistisches Bundesamt, Fachserie G, Außenhandel, Reihe 2, Spezialhandel nach Waren und Ländern, Dezember und Jahr 1972, S. 161.

20 Vergleiche ebenda.

21 August-Thyssen-Hütte AG 20,83 Prozent, Hoesch Werke AG 17,88 Prozent, Kali und Salz AG 16,17 Prozent (über Chemische Fabrik Kalk), Stahlwerke Röchling-Burbach GmbH 8 Prozent, Fried. Krupp Hüttenwerke AG 7,04 Prozent und Mannesmann-AG 2,70 Prozent. Vergleiche Commerzbank, Wer gehört zu wem, 10. Auflage 1973, S. 660.

22 ARBED S. A., Luxemburg, mit 8,09 Prozent, Cockerill-Ougree-Providence et Esperance-Longdoz S. A., Belgien, mit 8,08 Prozent. Vergleiche ebenda.

23 Vergleiche ebenda, S. 200.

dieser Gesellschaft ist die Guano-Werke AG mit 42,66 Prozent beteiligt[24]. Die Guano-Werke sind eine Tochtergesellschaft der Wintershall AG, die wiederum zu über 70 Prozent am Kartellmitglied Kali und Salz AG beteiligt ist.

Mit Ausnahme der Eisen- und Stahlgesellschaft Saar-Luxemburg sind zwischen allen Importeuren und dem Kartell sogenannte Mengenaustauschverträge abgeschlossen worden[25]. Sie ersetzen die vom Bundeskartellamt verbotene Andienungspflicht. Die Verträge erstrecken sich auf den gesamten Import und sorgen für eine Einbeziehung der Importware in die Versanddispositionen des Kartells. Der Modus ist folgender: Die Importeure kaufen bei ihren ausländischen Lieferanten zwar im eigenen Namen und auf eigene Rechnung, jedoch nur im Streckengeschäft. Die Lieferung der Ware erfolgt dann unter Einschaltung des Syndikats. Die Importeure teilen dem Syndikat die Versandadressen, Lieferungen und den Lieferzeitpunkt mit. Das Kartell entscheidet selbständig, ob es den Kunden mit eigener Ware (Mengenaustausch) oder mit Importware beliefert.

Bei den Exporten sind die Mehrnährstoffdünger vorherrschend. 1972 wurden 145 000 t P_2O_5 in Form von Mehrnährstoffdüngern und 63 000 t P_2O_5 in Form von Einzeldüngern exportiert[26]. Dabei sind Thomasphosphat und Superphosphat bei den Einzeldüngern etwa gleich beteiligt[27].

Die Mehrnährstoffdünger sind größtenteils stickstoffhaltig. Der Exportmodus entspricht dem bei Stickstoffdüngern. Für Thomasphosphat ist die Thomasmehlgesellschaft mbH alleiniger Exporteur[28].

D. Industrie und Handel

Die verschiedenen Gruppen des Großhandels, die bei den Stickstoffdüngern genannt wurden[29], sind auch bei den Phos-

---

24 Vergleiche ebenda, S. 505.

25 Vergleiche Beschluß des Bundeskartellamtes vom 20. 5. 1964, S. 394.

26 Vergleiche Statistisches Bundesamt, Fachserie D, Reihe 9, II. Düngemittelversorgung, Januar 1972 bis Dezember 1972, jeweil S. 4.

27 Vergleiche ebenda, Wirtschaftsjahr 1971/72, S. 5.

phatdüngern im Geschäft. Die Genossenschaften haben hier allerdings nicht die gleiche Bedeutung. Ihr Marktanteil liegt klar unter 50 Prozent[30]. Nach Angaben der Deutschen Raiffeisen Waren-Zentrale werden vor allem die Handelsgesellschaften des Montanbereichs bevorzugt von den Thomasphosphat-Herstellern beliefert. Hier wirken sich einerseits die Beteiligungen der Kartellmitglieder an den Handelsunternehmen aus[31], andererseits bestehen traditionelle Verbindungen mit Gesellschaften des Montanbereichs, vor allem mit der Haniel-Gruppe und Raab-Karcher. Diese beiden Unternehmen sind daher die größten Händler von Thomasphosphat aus inländischer Produktion[32].

Die gewährten Rabatte sind je nach Hersteller verschieden. Sie sind oft an den Umsatz gebunden, so zum Beispiel beim Superphosphat-Kartell, das für Aufträge bis 25 000 DM einen Großhandelsrabatt von 5,5 Prozent gewährt, von 25 000 DM bis 75 000 DM 6,5 Prozent und über 75 000 DM 7,0 Prozent[33]. Nur bei wesentlich größeren Aufträgen werden die Rabatte von Fall zu Fall bestimmt[34].

Bei Thomasphosphat entsprechen die Wiederverkaufspreise wegen der Mangellage im allgemeinen den Listenpreisen. In Einzelfällen soll es nach Angaben der Ruhr-Stickstoff AG zu Kopplungsgeschäften gekommen sein, wenn Händler Thomasphosphat nur bei gleichzeitiger Abnahme von Stickstoff zum Listenpreis verkauft haben.

---

28 Vergleiche Beschluß des Bundeskartellamtes vom 30. 6. 1960, S. 344.

29 Vergleiche Abschnitt „Industrie und Handel" im ersten Teil.

30 Nach Angaben der Industrie und der Deutschen Raiffeisen-Waren-Zentrale.

31 Vergleiche dazu oben den Abschnitt „Die Bedeutung des Außenhandels". Außer an den Importeuren ist das Kartellmitglied Hoesch Werke AG an der Hoesch-Düngehandel GmbH beteiligt. Der Außenseiter Peine-Salzgitter AG verkauft einen Teil seiner Produktion über die eigene Werkshandelsgesellschaft.

32 Nach Angaben der Deutschen Raiffeisen-Waren-Zentrale.

33 Vergleiche Preisliste 1973/74 der Superphosphat-Industrie GmbH.

34 Nach Angaben des Kartells.

Viertes Kapitel

Analyse des Wettbewerbs in der Phosphat-Industrie

A. Die Beurteilung der Rationalisierungskartelle

I. Theoretische Grundlagen

Nach Paragraph 5 Absatz 2 des Gesetzes gegen Wettbewerbsbeschränkungen kann das Bundeskartellamt die Genehmigung zu einem Vertrag über ein Rationalisierungskartell aussprechen, „wenn die Regelung der Rationalisierung wirtschaftlicher Vorgänge dient und geeignet ist, die Leistungsfähigkeit oder Wirtschaftlichkeit der beteiligten Unternehmen in technischer, betriebswirtschaftlicher oder organisatorischer Beziehung wesentlich zu heben und dadurch die Befriedigung des Bedarfs zu verbessern"[1]. Bei höherstufigen Rationalisierungskartellen — zum Beispiel bei Syndikaten — „darf die Erlaubnis nur erteilt werden, wenn der Rationalisierungszweck auf andere Weise nicht erreicht werden kann und wenn die Rationalisierung im Interesse der Allgemeinheit erwünscht ist"[2]. Rationalisierungserfolg und Wettbewerbsbeschränkung sollen in einem angemessenen Verhältnis zueinander stehen[3].

Der Begriff Rationalisierung ist in der Literatur nicht einheitlich verwendet worden[4]. In neuerer Zeit hat sich jedoch die Interpretation als „Rationalisierung im volkswirtschaftlichen Sinne"[5] weitgehend durchgesetzt. Eine ausschließlich

---

[1] Gesetz gegen Wettbewerbsbeschränkungen in der Fassung vom 3. Januar 1966, in: Bundesgesetzblatt Teil I, Nr. 2/1966, Bonn, 8. Januar 1966, S. 38.

[2] Ebenda, Paragraph 5, Absatz 3.

[3] Vergleiche ebenda.

[4] Zur kontroversen Interpretation vergleiche Segelmann, Frank, Zum Begriff „Rationalisierung wirtschaftlicher Vorgänge" in § 5 Abs. 2 GWB, in: Wirtschaft und Wettbewerb, 1/1964, S. 3 ff., sowie Gabriel, Siegfried L., Der Begriff „Rationalisierung" unter wettbewerbspolitischem Aspekt, in: Hoppmann, Erich (Herausgeber), Rationalisierung . . ., S. 15 ff.

[5] Lenel, Hans Otto, Syndikate als Mittel der Rationalisierung, in: Jahrbücher für Nationalökonomie und Statistik, Band 175, Stuttgart 1963, S. 115, Anmerkung 2.

betriebswirtschaftliche Kostensenkung ist nach dieser Auffassung noch kein Rationalisierungserfolg, der die Erlaubnis eines Kartells rechtfertigt. Die Rationalisierung muß volkswirtschaftlich spürbar sein und der Allgemeinheit zugute kommen.

Lenel nimmt eine Systematisierung der erwarteten Rationalisierungswirkungen vor, die in den Anträgen auf eine Kartellerlaubnis vorgetragen wurden und die auch in der Spruchpraxis des Bundeskartellamtes akzeptiert wurden[6]. Danach sind zwei Gruppen von Wirkungen zu unterscheiden:

a) die Verbesserung der Anpassung des Angebots an die Nachfrage,

b) die Verbilligung des Angebotes[7].

Bei der Angebotsanpassung unterscheidet er drei Gruppen von Wirkungen der Syndikate:

— Prognosewirkungen: Durch die Verbesserung des Marktüberblicks ist das Syndikat in der Lage, bessere Prognosen über die zukünftige Entwicklung des Marktgeschehens abzugeben.

— Mengenausgleichswirkungen: „Der bessere Marktüberblick ermöglicht (zweitens) die Zusammenfassung eines zersplitterten Angebots aus der laufenden Produktion zur Befriedigung der Nachfrage nach größeren Mengen und zur Durchführung eines zusammengefaßten Transports solcher Mengen[8]."

— Räumliche Wirkungen: „Das viel zitierte ‚Aneinandervorbeifahren' der Waren wird verhindert oder doch zumindest eingeschränkt[9]."

In der Gruppe Angebotsverbilligung, die auf einer Kostensenkung basiert, sieht Lenel zwei Alternativen durch eine Syndikatsbildung: „Entweder kann dadurch ein zweckmäßi-

---

[6] Vergleiche Lenel, Hans Otto, Zur Problematik der Rationalisierungskartelle, in: Hoppmann, Erich (Herausgeber), Rationalisierung . . ., S. 35 ff.

[7] Vergleiche ebenda, S. 35.

[8] Vergleiche ebenda, S. 36.

[9] Ebenda.

gerer Produktionsapparat (im weitesten Sinne des Worts, vor allem ein zweckmäßigerer Vertriebsapparat) aufgebaut werden. Oder der (unabhängig vom Syndikat) gegebene Apparat wird zweckmäßiger ausgenutzt[10]."

Anhand dieser Systematik kann untersucht werden, ob bei einem Kartell die Voraussetzungen für eine Genehmigung zutreffen.

Die allgemeinen Schwierigkeiten bei der Beurteilung der Kartelle sind damit allerdings noch nicht ausgeräumt, auch dann nicht, wenn man die Probleme der Quantifizierbarkeit außer acht läßt. Den Entscheidungen des Amtes liegt eine etwas bedenkliche Auffassung zugrunde: Die Preisgestaltung des Kartells wird a priori als kostenorientiert und nicht als nachfrageorientiert angesehen. Mit anderen Worten: Das Amt folgert, daß sinkende Kosten auch zu sinkenden Preisen führen müssen. Damit werden zwei Fragen ausgeklammert, die für die Beurteilung von Kartellen außerordentlich wichtig sind:

a) Wenn Kosteneinsparungen erkennbar sind, werden sie dann auch tatsächlich an den Verbraucher weitergegeben oder vergrößern sie lediglich die Gewinne der Kartellmitglieder? Angesichts der häufig vorliegenden erheblichen Einbußen an Wettbewerbsintensität kann der zweite Fall jedenfalls nicht von vornherein ausgeschlossen werden.

b) Kann der Verbraucherpreis bei einem Kartellzusammenschluß nicht auch dann niedriger sein, wenn das Kartell nicht zu deutlichen Kosteneinsparungen führt? Dann müßten andere Faktoren als die Kosten für die Preissenkung ausschlaggebend sein. Denkbar wäre zum Beispiel ein Abgehen vom Gewinnmaximierungsprinzip im Einzelunternehmen zugunsten eines Prinzips der Erzielung eines befriedigenden Gewinnes als Folge des Kartellzusammenschlusses.

---

10 Ebenda, S. 39.

Eine Beantwortung dieser beiden Fragen kann im Einzelfall zu einer anderen Beurteilung eines Kartells führen als die bloße Betrachtung von Kostensenkungen[11].

Neben den Rationalisierungswirkungen und der Preisgestaltung ist schließlich noch ein dritter Punkt zu beachten: Der Wettbewerb. In der Formulierung des Paragraphen 5 des Gesetzes gegen Wettbewerbsbeschränkungen unterstellt der Gesetzgeber praktisch, daß der Zusammenschluß zu einem Rationalisierungskartell immer und in jedem Falle den Wettbewerb einschränkt. Diese plausible Unterstellung wird allgemein geteilt. Es soll hier auch nicht bestritten werden, daß die Marktsituation im allgemeinen allen Anlaß dazu bietet, die Berechtigung dieser These zu akzeptieren. Dennoch kann es gefährlich sein, apodiktisch eine Wettbewerbsbeschränkung zu unterstellen. So ist im Fall des Superphosphat-Kartells beispielsweise zu prüfen, ob mit dem Kartellzusammenschluß tatsächlich eine Einbuße an Wettbewerb zu registrieren ist.

Anhand dieser grundsätzlichen Überlegungen soll nun im folgenden untersucht werden, wie die beiden Kartelle in der Phosphat-Industrie zu bewerten sind.

II. Das Kartell der Thomasphosphat-Hersteller

1. Die Beurteilung durch das Bundeskartellamt

Nach Ansicht des Bundeskartellamtes werden durch den Zusammenschluß der Thomasphosphat-Hersteller im Kartell Rationalisierungserfolge erzielt, die eine Genehmigung rechtfertigen. Auch die Konzentration von einem knappen Drittel des Angebots an phosphathaltigen Düngemitteln in einer Hand, die zweifellos eine Einschränkung des Wettbewerbs darstellt, hinderte das Amt nicht, zweimal die Erlaubnis auszusprechen.

---

[11] Auf diesen Punkt weist auch Lenel kurz hin. Vergleiche Lenel, Hans Otto, Zur Problematik . . ., S. 49.

Der Zweck der einheitlichen Verkaufsstelle, „den Absatz der Ware so zu gestalten, daß dabei der wirtschaftliche Effekt gegenüber einem früheren Zustand oder einem Zustand ohne die getroffenen, die Rationalisierung bezweckenden Maßnahmen verbessert wird"[12], wird nach Ansicht des Amtes erreicht. Erfolge werden erzielt bei der Hebung der Leistungsfähigkeit und der Verbesserung der Bedürfnisbefriedigung.

Die Leistungsfähigkeit wird nach Meinung der Behörde dadurch gehoben, daß das Kartell einen Überblick über die Produktion aller Mitglieder hat und eine Belieferung immer zusagen kann, „solange noch irgendwo Warenvorräte vorhanden sind"[13]. Bei den Verhandlungen mit der Bundesbahn kann das Kartell über die gesamte Ware der Mitglieder verfügen und die Zusammenstellung von ganzen Güterzügen für den Transport erleichtern.

Die Wirtschaftlichkeit wird verbessert, da der Aufwand gesenkt wird. Kostensenkend wirkt sich aus, „daß durch den Zusammenschluß der einzelnen am Vertrag beteiligten Unternehmen deren Schlackenmühlen gleichmäßiger ausgenutzt werden, ein gleichmäßigerer und schnellerer Abbau der Schlackenhalden möglich ist und die Lagerhaltung erheblich verkleinert und damit wesentlich verbilligt wird"[14]. Die Aufträge werden jeweils dem zum Abnehmer am günstigsten liegenden Werk zugeleitet. Die Qualitätskontrolle liegt für alle Mitglieder in der Hand des Kartells und ist dadurch billiger.

Die Verbesserung der Bedürfnisbefriedigung sieht das Kartellamt darin, daß es der Verkaufsstelle infolge der Andienungspflicht ermöglicht wird, „ohne Rücksicht auf die Lieferfähigkeit des einzelnen Werkes durch entsprechende Lenkung der Aufträge die Wünsche der Abnehmer zu befriedigen und diese termingerecht zu erfüllen"[15]. Das Kartellamt war der Überzeugung, daß der Rationalisierungserfolg nicht

---

12 Beschluß des Bundeskartellamtes vom 30. Juni 1960, S. 336.

13 Ebenda, S. 337.

14 Ebenda.

15 Ebenda, S. 338 f.

auf andere Weise als durch den Kartellzusammenschluß erreicht werden kann[16].

2. Kritik an den Argumenten des Bundeskartellamtes

a) Grundsätzliche Schwierigkeiten des Amtes

Die Tatbestände, die den Entscheidungen des Kartellamtes zugrunde lagen, sind bis heute im wesentlichen unverändert. Die Schwierigkeit des Amtes lag wie bei den meisten Rationalisierungskartellen darin, daß es keinen Zustand vor dem Zusammenschluß zum Vergleich heranziehen konnte; das Kartell besteht schon zu lange. Das Amt mußte sich daher darauf beschränken, Kosteneinsparungen da zu unterstellen, wo sie plausibel erschienen. Über die Größenordnung der Kosteneinsparungen ließen sich ebensowenig gültige Aussagen machen wie über die Frage, ob denn die Kostenvorteile auch an die Verbraucher weitergegeben werden. Es blieb ungeklärt, ob die Rationalisierungserfolge lediglich die Gewinne der Mitglieder vergrößern oder ob sie in Form von niedrigeren Preisen auch den Abnehmern zugute kamen. Dieser letzte Punkt hängt natürlich eng mit der Frage zusammen, in welchem Ausmaß der Wettbewerb zwischen den Herstellern durch die Kartellierung beeinträchtigt wird: Je geringer der Wettbewerb, desto eher besteht die Möglichkeit, Kostenvorteile als Gewinne zu verbuchen.

Der Versuch, einen fiktiven Zustand ohne Kartell zu konstruieren, bleibt notwendigerweise spekulativ. Aufschlüsse lassen sich aus einer solchen reinen Spekulation kaum gewinnen, vor allem nicht im Fall des Thomasphosphats, bei dem die Knappheitssituation ebenso zu berücksichtigen wäre wie die letzten Auswirkungen der staatlichen Höchstpreisvorschriften.

---

16 Ebenda, S. 340.

b) Die festgestellten Rationalisierungswirkungen

Im folgenden wird untersucht, wieweit die Rationalisierungswirkungen, die das Bundeskartellamt zur Grundlage seiner Entscheidungen gemacht hat, zutreffend sind. Dabei wird die oben angeführte Systematisierung von Lenel zugrunde gelegt.

aa) Die Prognosewirkungen

Es ist sicherlich unbestritten, daß ein Kartell im allgemeinen cet. par. einen besseren Marktüberblick besitzt als eine Reihe von Einzelunternehmen und daß dadurch die Prognosen über die zukünftige Marktentwicklung weniger durch Unsicherheitsfaktoren belastet sind. Nicht diese Tatsache ist aber für die Beurteilung des Syndikates entscheidend, sondern allein die Frage, ob es dem Syndikat möglich ist, tatsächlich das Angebot besser an die Nachfrage anzupassen.

Für den Fall des Thomasphosphat-Kartells spielen die Prognosewirkungen keine Rolle. Die Produktionsmenge ist allein abhängig von der Stahlerzeugung, eine Anpassung des Angebots an die Nachfrage daher gar nicht möglich. Auch langfristig sind Nachfrageprognosen nicht geeignet, das Angebot zu beeinflussen. Andere Größen sind weit wichtiger: Zum Beispiel der Preis für phosphathaltige Erze im Vergleich zu anderen Erzsorten und die langfristige Mengen- und Preisentwicklung für Stahl. Wie wenig die bessere Marktübersicht des Kartells für das Angebot tatsächlich bewirkt, zeigt sich sehr deutlich an dem erheblichen Nachfrageüberhang. Obwohl die Nachfrage gestiegen ist, sank die Produktion immer weiter ab.

bb) Die Mengenausgleichswirkungen

Die Abstimmung der Liefermöglichkeiten der einzelnen Kartellmitglieder, der gleichmäßige Abbau der Schlackenlager, das Führen einer Verbrauchsstatistik durch die Geschäftsstelle des Kartells und die Zusammenstellung ganzer Güterzüge für den Transport werden vom Kartellamt als Mengenausgleichswirkungen durch das Kartell angeführt, die zu einer Hebung der Leistungsfähigkeit führen. Daß das Kartell diese Funktionen tatsächlich wahrnimmt, ist richtig. Die Zweckmäßigkeit der Einschaltung des Kartells muß jedoch bezweifelt werden. So gehört es im allgemeinen zu den Funktionen des Handels, die Liefermöglichkeiten der Hersteller festzustellen und die Nachfrage entsprechend zu lenken. Es ist nicht einzusehen, daß der Düngemittelhandel diese Aufgabe nicht bewältigen kann. Es ist wohl eher so, wie Lenel bemerkt, daß durch die Aushöhlung oder Ausschaltung des Handels „manche Syndikate selbst erheblich dazu beigetragen" haben, „daß man auf ihre oft recht schwerfällige Maschinerie angewiesen war"[17].

Der zeitlich gleichmäßige Abbau der Schlackenhalden ist nicht in erster Linie ein Verdienst des Syndikates, sondern vielmehr des Staffelpreissystems. Schließlich sind die Preisstaffeln mit ihren bei Thomasphosphat besonders hohen Spannen ja gerade aus dem Grunde eingeführt worden, daß dadurch ein zeitlich gleichmäßiger Absatz erreicht werden sollte. Bei Thomasphosphat ist das ebenso gelungen wie bei allen anderen Düngemitteln, auch bei denjenigen, die nicht über ein Syndikat vertrieben werden.

Die Zusammenstellung ganzer Güterzüge für den Transport kann möglicherweise in Einzelfällen durch das Syndikat eher möglich sein als durch die einzelnen Unternehmen. Ebensogut aber könnte auch die Bundesbahn oder der Handel diese Funktion übernehmen. Im übrigen ist der Zeitraum zwischen Bestellung und Lieferung teilweise so groß, daß auch ein einzelnes Unternehmen so disponieren kann, daß große Transporteinheiten zusammengestellt werden können. Schließlich ist darauf hinzuweisen, daß auch die Fähigkeiten des Syndikates zur Zusammenstellung von Güterzügen beschränkt sind, da das Kartell die Aufträge auf die Mitglieder verteilt, die am frachtgünstigsten zum Verbraucher gelegen sind.

Das Führen einer Verbrauchsstatistik schließlich kann nur dann zu einer Hebung der Leistungsfähigkeit führen, wenn

[17] Lenel, Hans Otto, Syndikate . . ., S. 119.

daraus Konsequenzen gezogen werden können. Das ist aber nur in Verbindung mit den drei anderen Punkten möglich.

Die Beurteilung der Mengenausgleichswirkungen durch das Bundeskartellamt kann daher nicht überzeugen. Die Notwendigkeit eines Zusammenschlusses zum Syndikat kann aus diesen Wirkungen jedenfalls nicht abgeleitet werden.

cc) Die räumlichen Wirkungen

Während das Bundeskartellamt in manchen Entscheidungen näher auf die Vorteile einer Frachtenlenkung durch ein Syndikat eingeht[18], wird in der Entscheidung über das Thomasphosphatkartell lapidar festgestellt, die Geschäftsstelle sorge „gleichzeitig auch für eine Einsparung von Frachten, indem sie die Aufträge jeweils dem zum Abnehmer am günstigsten gelegenen Werk zuweist"[19].

In der Tat kann eine Frachtenlenkung das „Aneinandervorbeifahren" von Ware verhindern. Das gilt jedoch nur in zwei Fällen:

1. Die Lenkungsfunktion des Preises für das Gut „Transportleistung" ist außer Kraft gesetzt oder verzerrt. Das ist beim Frachtbasissystem, wie es für Thomasphosphat besteht, der Fall. Bei Ab-Werk-Preisen aber würde der Preis seine Lenkungsfunktion wahrnehmen können, die Auftragslenkung durch ein Syndikat entfiele. Erst die Existenz des Frachtbasissystems führt also zu den Vorteilen der Auftragslenkung, diese Vorteile wiederum werden als Argument für den Zusammenschluß zum Kartell herangezogen. Da das Frachtbasissystem nicht akzeptiert werden kann[20], ist auch die Argumentation nicht stichhaltig.

---

18 Eine Zusammenstellung der Entscheidungen des Bundeskartellamtes unter diesem Gesichtspunkt nimmt Düesberg vor. Vergleiche Düesberg, Peter, Zum Problem der Rationalisierung durch Syndikate: Frachtenlenkung, Frachtenausgleich, Frankopreise, in: Wettbewerb in Recht und Praxis, Heft 7/8, 1967, Frankfurt/Main, S. 231 ff.

19 Beschluß des Bundeskarellamtes vom 30. 6. 1960, S. 337.

20 Siehe dazu unten S. 160 ff.

2. Die gesamten übrigen Kosten sind bei den Herstellern verschieden. In diesem Fall kann ein „Aneinandervorbeifahren" möglich sein, wenn die Gesamtkosten bei einem weiter entfernt gelegenen Hersteller niedriger sind als bei einem in der Nähe gelegenen. Dann aber ist die Lenkung zum nächstgelegenen Hersteller abzulehnen. „Ob eine gegebene Verteilung der Aufträge als volkswirtschaftlich rationell anzusehen ist, hängt also davon ab, daß verschiedene Determinanten optimal kombiniert werden. Bei einem Vergleich zwischen einem Wettbewerbs- und einem Syndikatsmarkt muß man deshalb neben der Feststellung, daß die Frachtkosten niedriger sein könnten, auch Aussagen darüber machen, wie bei niedrigeren Frachtkosten sich die Gesamtkostenkurve der Anbieter entwickeln würde ...[21]"

Auch die räumlichen Wirkungen können also eine positive Einstellung zum Thomasphosphat-Kartell nicht begründen.

dd) Kostensenkungen durch das Kartell

Die wohl wesentlichere Bedeutung unter den beiden Gruppen von Argumenten für Syndikate kommt den kostensenkenden Wirkungen der Kartell-Tätigkeit zu. Im Fall des Thomasphosphat-Kartells kann darunter nur die zweckmäßigere Nutzung des Produktionsapparates verstanden werden, da das Kartell schon so lange besteht, daß kein Apparat mehr aufgebaut werden muß.

Die eigentliche Produktion liegt bei den einzelnen Mitgliedern. Hier sind durch das Syndikat also keine Kostensenkungen entstanden. Das Kartellamt vermerkt eine Senkung der Kosten im Vertrieb, bei der gleichmäßigen Ausnutzung der Schlackenmühlen und beim gleichmäßigen Abbau der Schlackenhalden, in der Disposition der gemeinsamen Verkaufsstelle durch langjährige Marktbeobachtung und Erfahrung, in der Einsparung von Frachten durch Auftragslenkung, in der gemeinsamen Qualitätskontrolle, in der Ver-

---

[21] Düesberg, Peter, S. 233.

einfachung geschäftlicher Vorgänge durch die Geschäftsstelle (Reklamationen, Inkasso, Delkredereüberwachung) und in der Vereinheitlichung der landwirtschaftlichen Beratung und der Werbung. „Die einzelnen oben angeführten Rationalisierungserfolge führen jedenfalls insgesamt zu einer wesentlichen Hebung der Wirtschaftlichkeit der an dem Kartellvertrag beteiligten Unternehmen[22]." Die gleichmäßige Ausnutzung der Schlackenmühlen und der gleichmäßige Abbau der Schlackenhalden sind, wie oben dargelegt, vor allem eine Folge des Staffelpreissystems. Die Kosteneinsparungen durch Frachtenlenkung sind nur beim Frachtbasissystem wichtig. Die Vereinfachung der Überwachung von Reklamationen und so weiter kann zu den allgemeinen Vertriebskosten gerechnet werden. Im übrigen weist Segelmann an einem Beispiel nach, daß zwar für die Kartellmitglieder durch eine zentrale Kreditüberwachung des Syndikats das Debitorenrisiko herabgesetzt werden kann; im allgemeinen steige aber das Debitorenrisiko bei den übrigen Lieferanten und Gläubigern an. Insofern sei es bedenklich, die Verringerung von Debitorenausfällen als Rationalisierung zu bezeichnen[23].

Von den festgestellten Kostensenkungen bleiben also die Vertriebskosten, die Kosten für die Qualitätskontrolle und die Vereinheitlichung von Werbung und Beratung. In allen Entscheidungen des Bundeskartellamtes „haben Einsparungen durch das Syndikat beim Vertrieb eine große, sehr häufig wohl die ausschlaggebende Rolle gespielt"[24]. Im Fall Thomasphosphat gibt es allerdings keine Anhaltspunkte dafür, daß das Kartellamt den Versuch gemacht hat, die Kosteneinsparungen durch einen gemeinsamen Vertrieb zu beziffern. Zwar führt das Amt an, daß die Vertriebskosten nur 1,33 Prozent des Nettoerlöses betragen[25] und damit erheblich geringer sind als in anderen Wirtschaftsbereichen. Lenel weist jedoch darauf hin, daß außerordentliche Schwankungen der Vertriebskosten je nach Art der Märkte auftreten[26]. Aus-

[22] Beschluß des Bundeskartellamtes vom 30. 6. 1960, S. 338.

[23] Vergleiche Segelmann, Frank, S. 9 ff.

[24] Lenel, Hans Otto, Zur Problematik . . ., S. 42.

[25] Vergleiche Beschluß des Bundeskartellamtes vom 30. 6. 1960, S. 336.

schlaggebend für die Argumentation des Bundeskartellamtes ist wohl dieser Satz: „Statt 14 beziehungsweise 13 Absatzorganisationen ist nur eine erforderlich, die mit einem geringeren Aufwand an Kosten arbeiten kann[27]." Das erscheint dem Amt offenbar plausibel, ohne jedoch nachgewiesen zu sein.

Es gibt eine Reihe von Argumenten, die es als nicht so sicher erscheinen lassen, daß der zentralisierte Vertrieb im Syndikat grundsätzlich billiger sein muß als ein dezentraler Absatz bei den Einzelunternehmen. Die „möglichen Einsparungen durch die bessere Ausnutzung des Vertriebsapparates können durch Mehrkosten ausgeglichen werden, die durch die geringere Übersichtlichkeit und die Bürokratisierung entstehen[28]". Ein Syndikat kann nicht völlig getrennt von seinen Mitgliedern gesehen werden. Vielmehr dürften dauernde Kontakte zwischen der Geschäftsstelle und den Mitgliedern an der Tagesordnung sein. Den besseren Überblick über Produktion und Absatz erhält die Geschäftsstelle nicht von selbst, sondern dazu sind Rückfragen und Mitteilungen vielfältiger Art notwendig. Ebenso ist darauf zu achten, daß die Syndikatspolitik wohl nicht ohne ständige Kontakte mit den Mitgliedern wenigstens in wichtigeren Fragen festgelegt wird. Diese Notwendigkeit zur ständigen Kommunikation verursacht Kosten, die jedenfalls bei einem dezentralisierten Vertrieb nicht anfallen.

Ähnlich ist es auch bei den technischen Einrichtungen. So verfügt das Syndikat über einen Computer, der die Kundendatei mit allen notwendigen Angaben enthält. Offenbar ist der Computer allein durch die Geschäftstätigkeit des Syndikats in seiner Kapazität nicht ausgelastet. Infolgedessen hat das Syndikat auch die zentrale Erfassung der Kundendateien für andere Düngemittelhersteller übernommen[29]. Geht man davon aus, daß die Menge der anfallenden Daten bei den einzelnen Unternehmen weitaus geringer wäre als beim Syn-

[26] Vergleiche Lenel, Hans Otto, Syndikate . . ., S. 127.

[27] Beschluß des Bundeskartellamtes vom 30. 6. 1960, S. 336.

[28] Lenel, Hans Otto, Syndikate . . ., S. 125 f.

[29] Nach Angaben des Kartells in einem Gespräch am 6. 4. 1973.

dikat, so spricht einiges dafür, daß diese Daten ohne weiteres von den vorhandenen Computern der Hersteller erfaßt werden könnten. Die kostspielige Investition hätte dann unterbleiben können.

Schließlich ist noch auf die Beteiligung der Mitglieder am Großhandel hinzuweisen. Es ist nicht ohne weiteres von der Hand zu weisen, daß „die Angliederung von Düngehandelsfirmen an Syndikatsmitglieder nicht ebenso wie zum Beispiel das Eindringen von Konzernen mit Kohlenbergbauinteressen in den Kohleneinzelhandel den Sinn hat, diesen Unternehmen für den Fall der Syndikatsauflösung Absatzwege zu sichern"[30]. Alle Syndikatsmitglieder verfügen über leistungsfähige Handelsorganisationen. Sofern sie bisher die Thomasphosphat-Produktion nicht absetzen, dürfte dennoch die Umstellung nicht schwierig und kostspielig sein, da es Beispiele genug dafür gibt, daß gerade die Handelsgesellschaften des Montanbereiches den Düngemittelhandel sehr gut integrieren können.

So eindeutig, wie das Bundeskartellamt Kostensenkungen durch einen gemeinsamen Vertrieb darstellt, ist die Sachlage demnach nicht. Die Möglichkeit von Einsparungen wird nicht bestritten. Solange allerdings eine Quantifizierung der Kosten nicht möglich ist, kann die Berufung auf geringe Vertriebskosten nicht überzeugen.

Als letztes sind noch die Kosten der Qualitätskontrolle und der Werbungs- und Beratungsabteilung zu überprüfen. Dabei fällt die Qualitätskontrolle sicherlich nicht sehr ins Gewicht. Es ist offen, ob hier nicht sogar von einer gewissen Mindestmenge an konstante Stückkosten vorliegen und ob nicht jeder Hersteller diese Mindestmenge überschreitet. Gemeinschaftswerbung ist auch ohne Kartellvereinbarungen durchführbar. Die Zweckmäßigkeit der landwirtschaftlichen Beratung durch die Hersteller von Düngemitteln muß generell bezweifelt werden. „Wäre es nicht besser, die Beratungstätigkeit unabhängigen Sachverständigen zu überlassen, die von den Beratenen unmittelbar (und nicht mittelbar über höhere Dünge-

---

30 Lenel, Hans Otto, Syndikate . . ., S. 126.

mittelpreise) bezahlt werden und objektiver beraten können, weil sie nicht an dem Absatz eines bestimmten Düngemittels interessiert sind[31]?"

ee) Zusammenfassung

Die Begründungen, die das Bundeskartellamt in seinen Entscheidungen zur Genehmigung des Thomasphosphat-Kartells anführt, können nicht überzeugen. Eindeutige Rationalisierungserfolge durch das Syndikat konnten nicht festgestellt werden — es sei denn, das Amt verfügte über Informationen, die es wegen der Vertraulichkeit nicht veröffentlichen konnte. Nach dem vorliegenden Material muß jedenfalls bezweifelt werden, daß eine „Rationalisierung wirtschaftlicher Vorgänge" durch das Syndikat vorliegt. Ohne nachgewiesene Rationalisierungserfolge ist aber eine weitere Verlängerung des Kartellzusammenschlusses nicht zu rechtfertigen.

Über die juristischen Konsequenzen dieser Aussage hinaus bleibt es allerdings vom ökonomischen Standpunkt aus interessant, ob das Kartell nicht — unabhängig von Kosteneinsparungen — niedrigere Preise fordert, als dies nach einer Auflösung des Kartells von den Einzelunternehmen zu erwarten wäre. Diese Frage soll im folgenden untersucht werden.

3. Das Kartell und die Preise

Wenn man vom Düngungssystem NP + K absieht, das trotz seiner niedrigen Kosten bisher in der Landwirtschaft nur wenig verbreitet ist, bleibt Thomasphosphat auch nach der Aufhebung der Höchstpreisbindung der billigste Phosphatdünger. Beim gegenwärtigen Preisniveau ist daher die Nachfrage wesentlich höher als die inländische Produktion. Nur ein Teil des Nachfrageüberhangs wird durch Importe gedeckt, es verbleibt noch eine erhebliche Menge, die nicht befriedigt wird. Dabei kann nicht einmal übersehen werden, ob die tatsächlich nachgefragte Menge nicht wesentlich klei-

---

31 Lenel, Hans Otto, Zur Problematik . . ., S. 41.

ner ist als die potentielle Menge, die bei ausreichendem Angebot nachgefragt würde. Wenn etwa lokale Genossenschaften von ihren Zentralgenossenschaften informiert worden sind, daß die ganze Produktion bereits verkauft ist, werden sie weitere Aufträge möglicherweise gar nicht mehr weiterleiten, so daß sie statistisch nicht erfaßbar sind.

Da Thomasphosphat ab Frachtbasis und alle weiteren wichtigen Dünger franko Station geliefert werden, kann man davon ausgehen, daß die Preiselastizität der Nachfrage nach Thomasphosphat nicht extrem hoch ist. Abwandern würden bei Preiserhöhungen zunächst die sehr weit entfernt gelegenen Nachfrager, da hier die Abgabepreise plus Transportkosten besonders hoch sind. Das Kartell könnte daher relativ gut die Preise so dosieren, daß die Nachfrage nicht unter das Angebot absinkt. Man kann daher von einem relativ großen monopolistischen Spielraum des Kartells ausgehen, den es in seiner Preisgestaltung offenbar nicht voll ausnutzt. Über die Motive dafür kann nur spekuliert werden. Wichtiger aber ist die Frage, welche Preisentwicklung bei einer Auflösung des Kartells zu erwarten ist. Bleibt der monopolistische Spielraum bestehen und werden die Einzelunternehmen eventuell ihre Verhaltensweise ändern und versuchen, ihre Gewinne zu maximieren? In diesem Fall könnte eine Auflösung des Kartells zu höheren Preisen und damit zu Nachteilen für die Landwirtschaft führen, ohne daß die vom Gesetzgeber geforderte Rationalisierung durch das Kartell bestünde.

Die Frage ist hypothetisch und daher nicht schlüssig zu beantworten. Es läßt sich jedoch eine Reihe von Argumenten anführen, die es als unwahrscheinlich erscheinen lassen, daß die Preise nach einer Kartellauflösung höher liegen werden als bei einem Weiterbestehen des Kartells.

Von den Mitgliedern des Kartells sind drei im Saarland in unmittelbarer geographischer Nachbarschaft gelegen, die anderen vier Hersteller haben ihre Produktionsstätten im Ruhrgebiet. Unterstellt man nach Wegfall des Kartells Ab-Werk-Preise, so ist folgende Situation gegeben: Die Hersteller im Saarland liegen an der Peripherie ihres Absatzmarktes. Wenn auch die räumliche Entfernung zwischen ihnen nur gering ist, so werden die Transportkosten zum Beispiel bei einer Lieferung nach Baden-Württemberg unterschiedlich hoch sein. Bei gleichen Ab-Werk-Preisen werden die Nachfrager in Baden-Württemberg zunächst denjenigen Lieferanten bevorzugen, bei dem die geringsten Transportkosten anfallen. Dessen Produktion wird relativ schnell untergebracht sein. Erst dann werden sich die Nachfrager dem nächsten Produzenten zuwenden.

Es wird sich also wahrscheinlich eine Verschiebung in der zeitlichen Verteilung der Nachfrage auf die einzelnen Hersteller ergeben. Während der nächstgelegene Hersteller so disponieren kann, daß eine kontinuierliche Verteilung der Lieferungen über das ganze Jahr möglich ist, wird bei den beiden anderen Herstellern die Nachfrage stärker auf die letzten Monate des Düngejahres verteilt sein. Die kontinuierliche Produktion kann daher nicht kontinuierlich abgesetzt werden, so daß höhere Kosten für die Lagerung und für das gebundene Kapital zu erwarten sind. Versuchen die am ungünstigsten gelegenen Produzenten diese Mehrkosten auf die Preise zu überwälzen, werden die anderen Phosphatdünger vor allem in weit entfernt gelegenen Gebieten konkurrenzfähig. Die Folge ist, daß der Bereich der monopolistischen Preisfestsetzung kleiner wird. Ähnlich ist es auch bei den Herstellern im Ruhrgebiet. Hier sind außerdem noch die Importe aus Belgien und Luxemburg zu berücksichtigen, die im grenznahen Bereich durch niedrige Transportkosten besonders preisgünstig sind. Gerade am Niederrhein aber ist der Verbrauch von Thomasphosphat besonders hoch. Obwohl also in der Bundesrepublik insgesamt beim gegenwärtigen Preisniveau eine spürbare Mangelsituation herrscht, kann doch die geographische Verteilung der Produktionsstätten zu einem gewissen Konkurrenzdruck zwischen den Herstellern führen, der sich auch bei der Preisgestaltung bemerkbar machen kann.

Ferner kann man die Nachfrage nach Thomasphosphat gedanklich in eine „sichere" und in eine „unsichere" Nachfrage unterteilen. In der unmittelbaren Nähe der Produktionsstätten ist die Nachfrage besonders „sicher", da wegen der niedrigen Transportkosten der Preisunterschied zu den anderen Phosphatdünger-Herstellern besonders groß ist. Je weiter die Nachfrage von den Produktionsstätten entfernt liegt, desto „unsicherer" wird sie. Jedes Unternehmen wird nun bestrebt sein, einen möglichst großen Teil seiner Produktion an Stammkunden im Gebiet der „sicheren" Nachfrage unterzubringen, um so das Risiko bei eventuellen Änderungen in der Preisrelation zwischen Thomasphosphat und anderen Phosphatdüngern möglichst gering zu halten. Da sich der Bereich der „sicheren" Nachfrage gegenüber den Herstellern anderer Phosphatdünger sowohl bei den Saar- als auch bei den Ruhrherstellern weitgehend überschneidet, kann auch dadurch ein gewisser Konkurrenzdruck entstehen.

Von großer Bedeutung ist schließlich der Umstand, daß der monopolistische Spielraum erst durch das Bestehen des Kartells erzeugt sein könnte. Durch den Zusammenschluß der Produzenten zum Kartell ist ein Machtfaktor entstanden, der von allen Konkurrenten beachtet werden muß. Es ist durchaus vorstellbar, daß das Kartell auch die Importmenge kontrolliert und immer nur Importe in einer Höhe zuläßt, bei der der monopolistische Spielraum im Inland gewahrt bleibt. In der Thomasmehlgesellschaft sind nicht nur die Kartellmitglieder mit hohen Anteilen vertreten, sondern auch die wichtigsten belgischen und luxemburgischen Produzenten. An weiteren wichtigen Importeuren sind Kartellmitglieder beteiligt, mit den weiteren Importeuren bestehen Mengenaustauschverträge, die den Handel eng an das Kartell binden. Hinzu kommt, daß das Kartell über die Thomasmehlgesellschaft selbst auch exportiert, und wenn diese Exporte auch nur um 10 Prozent schwanken, so hätte das in manchen Jahren doch ausgereicht, den Nachfrageüberschuß erheblich zu verringern. Absprachen über Ein- und Ausfuhren dürften jedenfalls bei sieben Einzelherstellern wesentlich schwierigen zustande kommen als mit dem Kartell. Es spricht einiges dafür, daß die Importe nach Auflösung des Kartells ansteigen und einen Druck auf die Preise ausüben könnten. Schließlich ist auch die Position des Handels gegenüber dem Kartell wesentlich ungünstiger als gegenüber den einzelnen Produzenten — auch abgesehen von den Mengenaustauschverträgen.

Es läßt sich demnach feststellen, daß es keine Anzeichen für höhere Preise nach einer Kartellauflösung gibt. Der erhöhte Wettbewerb unter den Herstellern, die Stärkung des Handels und bessere Chancen für Importware können im Gegenteil trotz des jetzt bestehenden Nachfrageüberschusses zu sinkenden Preisen beitragen.

Aber selbst wenn von einer Auflösung des Kartells geringe Preiserhöhungen zu erwarten wären, könnte das unter Umständen positive Folgen haben. Eine Verbesserung der Erlöse kann zu verstärkten Importen führen. Unter diesen Umständen würden zwar die Landwirte, die heute Thomasphosphat düngen, geringfügig schlechter gestellt, andererseits könnte eine große Zahl von Landwirten, die heute notgedrungen teurere Substitutionsprodukte nachfragen, ebenfalls das billige Thomasphosphat erhalten. Volkswirtschaftlich kann das durchaus von Nutzen sein.

4. Die Mitgliedschaft der Kali und Salz AG

Die Mitgliedschaft der Kali und Salz AG ist ebenso unnötig wie schädlich. Es gibt keine Funktion, die jetzt vom Kartell der Thomasphosphat-Hersteller wahrgenommen wird und die nicht ebensogut die Kali und Salz AG übernehmen könnte. Das Unternehmen verfügt ebenso über eine leistungsfähige Absatzorganisation — die des alten Kali-Kartells — wie über landwirtschaftliche Forschungs- und Beratungsstellen. Die Koordination des Einsatzes von Bundesbahn-Waggons und ganzen Güterzügen — falls das überhaupt ein stichhaltiges Argument ist — ist sicherlich bei der Kali und Salz AG ebensogut aufgehoben wie im Thomasphosphat-Kartell. Schließlich ist die Kali-Menge, die jährlich von dem Unternehmen abgesetzt wird, um ein Mehrfaches größer als die gesamte Menge an Thomasphosphat.

Abgesehen von der Tatsache, daß die Kali und Salz AG das einzige Kartellmitglied ist, das kein Thomasphosphat produziert und über einen eigenen Vertriebsapparat für Düngemittel verfügt, unterscheidet sich das Unternehmen auch sonst von den anderen Kartellmitgliedern. Mit der BASF ist einer der stärksten Konkurrenten des Kartells an der Kali und Salz AG beteiligt, was sich sicherlich nicht wettbewerbsfördernd auswirkt. Das Thomasphosphat, welches das Unternehmen für die Herstellung seiner PK-Dünger benötigt, kommt vornehmlich vom Außenseiter Peine-Salzgitter AG, also nicht vom Kartell. Die Konkurrenten des Kartells bei den PK-Düngern erhalten — mit der Ausnahme der Kali-Chemie — ihr Kali vom Kartellmitglied Kali und Salz. Die Kali-Chemie, der größte Hersteller von PK-Düngern, ist mit der Kali und Salz AG zudem durch einen Verkaufsvertrag ihrer Kali-Dünger verbunden[32].

Die Kali und Salz AG hat damit praktisch die Rolle eines Verbindungsmitgliedes des Kartells zu seinen Konkurrenten. Selbst wenn man den Weiterbestand des Kartells befürwortet — etwa weil Handel, Industrie und Landwirtschaft sich positiv dazu geäußert haben —, kann die Mitgliedschaft der Kali und Salz AG unter keinen Umständen zugelassen werden.

5. Kartell und Außenseiter

Die institutionelle Verbindung zwischen Kartell und Außenseitern über die Mitgliedschaft im Syndikat ist ebenfalls unnötig und wettbewerbshemmend. Das hervorstechendste Ergebnis dieser Mitgliedschaft ist die Identität der Konditionen und Preise zwischen Kartell und Außenseitern, bis hin zur Berechnung der Fracht von der gleichen Frachtbasis.

Der einzige Punkt, der eine Mitgliedschaft der Außenseiter im Syndikat rechtfertigen könnte, ist die gemeinsame landwirtschaftliche Beratung und Werbung. Die Außenseiter könnten auf jegliche Werbung verzichten, weil das Syndikat ja allgemein für Thomasphosphat und PK-Mischdünger wirbt.

---

32 Außerdem besteht für die Kali und Salz AG keine Andienungspflicht an das Kartell. Die PK-Dünger werden ohne Andienungspflicht durch das Kartell verkauft.

Insofern kommen die Außenseiter in den Genuß von Leistungen des Syndikats, ohne selbst Kosten zu haben. Daß jedoch hiermit eine Mitgliedschaft im Syndikat verbunden sein müßte, ist nicht überzeugend. In gleicher Weise könnte auch eine prozentuale Beteiligung an den Werbungs- und Beratungskosten von den Außenseitern übernommen werden. Das gleiche gilt übrigens auch für die Kali und Salz AG mit ihren PK-Düngern. Um überhaupt einen Wettbewerb bei Thomasphosphat zu ermöglichen, ist daher jede institutionelle Verbindung von Außenseitern und Kartellmitgliedern abzulehnen.

III. Das Kartell der Superphosphat-Hersteller

1. Der Kartellvertrag

Der ursprünglich gültige Kartellvertrag der Superphosphat-Industrie ist vom Bundeskartellamt abgelehnt worden. Noch bevor die Beschwerde gegen die Ablehnung entschieden wurde, legten die Kartellmitglieder einen neuen Kartellvertrag vor, über den noch keine Entscheidung gefallen ist. Das alte Kartell besteht vorläufig als Überläuferkartell weiter.

Nach dem neuen Vertrag ist der Zweck des Kartells „die Rationalisierung von Erzeugung und Vertrieb ... zur Hebung der Leistungsfähigkeit der Mitglieder in technischer, betriebswirtschaftlicher und organisatorischer Beziehung mit dem Ziele, die Versorgung der Landwirtschaft mit Düngemitteln zu verbessern“[33]. Zu den Aufgaben des Kartells gehören unter anderem Maßnahmen, die einen einheitlichen Frankostationspreis ermöglichen, die zu einem gemeinsamen Vertrieb führen, die die Wirtschaftlichkeit des Verkaufs heben, die zur Sortenspezialisierung der Werke führen und die betriebswirtschaftliche Kostenvergleiche ermöglichen[34].

---

[33] Antrag auf Erlaubnis eines Rationalisierungskartells für Superphosphat, Kartellvertrag Paragraph 1 Absatz 1, in: Wirtschaft und Wettbewerb, 11/1968, S. 737.

[34] Antrag auf Erlaubnis eines Rationalisierungskartells für Superphosphat, Kartellvertrag Paragraph 1 Absatz 2, S. 737 f.

Für die einzelnen Mitglieder werden Planzahlen für Erzeugung und Absatz aufgestellt. Gemäß diesen Planzahlen werden sie am Jahresabsatz beteiligt (Paragraph 10). Es liegt also eine Quotenregelung vor. Auf dieser Grundlage erfolgt am Ende des Geschäftsjahres eine Mengenabrechnung. Über- oder Unterschreitungen berechtigen zu einem Geldausgleich (Paragraph 13). Bei der Erlösabrechnung erhalten die Mitglieder den erzielten Durchschnittserlös je kg P_2O_5, gestaffelt nach Sorten (Paragraph 14). Die Mitglieder Silbermann und Süd-Chemie, deren Werke in Süddeutschland liegen, erhalten eine Vorabvergütung, da sie für den Transport von Rohphosphaten frachtungünstig liegen.

2. Die Beurteilung des Kartells

Schon die Größenordnung deutet an, daß das Kartell der Superphosphat-Hersteller nicht mit dem Thomasphosphat-Kartell vergleichbar ist. Bei einem Marktanteil von nur 6 Prozent ist zudem die Frage zu stellen, ob der Wettbewerb durch die Kartellbildung erheblich eingeschränkt ist. Alle sieben Mitglieder der Superphosphat-Industrie GmbH sind kleine Anbieter, die bestenfalls zwei bis drei Prozent der Phosphatdünger umsetzen.

a) Rationalisierungsmaßnahmen durch das Kartell

Auch beim Kartell der Superphosphat-Hersteller sind die Rationalisierungsmaßnahmen nicht quantifizierbar. Der gemeinsame Vertrieb braucht nicht zu Kostensenkungen zu führen, zumal zwei der Mitglieder — die Guano-Werke und die KG Stodiek — ihren eigenen Vertriebsapparat beibehalten haben und einen Teil ihrer Produktion auch in eigener Regie weiter verkaufen. Ob die gemeinsam durchgeführte landwirtschaftliche Beratung kostengünstiger ist als bei den einzelnen Unternehmen, muß ebenfalls bezweifelt werden. Die einzelnen Werke liegen sehr weit auseinander, so daß der Beraterstab wohl nicht die ganze Bundesrepublik erfaßt, sondern jeweils für die Umgebung eines Produzenten ein eigener Beraterstab notwendig ist. Anders sind die gemeinsamen Forschungseinrichtungen zu bewerten: Die einzelnen Mitglieder könnten sich kaum eine so gut ausgestattete Versuchsanlage leisten wie das Kartell. Es ist zweifelhaft, ob kleinere Anlagen so gut arbeiten könnten. Die Forschungsstelle des Kartells hat vor einigen Jahren immerhin die neue Sorte Novaphos entwickelt, die beim Verbraucher recht gut angekommen ist und die Sortenvielfalt vergrößert hat. Andererseits ist für eine gemeinsame Forschungsstelle ein Syndikat nicht Voraussetzung. Andere Vereinbarungen sind ebensogut möglich.

Die kostengünstige Großserienfertigung ist dagegen wohl nur bei einer Spezialisierung möglich. Insofern könnte das Kartell zu niedrigeren Kosten beigetragen haben. Ein niederstufiges Kartell — in diesem Falle ein Spezialisierungskartell mit einer gemeinsamen Forschung — ist jedoch ausreichend, um diese Kostenvorteile zu realisieren. Die Rationalisierungsmaßnahmen scheinen jedenfalls nicht ausreichend erfolgreich zu sein, um ein Syndikat zu rechtfertigen.

b) Der Einfluß des Kartells auf den Wettbewerb

Die Werke der einzelnen Hersteller sind in Oberhausen (Chemische Werke Rombach), Ludwigshafen (Giulini), Krefeld, Lübeck-Dänischburg, Nordenham, Vienenburg (Guano-Werke), Offingen (Silbermann), Löhne und Kaarst (Stodiek) sowie Kelheim (Süd-Chemie). Nur an wenigen Stellen liegen die Werke verschiedener Kartellmitglieder nahe beieinander. Lediglich im Rheinland sind drei der Mitglieder (Oberhausen, Krefeld und Kaarst) in relativer Nähe vertreten.

Ohne Kartell würden die einzelnen Hersteller bestenfalls regionale Bedeutung haben. Bei den bestehenden Entfernungen zwischen den einzelnen Werken bedeutet das aber, daß nur im Rheinland eventuell ein Wettbewerb zwischen drei Herstellern zu erwarten wäre. Aller Wahrscheinlichkeit nach würden sich alle anderen Absatzgebiete der Einzelhersteller höchstens berühren. Das heißt aber, daß durch das Kartell die Konkurrenz zwischen den Mitgliedern nur in einem eng begrenzten regionalen Bereich aufgehoben wird.

In allen anderen Regionen würden Konkurrenzbeziehungen zwischen den einzelnen Mitgliedern auch ohne Kartell kaum zustande kommen.

Die Beeinträchtigung des Wettbewerbs der Mitglieder untereinander durch das Kartell ist demnach nur gering. Andererseits könnte das Kartell sogar zu einer Belebung des Wettbewerbs beitragen. Ein Syndikat mit sechs Prozent Marktanteil kann bei der Struktur des Marktes wohl kaum Marktmacht ausüben. Es kann jedoch den großen Anbietern eher Konkurrenz machen als sieben kleine Anbieter mit Marktanteilen von rund ein Prozent. Durch gezielte regionale Maßnahmen sind solche kleinen Konkurrenten leicht auszuschalten. Die Möglichkeit muß einkalkuliert werden, daß mindestens ein Teil, wenn nicht gar alle Mitglieder auf längere Sicht ohne den Schutz des Kartells aus dem Markt ausscheiden müßten. Es stellt sich die Frage, ob eine solche Entwicklung volkswirtschaftliche Nachteile mit sich bringen würde und ob es gerechtfertigt ist, mit Hilfe einer Kartellerlaubnis den Ausleseprozeß über den Markt zu verhindern.

Die Tatsache, daß die Kartellmitglieder zusammen immerhin rund sechs Prozent der im Inland hergestellten Phosphatdünger produzieren, daß also offensichtlich ein Bedarf nach ihren Produkten besteht, kann diese Frage noch nicht beantworten. Die Nachfrage ist abhängig von der Höhe der Preise, und die sechs Prozent Marktanteil der Syndikatsmitglieder heute sind nur bei der gegebenen Preisrelation zustande gekommen. Das jetzige Preisniveau ist aber erst eine Folge der Kartellbildung.

Entscheidend ist die Gesamtsituation des Phosphatmarktes. Es existiert nur eine geringe Zahl von Anbietern. Der Wettbewerb zwischen ihnen ist wegen der starken Position des Thomasphosphat-Kartells und wegen der mangelhaften Konkurrenz zwischen den Herstellern von stickstoffhaltigen Mehrnährstoffdüngern nicht sehr ausgeprägt. Unter diesen Umständen ist es für den Wettbewerb von großer Bedeutung, wenn von einem zusätzlichen Anbieter zusätzliche Sorten angeboten werden. Es erscheint daher sinnvoll, wenn die Sortenvielfalt und die Zahl der Anbieter vergrößert wird.

Ein Ausscheiden der Kartellmitglieder aus dem Markt wäre unter diesen Umständen von Nachteil.

Es bleibt noch abzuwägen, welche Folgen die Quotenvereinbarung und der Erlösausgleich haben. Die Quotenregelung hat zwei wichtige Folgen: Erstens wird das unternehmerische Risiko verteilt. Absatzeinbußen eines Mitgliedes wirken sich nicht aus, wenn der Absatz des ganzen Syndikates sich gut entwickelt. Das betroffene Mitglied kann in diesem Fall mit einem Geldausgleich rechnen. Schwankungen der Nachfrage nach einzelnen Sorten, durch die Spezialisierung für das einzelne Mitglied besonders fühlbar, werden ausgeglichen. Die möglichen Nachteile einer Sortenspezialisierung werden auf alle Mitglieder verteilt und dadurch kompensiert. Zweitens hemmt die Quotenregelung die Dynamik der einzelnen Mitglieder. Da die Planzahlen im voraus festgelegt sind, kommen zusätzliche Leistungen eines Mitgliedes in Form eines erhöhten Absatzes diesem Hersteller nicht voll zugute. Der Anreiz zu Mehrleistungen dürfte dadurch an Atraktivität verlieren. Ähnlich ist es mit den Minderleistungen. Ein Mitglied, dessen Absatz die vorgegebenen Planzahlen unterschreitet, ist nicht zu denselben Anstrengungen gezwungen, seinen Absatz zu vergrößern, wie Einzelunternehmen, da es im Syndikat die Folgen nicht im gleichen Ausmaß spürt.

c) Zusammenfassung

Nach dem vorgelegten Kartellvertrag der Superphosphat-Industrie sind die wichtigsten der angestrebten Ziele bereits durch ein Spezialisierungskartell mit einer gemeinsamen landwirtschaftlichen Forschungsstelle zu verwirklichen. Die darüber hinausgehenden Rationalisierungsmaßnahmen scheinen nicht erfolgversprechend. Es ist daher zu empfehlen, keine Erlaubnis für ein Syndikat auszusprechen. Sinnvoller wäre es, ein niederstufiges Kartell zu genehmigen. Der Wettbewerb in der Phosphat-Industrie könnte dadurch belebt werden.

d) Die Mitgliedschaft der Guano-Werke

Die allgemein positive Beurteilung eines Spezialisierungskartells gilt jedoch nicht für die Mitgliedschaft der Guano-Werke. Die Ziele des Kartells haben für dieses Unternehmen nur sehr begrenzte Bedeutung. Die Guano-Werke können als Tochtergesellschaft der BASF jederzeit alle Funktionen, die das Kartell ausübt, an die Muttergesellschaft abgeben.

Dagegen ist die Mitgliedschaft unter wettbewerbspolitischen Gesichtspunkten äußerst bedenklich. Einer der größten Konkurrenten ist damit indirekt Mitglied des Kartells. Das ist um so schwerwiegender, als die BASF über die Kali und Salz AG bereits am Kartell der Thomasphosphat-Hersteller indirekt beteiligt ist. Für die Beurteilung ist dabei nicht ausschlaggebend, inwieweit die BASF die Möglichkeit der Einflußnahme in den beiden Kartellen zur Ausschaltung des Wettbewerbs und zur Koordinierung mit ihrer eigenen Unternehmenspolitik tatsächlich ausnutzt. Entscheidend ist, daß die Möglichkeit besteht und von ihr Gebrauch gemacht werden könnte. Damit ist eine dauernde potentielle Kooperation zwischen Kartell und BASF nicht auszuschließen. Um die Möglichkeit einer Einflußnahme der BASF auf das Kartell zu verhindern, müßte das Ausscheiden der Guano-Werke aus der Superphosphat-Industrie GmbH gefordert werden.

Andererseits ist bekannt, daß die Guano-Werke eines der wirtschaftlich stärksten Mitglieder des Kartells sind. Es erhebt sich daher die Frage, ob das Kartell ein Ausscheiden dieses Unternehmens verkraften würde. Dadurch unterscheidet sich dieser Fall wesentlich von der Mitgliedschaft der Kali und Salz AG im Verein der Thomasphosphatfabriken. Die Kali und Salz AG ist längst nicht so stark in das Thomasphosphat-Kartell integriert, und die anderen Mitglieder sind nicht mit den kleinen Herstellern von Superphosphat zu vergleichen: Schließlich handelt es sich bei ihnen um die großen Stahlkonzerne. Im Fall der Guano-Werke müßte überprüft werden, welche Folgen ein Ausscheiden hat.

Bei dieser Frage handelt es sich um einen Bereich, der nur durch eine Durchleuchtung der internen Struktur des Kartells geklärt werden kann. Das Bundeskartellamt als prüfende Behörde kann — zumindest weitgehend — diese Fragen klären. Von der Prüfung der wirtschaftlichen Stärke sollte es abhängen, ob das Mitglied Guano-Werke aus dem Kartell ausscheiden muß oder nicht. Sofern die wirtschaftliche Kraft des Kartells durch den Austritt wesentlich geschwächt würde, ist ein Verbleib der Guano-Werke auch vom Marktergebnis her höher zu bewerten als auf der anderen Seite der Verlust an Wettbewerbsintensität durch die mögliche Einflußnahme der BASF. Dem Nachfrager ist nicht damit gedient, wenn das Kartell nicht mehr konkurrenzfähig ist und es dadurch zu einer weiteren Konzentration auf dem Phosphatmarkt kommt.

B. Die Beurteilung der regionalen Preisdifferenzierung

I. Das Frachtbasissystem bei Thomasphosphat

Sämtliche Lieferungen von Thomasphosphat werden ab Oberhausen-West berechnet. Bis zum 1. April 1970 war Aachen-Rote Erde Frachtbasis. Kein einziger Hersteller hatte seine Produktionsstätten in Aachen. Diese Frachtbasis war ein Instrument zur Abwehr der belgischen Importe. Die Verlegung nach Oberhausen geschah durch Verordnung des Bundesministers für Wirtschaft. Allein durch diese Änderung hat sich der Bezug von Thomasphosphat für die Landwirtschaft jährlich um vier Millionen DM verbilligt. Diese Zahl deutet an, in welchen Größenordnungen die Transportkosten zu Buche schlagen[35].

Trotz der Verlegung der Frachtbasis entstehen immer noch „Phantomfrachten" und Frachtgewinne. Je weiter die Schlakkenmühlen von der Frachtbasis entfernt sind, desto größer sind die Frachtgewinne. Sie müssen vor allem bei Peine-Salzgitter, bei den Herstellern an der Saar und bei der Maximilianshütte ganz beträchtlich sein.

---

[35] Vergleiche Schlögl, H., Einführung in den Diskussionsbericht, in: Hoppmann, Erich (Herausgeber), Rationalisierung . . ., S. 404, Fußnote 7.

Die Hersteller rechtfertigen das Frachtbasissystem damit, daß es staatlich festgelegt ist, und mit einer Rationalisierung im Vertrieb. Letzteres könnte auch ein Vorwand sein. Das Kartell hat anhand der Absatzzahlen in den ersten zehn Monaten des Düngejahres 1972/73 Berechnungen angestellt, wie sich die Auftragsmengen bei zwei Frachtbasen — an Ruhr und Saar — verteilen würden. Es kam zu folgendem Ergebnis: Weder von den norddeutschen noch von den süddeutschen Herstellern würde Ware in Gebiete gelangen, die frachtgünstiger zu der anderen Paritätsstation liegen. Gegenüber dem bisherigen System der Auftragslenkung im Kartell würde es überhaupt keine Verschiebungen geben. Dagegen könnte Thomasphosphat in Süddeutschland aufgrund geringerer Frachtkosten erheblich billiger werden. Selbst bei vier Frachtbasen — zusätzlich Salzgitter und Sulzbach — wären die Verschiebungen nur gering[36].

Im Gegensatz zur Stickstoff-Industrie kann man im Fall des Thomasphosphats tatsächlich davon sprechen, daß die nord- und süddeutschen Landwirte ungleich behandelt und dadurch benachteiligt werden. Niemand kann außerdem behaupten, daß die Mehrbelastung nicht ins Gewicht fällt. Immerhin betragen die Entfernungen Oberhausen—Saarbrücken 349 km, Oberhausen—Salzgitter 327 km und Oberhausen—Sulzbach-Rosenberg 706 km! Die entsprechenden Frachtkosten nach dem vom 1. 5. 1972 an gültigen Düngemitteltarif der Deutschen Bundesbahn bei Lieferung in vollem Waggon betragen je Doppelzentner Thomasphosphat rund DM 2,90, DM 2,70 und DM 4,00[37]. Bei einem mittleren Bruttopreis von DM 6,75 entspricht das Frachtaufschlägen in Höhe von 35 bis 65 Prozent! Diese zusätzliche Belastung erhöht den Gewinn der Hersteller beträchtlich, und es spricht nichts dafür, daß die zusätzlichen Frachtgewinne weitergegeben werden. Um diese ungerechtfertigte Benachteiligung der Verbraucher zu unterbinden, ist ein Abgehen vom Fracht-

[36] Nach Angaben des Vereins der Thomasphosphatfabriken.

[37] Vergleiche Heller, L., Landmann, R. und H., Düngerbezugs-Preisliste 1972/73, Ergänzungen und Berichtigungen zu Teil I.

basissystem und die Einführung von Ab-Werk-Preisen dringend zu fordern.

Zwar kann unterstellt werden, daß die Produktion der Maximilianshütte nicht ausreichen wird, um alle Nachfrager zu beliefern, die von Sulzbach-Rosenberg aus am frachtgünstigsten beliefert würden. Zusammen mit der Produktion der Hersteller an der Saar kann jedoch der süddeutsche Raum einigermaßen ausreichend versorgt werden, die restliche Nachfrage wird auch heute schon durch Importe abgedeckt. Ähnlich ist es auch in Norddeutschland. Einige Nachfrager, die zu spät bestellen, werden zwar nicht vom günstigsten Lieferwerk ihr Thomasphosphat erhalten können und entsprechend höhere Preise zahlen müssen, doch werden diese Preise vermutlich immer noch unter den jetzigen mit ihrer hohen Frachtkostenbelastung liegen. Lediglich die Nachfrage, die durch Importe befriedigt werden muß, wird wahrscheinlich etwa denselben Preis zu zahlen haben wie heute.

Im übrigen sei darauf hingewiesen, daß bei Ab-Werk-Preisen gerade diejenigen Verbraucher erheblich niedrigere Preise zu zahlen haben, die von Ab-Werk-Preisen bei Stickstoffdüngern eventuell geringe Preissteigerungen zu erwarten haben. In Bayern, Baden-Württemberg, Schleswig-Holstein und dem nördlichen Niedersachsen dürften die Preise für Thomasphosphat beträchtlich sinken. Das fällt um so stärker ins Gewicht, als der spezifische Wert von Thomasphosphat nur etwa ein Fünftel des Kalkammonsalpeter-Wertes beträgt. Entsprechend sind die Frachtkosten, bezogen auf das Kilogramm reinen Nährstoff, bei Thomasphosphat fünfmal so hoch.

II. Die Frankostationspreise der anderen Phosphat-Hersteller

Soweit in der Phosphatindustrie das Frankostationspreissystem angewandt wird, sind die praktischen Folgen andere als in der Stickstoffindustrie. Das gilt allerdings nicht für die Hersteller der stickstoffhaltigen Mehrnährstoffdünger. Ihre Interessen liegen vor allem auf dem Stickstoffsektor, sie sind daher in dieser Frage nicht der Phosphatindustrie zuzurechnen.

Welche Wirkungen die Frankostationspreise der Phosphat-Hersteller haben, sei am Beispiel des Superphosphat-Kartells dargelegt. Hier ist vor allem die Verbindung von Frankostationspreisen und Abholvergütungen zu beachten. Es ist bereits festgestellt worden, daß von den Abholvergütungen in großem Umfang Gebrauch gemacht wird. Da die Abholvergütungen bis etwa 70 km größer sind als die Kosten, die bei einem Transport mit der Bundesbahn anfallen, kann man unterstellen, daß der Schwerpunkt der Selbstabholung in den werksnahen Gebieten liegt. Die Folgen dieses Systems sollen an einem hypothetischen, extremen Beispiel klargemacht werden:

Es wird unterstellt, daß innerhalb der 70-Kilometer-Zone 50 Prozent des gesamten Geschäftes abgewickelt werden. Alle Abnehmer innerhalb dieser Zone machen von der Selbstabholung Gebrauch. Die durchschnittlichen Abholvergütungen betragen DM 0,50/100 kg, das heißt, wenn nicht von der Selbstabholung Gebrauch gemacht würde, fielen Frachtkosten in Höhe von durchschnittlich DM 0,50/100 kg an. Die restlichen 50 Prozent der Nachfrage entfallen auf ein Gebiet mit Entfernungen von 70 bis 300 km, sie verteilen sich gleichmäßig über dieses Gebiet. Diese Lieferungen werden ausschließlich nach dem Frankostationspreissystem durchgeführt. Die durchschnittlichen Frachtkosten betragen DM 1,50/100 kg.

Für die Berechnung der Durchschnittsfracht werden in diesem Beispiel nur die Lieferungen in der Zone von 70 bis 300 km zugrunde gelegt. Die geringen Frachtkosten für eine Belieferung frachtgünstiger Abnehmer in Werksnähe bleiben unberücksichtigt, da durch die Selbstabholung keine Frachtkosten entstehen. Bei einer Lieferung franko Station wird daher auf den Ab-Werk-Preis eine Frachtkostenpauschale von DM 1,50/100 kg erhoben. Ohne Abholvergütungen, bei einem reinen Frankostationspreissystem und gleicher räumlicher Nachfragestruktur, würde die Durchschnittsfracht aus den tatsächlichen Frachtkosten beider Zonen zusammengesetzt. Da nach der obigen Annahme die Menge in beiden

Zonen gleich ist, wird eine durchschnittliche Transportkostenpauschale von DM 1,00 im Frankostationspreis enthalten sein. In den werksnahen Gebieten würde das Produkt um durchschnittlich DM 0,50 verteuert, in den werksfernen Gebieten würde es um durchschnittlich DM 0,50 billiger.

Wieder anders ist die Situation bei Ab-Werk-Preisen und Abholvergütungen. In diesem Fall bleibt der Preis in der 70-Kilometer-Zone gegenüber dem jetzigen Zustand unverändert. Bei weiteren Entfernungen werden die tatsächlichen Frachtkosten berechnet. Von etwa 70 bis 150 km wird das Produkt billiger, von 150 bis 220 km bleibt der Preis annähernd gleich, darüber hinaus steigt der Preis.

Das Beispiel geht zwar von extremen Annahmen aus. Die Ergebnisse sind jedoch tendenziell richtig, wenn folgende Bedingungen erfüllt sind:

1. Die Hauptnachfrage konzentriert sich auf werksnahe Abnehmer.
2. Von der Möglichkeit der Abholvergütungen wird in großem Umfang Gebrauch gemacht.
3. Die Selbstabholung wird um so geringer, je größer die Entfernung der Abnehmer vom Lieferwerk ist.

Es ist bereits festgestellt worden, daß alle diese Bedingungen zutreffen. Unter diesen Umständen führt also das kombinierte System von Frankostationspreisen und Abholvergütungen dazu, daß die Durchschnittsfrachten bei einer Lieferung franko Station besonders hoch angesetzt sind.

Das bleibt nicht ohne Folgen auf den Wettbewerb. In der Konkurrenz mit Thomasphosphat sind die Hersteller anderer Phosphatdünger durch die wesentlich höheren Produktionskosten benachteiligt. Sie finden überhaupt nur Abnehmer, weil

— Thomasphosphat allein die Nachfrage nicht decken kann,
— die höheren Produktionskosten teilweise durch die niedrigeren Transportkosten kompensiert werden,
— es sich nicht um vollkommen, sondern nur um teilweise homogene Produkte handelt.

Die Tatsache, daß sich die Hauptnachfrage nach anderen Phosphatdüngern auf werksnahe Gebiete konzentriert, beweist, daß der zweite Punkt sehr bedeutsam ist. Offensichtlich sind diese Dünger ohne eine hohe Frachtkostenbelastung auch gegenüber dem Thomasphosphat gebietsweise konkurrenzfähig. Es ist daher zu erwarten, daß bei Ab-Werk-Preisen mit Abholvergütungen die Attraktivität der anderen Phosphatdünger in Gegenden, in denen durch die Ab-Werk-Preise eine Verbilligung eintritt, stärker erhöht wird, als sie in werksfernen Gebieten absinkt. Mit anderen Worten: Ab-Werk-Preise würden die Gebiete, in denen Superphosphat und andere Einzeldünger gegenüber dem Thomasphosphat konkurrenzfähig sind, in aller Regel ausdehnen. Diese Entwicklung wird durch das gegenwärtige Frankostationspreissystem behindert. Jede Erhöhung der Konkurrenzfähigkeit anderer Phosphatdünger schränkt die dominierende Position des Thomasphosphats ein und erhöht dadurch den Wettbewerb. Unter diesen Umständen ist auch für die Phosphatdünger ein Übergang zu Ab-Werk-Preisen dringend wünschenswert.

C. Die Bedeutung der Mengenaustauschverträge

Die Mengenaustauschverträge zwischen den Importeuren und dem Kartell sind nach dem Einspruch des Kartellamtes an die Stelle der Andienungspflicht der gesamten Importe getreten. Faktisch besteht kein großer Unterschied, da nach wie vor fast die gesamten Importe dem Kartell zur Disposition zur Verfügung stehen.

Die Mengenaustauschverträge sollen dazu beitragen, daß Frachtkosten eingespart werden. Wenn zum Beispiel ein Großhändler in Rheinland-Pfalz 10 000 t P_2O_5 in Belgien kauft, um damit Nachfrage im Raum Kaiserslautern zu befriedigen, so bietet er diese Menge dem Kartell an. Die 10 000 t werden dann entlang der belgischen Grenze ohne große Transportbelastung durch das Kartell verkauft, der Großhändler erhält dafür zum selben Preis Thomasphosphat aus dem Saarland. Auf diese Weise werden Transportkosten eingespart, gleichzeitig wird aber auch ein wirksamer Schutz gegen Unterbietungen erreicht.

Solange Thomasphosphat auf einer einheitlichen Frachtbasis berechnet wird, sind die Mengenaustauschverträge durchaus sinnvoll, wenn man davon absieht, daß damit der Anreiz zum Abgehen vom Frachtbasissystem entfällt. Anders ist es jedoch bei Ab-Werk-Preisen. Der Großhändler wird entweder ohnehin bei den Saar-Herstellern kaufen, wenn nämlich deren Preise entsprechend günstig sind. Oder er wird importieren, wenn Grenzübergangswert plus Frachtkosten geringer sind als der Ab-Werk-Preis der Saar-Hersteller plus Frachtkosten. Im letzten Fall würde zunächst durch einen Mengenaustausch zwar die Transportbelastung geringer sein. Da jedoch das an der Saar produzierte Thomasphosphat nicht ausreicht, die Nachfrage in Süddeutschland voll zu befriedigen, muß später um so mehr teureres Thomasphosphat nach Süddeutschland importiert werden, so daß im Endeffekt die Transportkosten genau so groß sind wie ohne Mengenaustauschverträge.

Da die Mengenaustauschverträge faktisch also nicht zu einer Preissenkung führen, ist die vertragliche Bindung der Importeure an das Kartell abzulehnen. Der Handel wird in seiner Unabhängigkeit beeinträchtigt, ohne daß entsprechende Vorteile zu verzeichnen sind. Die Mengenaustauschverträge sind geeignet, den Wettbewerb erheblich einzuschränken. Sie sollten daher untersagt werden.

DRITTER TEIL

Der Wettbewerb in der Kali-Industrie

Fünftes Kapitel

Grundlagen für die Beurteilung des Wettbewerbs

A. Produktion und Kapazitäten

Einen Überblick über die Produktion von Kalidüngern in der Bundesrepublik gibt die folgende Aufstellung:

Tabelle 13

Inlandsproduktion von Kalidüngemitteln und Außenhandel in 1000 t K_2O_5[a]

Düngejahr	Produktion	Export	Import
1962/63	1932	838	19
1966/67	2120	971	35
1967/68	2065	1027	50
1968/69	2188	1234	79
1969/70	2212	1189	80
1970/71	2293	1176	44
1971/72	2376	1088	91
1972/73	2371	1400	74
1973/74[b]	2273	1258	88

[a] *Quelle:* Statistisches Bundesamt, Fachserie D, Reihe 9, II. Düngemittelversorgung, Wirtschaftsjahr, verschiedene Jahrgänge (bis 1965: Reihe 6, Düngemittelversorgung, Wirtschaftsjahr).

[b] 11 Monate Juli 1973 bis Mai 1974. *Quelle:* Ebenda, Mai 1974.

Die Produktion von Kalidüngern hängt vor allem von den Kapazitäten der Kalibergwerke ab. Kurzfristig ist diese Kapazität nur sehr begrenzt zu steigern. Da die Zahl der Förderländer sehr klein ist — größere Mengen werden nur in Kanada, der Sowjetunion, den USA, der Bundesrepublik, Frankreich und der DDR gefördert, kleinere Förderländer sind Israel, Spanien und Italien —, lassen sich die weltweiten Kapazitäten recht leicht überblicken.

Die Gefahr zu großer Kapazitäten ist dennoch groß. Schon heute bestehen in Kanada große Überkapazitäten. Die kanadische Regierung hat daher den Abbau von Kalisalzen so stark rationiert, daß die bestehenden Anlagen teilweise nur zu 50 Prozent ausgelastet sind[1]. Bisher sind noch keine unmittelbaren Auswirkungen für die deutsche Industrie zu spüren. Doch wenn die kanadische Regierung sich entschließen sollte, die Rationierung aufzuheben, wird es zu einem starken Preisverfall und damit auch zu Absatzeinbußen der deutschen Industrie — vor allem im Export — kommen.

Innerhalb der Europäischen Gemeinschaft ist bisher Großbritannien der größte Importeur von Kalidünger (etwa 450 000 t jährlich). Das britische Unternehmen ICI hat jedoch eine maßgebliche Beteiligung an der Cleveland Potash Ltd., die in Kürze Anlagen in Betrieb nimmt, deren Kapazität 600 000 bis 900 000 t jährlich beträgt[2]. Es ist nicht auszuschließen, daß dann die deutsche Produktion deutlich reduziert werden muß.

B. Der Außenhandel

Während die Importe an Kalidüngemitteln sehr gering sind, wird teilweise mehr als die Hälfte der deutschen Produktion ausgeführt. Allein die Kali und Salz AG setzte 1971/72 insgesamt 1 056 000 t K_2O im Ausland ab, davon 125 000 t K_2O aus der Produktion der Kali-Chemie[3]. Über 90 Prozent der Ausfuhr entfallen auf Einzeldünger[4].

In diesem Zusammenhang ist das Verhältnis der großen Produzenten innerhalb der EG von besonderer Bedeutung. Die Société Commerciale des Potasses et de l'Azote (SCPA) hat in Frankreich das gesetzliche Monopol für den Verkauf

---

1 Vergleiche Geschäftsbericht der Kali und Salz AG 1972, S. 15, und: Verstaatlicht Kanada den Kaliabbau? in: Blick durch die Wirtschaft, Frankfurt, 13. 12. 1972, S. 2.

2 Vergleiche Entscheidung der EG-Kommisson . . ., S. 346.

3 Vergleiche ebenda, S. 346.

4 Vergleiche Statistisches Bundesamt, Fachserie G, Reihe 2, Spezialhandel nach Waren und Ländern, S. 161 f.

von Kalidünger und für Ausfuhr und Einfuhr. Auf Betreiben der EG-Kommission hat die französische Regierung Schritte eingeleitet, das Importmonopol durch Gesetz formell aufzuheben[5].

Kali und Salz AG und SCPA hatten im Außenhandel eine enge kommerzielle und industrielle Zusammenarbeit vereinbart. „Auf diese beiden Unternehmen entfallen mehr als 60 Prozent der Benelux-Importe und ca. 40 Prozent der italienischen Importe. Diese Importe wurden zum übergroßen Teil über ein und dieselben Zwischenhändler abgewickelt, nämlich Nederlandse Kali-Import Maatschappij in den Niederlanden und Sali Potassici in Italien, mit denen beide Lieferanten beziehungsweise deren Konzern- und Holdinggesellschaften finanziell und personell verbunden sind. In Belgien erfolgt der Import durch zwei eng miteinander zusammenarbeitende Unternehmen, Belcopotasse, indirekt eine Tochtergesellschaft der K + S, und Cogepotasse, an der Solvay/Belgien zu 25 Prozent und SCPA über eine Holdinggesellschaft zu 49,3 Prozent beteiligt sind[6, 7]."

Die Zusammenarbeit von Kali und Salz AG und SCPA ist inzwischen durch eine Entscheidung der EG-Kommission vom 11. Mai 1973 untersagt worden[8]. Der Austausch von Informationen über den Vertrieb und die Produktion sowie der gemeinsame Verkauf in den Niederlanden und in Italien sind daher jetzt nicht mehr möglich. Doch bestehen auch heute noch enge Verbindungen zwischen den beiden Unternehmen, zum Beispiel über das Gemeinschaftsunternehmen Alwinsal Potash of Canada Ltd.[9].

---

5 Vergleiche Entscheidung der EG-Kommission . . ., S. 346.

6 Entscheidung der EG-Kommission . . ., S. 347.

7 Die Solvay-Gruppe ist überdies Mehrheitsaktionär beim zweiten deutschen Produzenten, der Kali-Chemie.

8 Vergleiche Entscheidung der EG-Kommission . . ., S. 347.

9 Vergleiche Verstaatlicht Kanada den Kaliabbau?

C. Das System der Preisbildung

I. Die Inlandspreise

Mit Wirkung vom 1. Mai 1973 ist auch für Kalidünger die Höchstpreisverordnung weggefallen[10]. Ähnlich wie bei Thomasphosphat ist auch bei den Kalidüngern nicht sicher, ob die jetzigen Preise noch durch die Höchstpreisregelung beeinflußt sind — etwa so, daß die Kali und Salz AG die Preise nur vorsichtig anhebt, weil sie sonst eine Wiedereinführung der Kontrollen fürchtet. Es besteht jedenfalls die Möglichkeit, daß das Unternehmen langfristig über Preiserhöhungen eine Erhöhung der Gewinnspanne anstrebt. Zwar gibt es Absprachen, daß die Kali und Salz AG bei zukünftigen Preiserhöhungen die Betroffenen vorher informieren und anhören will[11], doch ist das Unternehmen letztlich in seiner Preisgestaltung autonom geworden.

Auch für die Kalidünger gilt das Staffelpreissystem. Es existieren fünf Preisstaffeln mit einer maximalen Spanne von 11,0 bis 24,4 Prozent je nach Sorte. Kalidünger werden franko Station geliefert.

II. Preisvergleich von Inlands- und Exportpreisen

Ähnlich wie beim Preisvergleich für Stickstoffdünger[12] gelten auch hier Vorbehalte für die Vergleichbarkeit von Inlands- und Exportpreisen. Die Umrechnung wurde analog zum oben durchgeführten Vergleich vorgenommen. Vom Inlandspreis wird ein Händlerrabatt von 8,2 Prozent abgezogen[13].

Die Außenhandelsstatistik unterscheidet nicht zwischen 40er und 50er Kali, sondern faßt beide Sorten zu „Kaliumchlorid bis 62 Prozent K_2O" zusammen[14]. Der Preis je kg

10 Vergleiche Verordnung PR Nr. 2/73 ...

11 Nach Angabe des Unternehmens.

12 Siehe oben S. 64 ff.

13 Nach Angaben der Kali und Salz AG.

14 Vergleiche Statistisches Bundesamt, Fachserie G, Reihe 2, Spezialhandel nach Waren und Ländern, Dezember und Jahr 1972, S. 162.

K_2O im Inland ist für beide Sorten jedoch fast gleich, so daß bei einer Berechnung je kg Nährstoff der Unterschied nicht sehr gewichtig ist[15]. Im übrigen weist die Düngemittelstatistik klar aus, daß der weitaus größte Teil der exportierten Kalidünger 50er Kali ist[16]. Es wird daher der Inlandspreis für 50er Kali zugrunde gelegt[17].

Tabelle 14

Vergleich von Inlands- und Exportpreisen für wichtige Kalidünger 1972 in DM

Sorte	Inlandspreis[a)]	Exportpreis[b)]		
		insgesamt	davon in Industrieländer	davon in Entwicklungsländer
Kaliumchlorid bis 62 % K_2O, 100 kg K_2O	30,27	19,82	20,22	18,24
Kaliumsulfat 100 kg K_2O	38,97	32,71	31,93	35,15

a) Inlandpreis: Ungesackte Ware, ohne Steuer, abzüglich Händlerrabatt und zwei Prozent Skonto, arithmetisches Jahresmittel, Lieferung von 25 t Ware per Waggon.

b) Lieferung frei Grenze beziehungsweise frei Schiff.

Obwohl die Preisunterschiede auffallend sind, reichen sie doch nicht aus, um zum Ergebnis zu kommen, daß die Inlandspreise wesentlich höher sind als die Exportpreise. Vor allem bei der Ware der Kali-Chemie handelt es sich um Sorten, die in dieser Form in den europäischen Ländern nicht

15 Vergleiche Heller, L., Landmann, R. und H., Düngerbezugs-Preisliste 1972/73, Teil I, S. 10.

16 Vergleiche Statistisches Bundesamt, Fachserie D, Reihe 9, II. Düngemittelversorgung, Wirtschaftsjahr 1971/72, S. 5.

17 Nicht aufgeschlüsselt wird in der Außenhandelsstatistik nach Kalidünger grob und Kalidünger Standard. Als Vergleichswert wird 50er Kali grob gewählt.

beliebt sind. Während die europäischen Landwirte granulierte Sorten bevorzugen, sind die 50er Sorten der Kali-Chemie nicht granuliert[18]. So läßt sich zwar vermuten, daß Preisunterschiede bestehen, doch könnten die Differenzen auch auf den Unsicherheitsfaktoren der Umrechnung beruhen.

Sechstes Kapitel:

Analyse des Wettbewerbs

A. Der Kooperationsvertrag zwischen Kali und Salz AG und Kali-Chemie

Die Kommission der Europäischen Gemeinschaften hat mit ihrer Entscheidung vom 21. Dezember 1973 den Kooperationsvertrag zwischen der Kali und Salz AG und der Kali-Chemie untersagt[1]. Gegen diese Entscheidung haben die Unternehmen Widerspruch beim Gerichtshof der Europäischen Gemeinschaften eingelegt[2].

I. Die Argumente der beiden Unternehmen

Kali und Salz AG und Kali-Chemie haben ihre Positionen gegenüber der EG-Kommission dargelegt. Dabei weisen sie auf die Vorteile des Kooperationsvertrages hin[3].

1. Die Kali-Chemie verfüge über kein eigenes Vertriebsnetz für Kalidünger. Ein Vertrieb über das Netz für RHE-KA-PHOS komme nicht in Frage, da dieser PK-Dünger als Konkurrenzprodukt für Kali-Einzeldünger anzusehen sei. Auch die Kali und Salz vertreibe ihren PK-Dünger über ein anderes Vertriebsnetz (das Thomasphosphat-Kartell).

---

[18] Vergleiche Entscheidung der EG-Kommission . . ., S. 346.

[1] Vergleiche Entscheidung der EG-Kommission . . ., S. 345 ff.

[2] Nach Angaben eines Vertreters der Kali-Chemie in einem Gespräch am 11. Februar 1974.

[3] Vergleiche Entscheidung der EG-Kommission . . ., S. 348 f.

2. Aus technischen und geologischen Gründen sei das Sortiment der Kali-Chemie begrenzt. Die rationelle Fertigung unter niedrigen Gestehungskosten, die Ausnutzung der absatzmäßigen Standortvorteile, die Verringerung der Vertriebs-, Lagerhaltungs-, Werbungs- und Beratungskosten sowie eine erhebliche kostensenkende Frachtenrationalisierung werde erst durch die Kooperation ermöglich.
3. Das Schwergewicht der Kali-Chemie im Düngemittelsektor liege beim PK-Dünger. Um dessen Absatz zu fördern, sei eine langfristige Absatzgarantie für die Restmenge Kali nötig. „Ein eigenes Vertriebsnetz erfordere eine vollständige Palette, größere Lager, Werbung und technische Kundenberatung und sei mit Investitionen verbunden, die betriebswirtschaftlich nicht zu rechtfertigen seien[4]."
4. Mit Hilfe der von der Kali-Chemie gelieferten Mengen könne die Kali und Salz AG Nachfrageschwankungen in der Hauptanwendungszeit leichter auffangen. Die Lagermöglichkeiten beim Handel und den Verbrauchern reichten nicht aus. Die Bezieher von Kali zur Weiterverarbeitung in Mehrnährstoffdüngern gingen keine Verpflichtungen ein, sich nach der kontinuierlichen Kali-Produktion zu richten. Da der Frachtanteil zwischen 14 und 40 Prozent des Verbraucherpreises betrage, müßten die Möglichkeiten einer zentralen Auftragslenkung ausgenutzt werden, „hieraus ergäben sich im Einzelfall Ersparnisse bis zu 34 Prozent"[5]. Außerdem gingen zwei Drittel der Lieferungen zur Herstellung von Mehrnährstoffdüngern an die Produktionsstätten der BASF-Gruppe, und die Kali-Chemie könne nicht damit rechnen, bei diesen Unternehmen im Eigenverkauf Ware abzusetzen[6]. Auch ein individueller Verkauf an die anderen Hersteller von Mehrnährstoffdüngern garantiere keine langfristigen Absatzchancen.

---

[4] Vergleiche ebenda, S. 349.

[5] Ebenda, S. 349.

[6] Die BASF ist über Wintershall mehrheitlich an der Kali und Salz beteiligt.

5. „Die Verbraucher seien an den Vorteilen der Vereinbarung beteiligt, weil das Kali-Angebot reichhaltiger, elastischer und besser erreichbar sei; die Frachten rationalisert würden und das fehlende Absatzrisiko und die kostengünstigste Auslastung der Produktionsanlagen der KC (Kali-Chemie, der Verfasser) erlaubten, Kali bei der Herstellung von RHE-KA-PHOS zum günstigsten Preis einzusetzen und diesen Dünger preisgünstiger als sonst anzubieten[7]."
6. Der Wettbewerb werde durch die Kooperation nicht ausgeschlossen. Kali-Einzeldünger und Mehrnährstoffdünger seien für den Verbraucher „jederzeit funktionell austauschbar[8]". Zwischen beiden Arten bestehe ein echter Substitutionswettbewerb, wie der starke Rückgang der Einzeldünger in der Bundesrepublik von 62,3 Prozent im Jahr 1960/61 auf 42,1 Prozent im Jahr 1971/72 deutlich mache.

II. Die Gründe für die Entscheidung der Kommission

Die Kommission geht davon aus, daß durch den Kooperationsvertrag der Wettbewerb innerhalb des gemeinsamen Marktes eingeschränkt wird. Die Kali und Salz könne die gesamte deutsche Produktion in ihre Absatzplanung einbeziehen. Der Handel zwischen den Mitgliedstaaten werde beeinträchtigt.

Nach dieser grundsätzlichen Aussage über die Beeinträchtigung des Wettbewerbs wird überprüft, ob die Voraussetzung für eine Freistellung nach Artikel 85 Absatz 3 der Römischen Verträge gegeben ist. Die Kommission kommt zu dem Schluß, daß die von den beiden Unternehmen vorgebrachten Argumente nicht stichhaltig seien. Die Kali und Salz AG könne als der bedeutendere der beiden Produzenten die Rationalisierungsmaßnahmen im eigenen Unternehmen durchführen. Die Kali-Chemie gehöre zur belgischen Solvay-Gruppe, die auch in Belgien und Spanien Kali-In-

7 Entscheidung der EG-Kommission . . ., S. 349.

8 Ebenda.

teressen habe. Die Kali-Chemie sei außerdem in der Lage gewesen, den Dünger RHE-KA-PHOS in eigener Regie zu vertreiben. Ein individueller Vertrieb setze nicht voraus, daß das Unternehmen im gesamten Absatzgebiet der Kali und Salz ebenso kostengünstig anbieten könne.

Es bestehe kein Anlaß zu der Annahme, daß die Kali-Chemie unter dem Druck der Kunden gezwungen werden könne, Erzeugnisse herzustellen, deren Produktion zu kostspielig wäre.

Ferner bestreitet die Kommission die Ansicht, daß zwischen Einzel- und Mehrnährstoffdüngern Substituierbarkeit besteht: „Was Kali-Einzeldünger zur unmittelbaren Verwendung in der Landwirtschaft angeht, so kann der Landwirt zwar theoretisch zwischen der Verwendung von Kali-Einzeldünger und kalihaltigem Mehrnährstoffdünger wählen ...

Die vorhandenen statistischen Unterlagen zeigen, daß Kali-Einzeldünger nach wie vor in einem erheblichen Umfang nachgefragt wird und daß der teurere Mehrnährstoffdünger von zahlreichen Abnehmern nicht als Substitutionsprodukt angesehen wird. Die als Kali-Einzeldünger abgesetzten Mengen sind nach anfänglichem Rückgang ungefähr gleich geblieben und seit 1968/69 sogar gestiegen[9]." Auch die Tatsache, daß einzelne Abnehmer in bestimmten Jahren Einzeldünger und in anderen Jahren Mehrnährstoffdünger beziehen, ändere nichts daran, daß auf den Markt für Kali-Einzeldünger abzustellen sei.

Die Vereinbarung der beiden Unternehmen könne daher nicht unter die Freistellungsgründe fallen und müsse abgestellt werden.

III. Kritik an der Entscheidung der EG-Kommission

Die Gründe, die die Kommission für ihre Entscheidung anführt, überzeugen nicht. Vor allem die Ausführungen über die Substituierbarkeit zwischen Kali-Einzeldünger und kalihaltigen Mehrnährstoffdüngern können so nicht akzeptiert

[9] Ebenda, S. 350.

werden. Aber auch in anderen Punkten müssen Vorbehalte gegenüber der Argumentation der Kommission geltend gemacht werden.

1. Die Substituierbarkeit

In ihrer Entscheidung berücksichtigt die Kommission nur den Nährstoff Kali. Die übergreifenden Beziehungen zu den anderen Nährstoffen, die durch die Mehrnährstoffdünger bestehen, werden völlig außer acht gelassen. Die Kommission hat damit eine Marktabgrenzung vorgenommen, die mit der Realität nicht in Übereinstimmung zu bringen ist. Der Wettbewerb der Düngungssysteme wird als nicht existent angesehen.

Die gängigen Kali-Einzeldünger haben von allen mineralischen Düngemitteln den geringsten spezifischen Wert. Sie fallen daher bei Preisvergleichen zwischen den einzelnen Düngungssystemen am wenigsten ins Gewicht. So sind die Ursachen für die wiederholte Verschiebung der Nachfrage zwischen Einzeldünger und Mehrnährstoffdünger auch nicht im Bereich der Kalidünger zu suchen, sondern bei den ungleich stärker ins Gewicht fallenden Nährstoffen Stickstoff und Phosphat.

Der Rückgang der Einzeldünger zugunsten der Mehrnährstoffdünger ist vor allem aus der relativ sinkenden Produktion von Thomasphosphat zu erklären. Solange Thomasphosphat in großer Menge zur Verfügung stand, wurde wegen des günstigen Preises die Düngung über Einzeldünger bevorzugt. Je geringer der Anteil des Thomasphosphats am gesamten Phosphatverbrauch wurde, desto mehr wurde die Düngung über Mehrnährstoffdünger bevorzugt. Auch die Ursachen für das Ansteigen des Verbrauchs von Einzeldünger in den letzten Jahren sind nicht beim Kali zu suchen. Vielmehr wurde die Einzeldüngung für die Landwirte vor allem durch die billigen Ostblockimporte bei Stickstoff wieder interessant. Mit der steigenden Bedeutung der Harnstoff- und Kalkammonsalpeter-Importe stieg sowohl die Nachfrage nach Phosphat- wie auch nach Kali-Einzeldünger wieder an —

allerdings auch die Nachfrage nach PK-Düngern, die in den letzten Jahren ein besonders starkes Wachstum aufweisen.

Aufgrund dieser Tatsache läßt sich mit einiger Wahrscheinlichkeit vorhersagen, daß bei einem weiteren Rückgang der Thomasphosphat-Produktion und der Ostblockimporte an Stickstoff-Einzeldünger auch der Verbrauch an Kali-Einzeldünger weiter zurückgehen wird. Es sei denn, die Stickstoff-Industrie stattet ihren NP-Dünger mit besonders günstigen Konditionen aus. Auch dann aber ist nicht das Kali Ursache für Sortenverschiebungen.

Mit einiger Berechtigung läßt sich sogar feststellen, daß die Substitutionsmöglichkeiten bei Kalidüngern im Vergleich zu den beiden anderen Nährstoffen besonders hoch sind. Bei den Phosphatdüngern sind die sekundären Qualitätsmerkmale vom größten Gewicht, da die Anteile an Kalk und Spurennährstoffen bei den verschiedenen Sorten sehr unterschiedlich sind. Bei Stickstoffdüngern fällt vor allem ins Gewicht, daß Stickstoff nicht mit Thomasphosphat mischbar ist und der Ausbringungszeitpunkt wegen der Gefahr der Auswaschung nicht beliebig gewählt werden kann. Bei Kali ist dagegen nur der Anteil an Magnesium und an Chlor beziehungsweise Schwefel von Bedeutung. Chlorkalium und Kalisulfat werden aber ebenso als Einzeldünger wie auch zur Herstellung von Mehrnährstoffdüngern verkauft. Magnesiumhaltige Mehrnährstoffdünger werden ebenso angeboten wie magnesiumhaltige Kali-Einzeldünger. Es läßt sich daher feststellen, daß der Verbrauch von Kali-Einzeldüngern und von Mehrnährstoffdüngern nicht von den besonderen Eigenschaften des verwendeten Nährstoffs Kali, sondern von den Nährstoffen Phosphat und Stickstoff abhängt.

Für die Beurteilung des Wettbewerbs hat das eine doppelte Bedeutung: Einmal kann man nicht von einem Monopol der Kali und Salz AG bei Kali-Einzeldüngern sprechen, da ein solcher Markt in der Realität nicht existiert. Zweitens bleibt die Kali-Chemie auch nach dem Kooperationsvertrag Konkurrent der Kali und Salz AG, und zwar über den PK-Dünger RHE-KA-PHOS. Das gilt nicht nur für den von der

Kali und Salz AG hergestellten PK-Dünger Thomas-Kali, sondern auch für die Einzeldünger.

2. Die Sorten der Kali-Chemie

Die Kommission unterstellt, daß die geringe Zahl von Sorten, die die Kali-Chemie aufgrund der geologischen Bedingungen und der Sortenspezialisierung aus der Zeit des Kali-Kartells produziert, für die Beurteilung der Vertriebsvereinbarung keine Bedeutung hat. Sie kommt daher zu der Aussage, die Kali-Chemie „könnte den Vertrieb ihres Kali-Einzeldüngers in eigene Hände nehmen und durch den dadurch entstehenden Wettbewerbsimpuls die Wahlmöglichkeiten der Abnehmer verbessern"[10]. An anderer Stelle wird betont, die Kali-Chemie würde auch nach Auflösung des Vertrages nicht gezwungen, kostspieligere Erzeugnisse zu produzieren[11].

Diese Ansicht kann nicht ohne weiteres geteilt werden. Die Kommission hat es unterlassen, in diesem Zusammenhang ihre eigene Darstellung des Sachverhaltes zu berücksichtigen, wo es heißt, daß die Kali-Chemie nach der Sortenspezialisierung ihre Produktion auf wenige Sorten beschränkt hat, „nämlich auf Magnesia-Kainit und die nicht granulierten 50er, 54er und 60er Sorten, während die K + S eine umfassende Palette anbietet, vor allem die von den europäischen Landwirten bevorzugten granulierten Sorten"[12]. Entsprechend verkauft die Kali und Salz AG von den 170 000 t K_2O der Kali-Chemie 125 000 t K_2O, das sind 73,5 Prozent, im Ausland. Da die nicht granulierten Sorten in Europa kaum absetzbar sind, müßte die Kali-Chemie diese Ware entweder weiter in Übersee verkaufen, was wiederum den Wettbewerb in Europa und vor allem in der Bundesrepublik nicht berührt, oder sie müßte eben doch Produktionsumstellungen vornehmen, sofern die geologischen Bedingungen das zulassen. Über die Investitionen, die dazu

---

10 Ebenda, S. 349.

11 Vergleiche ebenda, S. 350.

12 Ebenda, S. 346.

nötig wären, gibt es keine Aussagen. Auch die Kommission hat sich damit offenbar nicht befaßt.

Es verbleibt eine Menge von 45 000 t K_2O aus der Produktion der Kali-Chemie, die heute in der Bundesrepublik abgesetzt wird. Da der Anteil der PK-Dünger in den letzten Jahren stark gewachsen ist und man davon ausgehen kann, daß dieser Trend auch in den nächsten Jahren anhalten wird, braucht die Kali-Chemie noch mehr Kali für ihren PK-Dünger, wodurch die Überschußproduktion noch geringer wird. Dagegen verkaufte die Kali und Salz AG 1971/72 insgesamt 1 311 000 t K_2O in der Bundesrepublik. Aus dieser Relation wird deutlich, wie wenig Wettbewerbsimpulse von der Auflösung der Kooperation im Inland ausgehen werden.

3. Absatzmöglichkeiten bei den Herstellern von Mehrnährstoffdünger

Rund 53 Prozent des von der Kali und Salz AG im Inland abgesetzten Kali wurden 1971/72 zu Mehrnährstoffdünger verarbeitet. Das sind etwa 695 000 t K_2O. Von dieser Gesamtmenge nahmen die BASF und die zu ihrem Konzern gehörenden Unternehmen zwei Drittel ab, also rund 460 000 t K_2O. Da die Kali und Salz AG zum BASF-Konzern gehört, würde diese Menge wohl auch nach Auflösung des Kooperationsvertrages in jedem Fall von der Kali und Salz AG geliefert werden. Für die Kali-Chemie wäre dann nur noch eine Belieferung der VEBA, der Farbwerke Hoechst oder einiger kleiner Hersteller von PK-Dünger möglich.

Es ist nicht anzunehmen, daß die Kali und Salz AG tatenlos zusehen würde, wenn etwa die VEBA ihr Kali von der Kali-Chemie beziehen würde. Viele Reaktionen sind möglich. Beispielsweise könnte die Kali und Salz AG ihr Rabattsystem verändern. Bisher betragen die Umsatzrabatte bei der Lieferung an Hersteller von Mehrnährstoffdünger je nach Umsatz 4,0 bis 5,6 Prozent[13]. Schon eine stärkere Staffelung

[13] Vergleiche Preisliste (M) der Kali und Salz AG vom 1. Mai 1973, Hannover.

könnte die Absatzchancen der Kali-Chemie erheblich einschränken. Wenn für geringe Umsätze etwa ein Rabatt von nur 2 Prozent gewährt wird, für sehr hohe Umsätze aber von 8 oder 10 Prozent, so werden VEBA-Chemie und Farbwerke Hoechst wohl ihre gesamte benötigte Kalimenge bei der Kali und Salz AG kaufen, um in den Genuß der hohen Rabatte zu kommen. Die Kali-Chemie müßte dann schon bedeutende Preiszugeständnisse machen, um konkurrenzfähig zu sein. Das ist nur eine von verschiedenen Möglichkeiten der Reaktion der Kali und Salz AG. Auch ein kurzfristiger heftiger Preiskampf mit dem Ziel der Verdrängung der Kali-Chemie ist nicht auszuschließen.

Ein weiterer Punkt darf nicht übersehen werden: Wenn die Kali-Chemie ihr Angebot mit attraktiven Konditionen ausstattet, kommen diese günstigen Bedingungen ihren Konkurrenten zugute. Mit ihrem PK-Dünger steht sie in unmittelbarem Wettbewerb zu den anderen Herstellern von Mehrnährstoffdünger. Man kann daher wohl mit Recht annehmen, daß eine Belieferung der Hersteller von Mehrnährstoffdünger für die Kali-Chemie mit erheblichen Schwierigkeiten verbunden ist.

4. Die möglichen Folgen eines Kooperations-Verbotes

Die EG-Kommission nimmt an, daß nach einem Verbot der Kooperation zwischen den beiden Unternehmen der Wettbewerb auf dem Kali-Sektor intensiviert wird. In den vorigen Abschnitten ist gezeigt worden, daß viele Gründe gegen diese Annahme sprechen. Auch andere Folgen als die von der Kommission vorhergesagten sind denkbar, es besteht sogar die Möglichkeit, daß der ohnehin schon geringe Wettbewerb der Düngemittel-Industrie durch ein Kooperationsverbot noch weiter negativ beeinflußt wird.

Wenn die Kali-Chemie Schwierigkeiten hat, ihr Kali abzusetzen, hat sie verschiedene Alternativen: Einmal kann sie sich auf einen Preiskampf einlassen. Ein solches Verhalten ist angesichts der Marktmacht der Kali und Salz AG nicht sehr erfolgversprechend. Zweitens kann sie ihre Kapazitäten einschränken und nur noch soviel produzieren, wie sie für ihren PK-Dünger benötigt. Es kann hier nicht beurteilt werden, inwieweit ein solches Verhalten in Frage kommt. Es mag sein, daß der eine oder andere Abbaubetrieb stillgelegt werden könnte. Es kann aber auch sein, daß die geringere Produktion keine optimale rationelle Förderung mehr zuläßt und die Produktionskosten für die Herstellung des PK-Düngers ansteigen. In diesem Fall wird die Konkurrenzfähigkeit herabgesetzt, wodurch der Wettbewerb vor allem bei Stickstoff und Phosphat betroffen wird. Drittens schließlich könnte die Kali-Chemie die Produktion von Düngemitteln als unrentabel einstellen. Diese Möglichkeit deutete ein Vertreter des Unternehmens an[14]. Begründet wurde ein solches Verhalten damit, daß andere Bereiche der Kali-Chemie — zum Beispiel die Pharma-Produktion — sowohl für den Umsatz als auch vor allem für den Gewinn wesentlich wichtiger seien. Eine solche Aussage ist angesichts der Entscheidung der Kommission natürlich mit erheblichen Vorbehalten zu versehen. Die Möglichkeit kann andererseits auch nicht völlig ignoriert werden. Wenn beispielsweise die Kali und Salz AG bereit wäre, den gesamten Düngemittelbereich der Kali-Chemie zu erwerben, ist ein Verkauf nicht von vornherein auszuschließen — sofern die Fusionskontrolle eine solche Übernahme nicht verhindert.

In jedem Fall kann man davon ausgehen, daß ein Verbot den kleineren Produzenten ungleich schwerer treffen wird als das marktbeherrschende Unternehmen. Es bleibt offen, ob die Kali-Chemie mit diesen Schwierigkeiten fertig werden könnte. Da die Möglichkeit einer Intensivierung des Wettbewerbs nur sehr vage ist, sollte die Kooperation auch weiterhin möglich sein. Ohnehin wird der gemeinsame Vertrieb in Zukunft an Bedeutung verlieren, wenn der Anteil der PK-Dünger weiter wie bisher steigt und die Kali-Chemie wachsende Mengen ihrer Kali-Produktion selbst verarbeitet.

---

14 Gespräch mit einem Vertreter der Kali-Chemie am 11. Februar 1974.

B. Das Frankostationspreissystem der Kali-Industrie

Die Bedeutung der Frankostationspreise für den Wettbewerb hängt in entscheidender Weise von den übrigen Marktgegebenheiten ab. So können auch die Überlegungen, die für den Bereich der Stickstoff-Industrie Gültigkeit hatten, nicht schematisch auf die Kali-Industrie übertragen werden.

Die negative Bewertung des Frankostationspreissystems in der Stickstoff-Industrie stützte sich auf eine ganze Reihe von Argumenten[15]. Jedes Argument für sich hat eine gewisse Bedeutung, doch erst die Summe aller führte zur eindeutigen Ablehnung dieser Form der geographischen Preisdiskriminierung. Sind einzelne dieser Argumente im Bereich der Kali-Industrie aufgrund der andersartigen Marktgegebenheiten ohne Bedeutung, so muß geprüft werden, ob die verbliebenen Einwände ausreichen, eine Ablehnung des Frankostationspreissystems zu rechtfertigen.

Ziel dieser Arbeit ist es, Möglichkeiten einer Intensivierung des Wettbewerbs zwischen den Düngeranbietern aufzuzeigen. Es stellt sich also die Frage, ob ein Übergang zu Ab-Werk-Preisen geeignet ist, den Wettbewerb zwischen den Anbietern von Kali-Düngern anzuregen.

Von den verschiedenen Einwänden gegen Frankostationspreise, die für die Beurteilung in der Stickstoff-Industrie bedeutsam waren, spielen einige für den Wettbewerb in der Kali-Industrie keine Rolle. So ist zum Beispiel die Verstärkung der oligopolistischen Interdependenz — bei Stickstoff ein gewichtiger Einwand — für die Kali-Industrie bedeutungslos: Durch den monopolähnlichen Charakter der Kali und Salz AG ist die Interdependenz zwischen den beiden Anbietern bis zum Äußersten gesteigert. Dabei spielt es keine Rolle mehr, ob die Preise ab Werk oder franko Station berechnet werden.

Ebensowenig kann eine Beeinflussung der Standortentscheidungen vorliegen. Der Standort der Produktionsanlagen wird allein durch den Standort der abbaufähigen Kalivorkommen bestimmt — also durch eine geologische (exogene)

---

[15] Vergleiche oben S. 91 ff.

Größe. Drittens schließlich trifft auch der Einwand für die Kali-Industrie nicht zu, daß durch das Frankostationspreissystem die Lenkungsfunktion der Transportpreise teilweise außer Kraft gesetzt wird. Diese Lenkungsfunktion würde auch bei Ab-Werk-Preisen keine Rolle spielen, da das System des gemeinsamen Vertriebs der beiden Hersteller mit der praktizierten Auftragslenkung die Bestellungen ohnehin dahin leitet, wo die geringsten Transportkosten anfallen. Es bleibt der Einwand, daß die Marktzugangsschranken durch Frankostationspreise erschwert werden. Im Inland hat dieser Einwand keine Berechtigung, da die abbaufähigen Kalivorkommen in der Hand der beiden Anbieter sind und nur bei der Entdeckung neuer Vorkommen möglicherweise ein dritter Konkurrent auftreten könnte. Diese Möglichkeit hat aber so sehr hypothetischen und spekulativen Charakter, daß sie hier außer acht gelassen werden kann.

Der Einwand konzentriert sich damit auf die Auslandskonkurrenz. Auf die engen Verbindungen und die vermuteten Absprachen zwischen den wenigen Anbietern in Europa ist bereits hingewiesen worden. Entscheidend für die Beurteilung der Frankostationspreise ist, ob für die Zukunft eine Auflockerung der Bindungen und Verbindungen zwischen den europäischen Herstellern erwartet werden kann. Dies ist eine Frage, für deren Beantwortung es nicht genügend objektive Kriterien gibt. Die Antwort muß daher notgedrungen subjektiv sein. Kommt man zu der Auffassung, daß längerfristig die Absprachen und Verbindungen zwischen den Herstellern nicht aufrechtzuerhalten sind, daß sich also mindestens auf lange Sicht eine Konkurrenz zwischen den internationalen Anbietern entwickeln könnte, so sind die Frankostationspreise einer Intensivierung des Wettbewerbs sicher hinderlich. Ist dagegen auch langfristig nicht damit zu rechnen, daß sich die ausländischen Anbieter von einem Konkurrenzkampf Vorteile erhoffen, können die Frankostationspreise nicht für den mangelnden Wettbewerb verantwortlich gemacht werden.

Ob die Frankostationspreise in der Kali-Industrie hingenommen oder abgelehnt werden, ist also vor allem davon abhängig, welche Prämisse über das Verhalten der ausländischen Anbieter zugrunde gelegt wird. In jedem Fall wird es auch bei einer Beibehaltung des Systems nützlich sein, die Entwicklung des internationalen Kalimarktes aufmerksam auf Veränderungen zu beobachten. Treten Veränderungen im Sinn eines stärkeren Wettbewerbes auf, ist eine Einführung von Ab-Werk-Preisen auf dem deutschen Markt immer noch möglich.

C. Maßnahmen zur Intensivierung des Wettbewerbs

I. Mißbrauchsaufsicht durch das Bundeskartellamt

Die Struktur der Kaliindustrie ist so ungünstig, daß ein wirklicher Wettbewerb praktisch unmöglich ist. Zwar sind vom ökonomischen Standpunkt theoretisch einige Maßnahmen denkbar. Dazu zählt vor allem eine Entflechtung der Kali und Salz AG. Eine solche Maßnahme ist jedoch nach der gegenwärtigen Rechtslage unmöglich. Die grundsätzliche Überlegung, ob es sinnvoll ist, die Möglichkeit zur Entflechtung zu schaffen, dürfte wohl kaum mit der Situation auf dem Markt der Kalidünger entschieden werden.

Es wäre jedoch ökonomisch sinnvoll gewesen, die Entstehung der monopolartigen Stellung der Kali und Salz AG zu verhindern. Schon vor dem Zusammenschluß Wintershall/BASF hatte die Wintershall AG eine Schachtelbeteiligung von etwa 43 Prozent an Salzdetfurth[16]. Bei der Übernahme der Mehrheitsbeteiligung an Wintershall durch die BASF mußte gefordert werden, daß Wintershall sich von der Salzdetfurth-Beteiligung trennen sollte. Später, als Salzdetfurth wegen des Engagements in den USA am Großen Salzsee in Schwierigkeiten war, hätte sich kaum ein anderes Unternehmen bereitgefunden, Salzdefurth angesichts der hohen Wintershall-Beteiligung zu sanieren.

---

[16] Vergleiche Marktbeherrschend oder nicht? Das Hearing über die Stellung der BASF am Markt für Stickstoffdüngemittel, in: FAZ vom 13. Mai 1970. Vergleiche dazu auch Auf Konfliktkurs, in: Der Volkswirt, 13. 2. 1970, S. 30 f.

Bei der jetzigen Konstellation in der Kaliindustrie bleibt praktisch nur noch die Mißbrauchsaufsicht durch das Bundeskartellamt, um die Kali und Salz AG an einer vollen Ausnutzung ihrer Marktmacht zu hindern. Die Möglichkeit dazu ist gegeben: Daß die Kali und Salz AG eine marktbeherrschende Stellung innehat, ist unbestritten und wird auch vom Unternehmen selbst zugegeben. Die Schwierigkeiten bei der Mißbrauchsaufsicht dürften allerdings erheblich sein. In jedem Fall sollte aber untersagt werden, daß die BASF ihren Anteil an der Kali und Salz AG noch weiter ausbaut.

II. Ahndung internationaler Absprachen

Neben der Mißbrauchsaufsicht durch das Bundeskartellamt muß auch im Bereich der EG eine Beobachtung der Kali-Industrie stattfinden. Vor allem zwischen dem französischen Hersteller und der Kali und Salz AG wird seit langer Zeit eine intensive Kooperation betrieben. Die gemeinsamen Verkaufsgesellschaften in anderen EG-Ländern sind allerdings inzwischen verboten worden.

Dennoch dürften nach wie vor enge Kontakte bestehen. Auch eine genaue Beobachtung im Bereich der EG wird daran nicht viel ändern können. Nur wo die Ergebnisse der Kooperation deutlich sichtbar werden, besteht die Möglichkeit einer Ahndung. Der Nachweis von Absprachen wird allerdings nur sehr schwer zu führen sein. Wenn die französische Kali-Industrie nicht in die Bundesrepublik liefert, so ist das noch keine strafbare Handlung. Erst wenn nachgewiesen ist, daß abgestimmte Verhaltensweisen vorliegen, kann eingegriffen werden.

III. Ostblockimporte

Um das Angebot und die Zahl der Anbieter in der Bundesrepublik zu erhöhen, sollte wenigstens der Versuch gemacht werden, Kalidünger aus dem Ostblock zu importieren. Immerhin verfügen sowohl die DDR als auch die UdSSR über umfangreiche Kalivorkommen. Der erhebliche Devisenbedarf der Ostblockländer läßt solche Verhandlungen nicht von vornherein aussichtslos erscheinen. Ostblockimporte an Kali sind sicherlich ebenso bedeutungsvoll wie die Stickstoffimporte. Wenn sich die Hersteller von Mehrnährstoffdüngern nicht mehr nur aus einer Quelle versorgen können, kann das zu einer wesentlichen Belebung des Wettbewerbs beitragen.

Eine weitere, allerdings sehr vage Möglichkeit zur Intensivierung des Wettbewerbs besteht darin, daß sich die kanadische Regierung bewegen ließe, die Abbauquoten zu erhöhen. Die Angebotsmenge würde sich dadurch so vergrößern, daß ein spürbarer Druck auf die Preise zu erwarten ist. Allerdings ist nicht sicher, ob das Auswirkungen auf die Bundesrepublik haben würde.

Schlußbemerkungen

Die vorliegende Untersuchung hat deutlich gemacht, daß der Wettbewerb zwischen den Anbietern von Mineraldüngern von einer sehr geringen Intensität ist. Die Konzentration ist außerordentlich weit fortgeschritten. Das Verhalten der Anbieter ist geeignet, die wichtigsten Wettbewerbsparameter auszuschalten und nur noch über Werbung und Beratung einen Rest von Konkurrenz zu erhalten. Die Leidtragenden sind Handel und Landwirtschaft, die dennoch die meisten Beschränkungen akzeptieren, ja sogar ausdrücklich begrüßen, wie im Fall der Frankostationspreise.

Der hohe Konzentrationsgrad wäre nur über eine Entflechtung rückgängig zu machen, die jedoch im Wettbewerbsrecht nicht vorgesehen ist. Dagegen braucht das Anbieterverhalten nicht widerstandslos hingenommen zu werden. Hier gibt es eine Reihe von Ansatzpunkten, wie die Wettbewerbsintensität zu erhöhen ist. Dazu zählen vor allem die Beseitigung der Syndikate, die Aufhebung der Frankostationspreise, die Intensivierung des Außenhandels und die Ahndung von Absprachen. Die Bedeutung dieser Punkte ist in den drei Industrien allerdings unterschiedlich.

Wettbewerbsbeschränkungen, wie sie in den Düngemittel-Industrien vorliegen, treten in ähnlicher Form auch auf anderen Märkten auf. Insofern sind einige Aussagen grundsätzlicher Natur. So ist es auffallend, daß Frankostationspreise offenbar vielfach nicht als Einschränkung des Wettbewerbs erkannt werden. Es war deshalb angebracht, die Probleme der geographischen Preisdifferenzierung sowohl in allgemeiner Form als auch in ihren speziellen Auswirkungen im Düngemittelbereich zu behandeln. Das gleiche gilt für die Rationalisierungskartelle. Angebliche Vorteile der Frachtenlenkung, der zentralen Disposition und des gemeinsamen Vertriebs sind offenbar vom Kartellamt teilweise überbewertet, Gegenargumente nicht genügend gewürdigt worden. Es würde sich lohnen, auch bei anderen Kartellen zu überprüfen, ob Aussagen wie „13 Vertriebsgesellschaften kosten mehr als eine gemeinsame Vertriebsorganisation" unbesehen hingenommen wurden.

Schließlich scheinen weitere Überlegungen grundsätzlicher Art angebracht, wieweit eine Stärkung von kleineren Anbietern gegenüber den Marktführern zu einer Intensivierung des Wettbewerbs beitragen kann. Im Fall der Düngemittel-Industrien waren solche Überlegungen beim Superphosphat-Kartell und beim Kooperationsvertrag Kali-Chemie/Kali und Salz AG von Bedeutung. Es ist wahrscheinlich, daß auch auf anderen Märkten ähnliche Machtverhältnisse herrschen. In solchen Fällen kann eine Kooperation unter Umständen den Konzentrationsprozeß verlangsamen.

Literaturverzeichnis

A. Bücher und Veröffentlichungen in Sammelwerken

ALBERS, Willi: Marktlage, Preise und Preispolitik für Düngemittel in den EWG-Ländern und ihre Bedeutung für die Produktionskosten der Landwirtschaft, Kiel 1963.

Autorenkollektiv: Mineraldüngung, Berlin (Ost), 1970.

BANTHIEN, H.: Synthetische Stickstoffdüngemittel, in: Linser, Hans (Herausgeber): Handbuch der Pflanzenernährung und Düngung, Band 2, 2. Halbband, Wien—New York 1968, S. 1014 ff.

BARNICKEL, Hans-Heinrich (Herausgeber): Wettbewerb und Monopol, Darmstadt 1968.

BLAMAUER, A., und STEINER, R.: Der derzeitige Stand und die potentielle Kapazität der Düngemittelverwendung in den verschiedenen Ländern der Erde, in: Linser, Hans (Herausgeber): Handbuch der Pflanzenernährung und Düngung, Band 3, 2. Halbband, Wien—New York 1965, S. 1569 ff.

BRAUN, G.: Kalidüngemittel, in: Linser, Hans (Herausgeber): Handbuch der Pflanzenernährung und Düngung, Band 2, 2. Halbband, Wien—New York 1968, S. 1217 ff.

National Bureau of Economic Research: Business Concentration and Price Policy, Princeton 1955.

Commerzbank (Herausgeber): Wer gehört zu wem, 9. Auflage, Düsseldorf 1971.

— Wer gehört zu wem, 10. Auflage, Düsseldorf 1973.

Fachverband Stickstoffindustrie (Herausgeber): Der Stickstoff. Seine Bedeutung für die Landwirtschaft und die Ernährung der Welt, Düsseldorf 1961.

GABRIEL, Siegfried L.: Der Begriff „Rationalisierung" unter wettbewerbspolitischem Aspekt, in: Hoppmann, Erich (Herausgeber): Rationalisierung durch Kartelle? Schriften des Vereins für Socialpolitik, Neue Folge, Band 62, Berlin 1971, S. 15 ff.

GERHARD, Walter: Rabattwettbewerb und Rabattordnung in einer Wirtschaftsordnung funktionsfähiger Konkurrenz, Wirtschafts- und Sozialwissenschaftliche Dissertation, Köln 1960.

GERICKE, S.: Thomasphosphat, in: Linser, Hans (Herausgeber): Handbuch der Pflanzenernährung und Düngung, Band 2, 2. Halbband, Wien—New Yok 1968, S. 1168 ff.

HAMM, Walter: Einheitliche Frankostationspreise als Diskriminierungsinstrument, in: ohne Verfasser: Wettbewerb als Aufgabe — Nach zehn Jahren Gesetz gegen Wettbewerbsbeschränkungen. Reihe Wirtschaftsrecht und Wirtschaftspolitik, Band 7, Bad Homburg v.d.H., Berlin, Zürich 1968, S. 333 ff.

HERLEMANN, Hans-Heinrich: Die Versorgung der westdeutschen Landwirtschaft mit Mineraldünger, Kieler Studien — Forschungsberichte des Instituts für Weltwirtschaft an der Universität Kiel, Band 6, Kiel 1950.

HÖFNER, W.: Schwefelhaltige Düngemittel, in: Linser, Hans (Herausgeber): Handbuch der Pflanzenernährung und Düngung, Band 2, 2. Halbband, Wien—New York 1968, S. 1316 ff.

HOPPMANN, Erich (Herausgeber): Rationalisierung durch Kartelle? Schriften des Vereins für Socialpolitik, Neue Folge, Band 62, Berlin 1971.

KICK, H.: Anorganische Stoffe, in: Linser, Hans (Herausgeber): Handbuch der Pflanzenernährung und Düngung, Band 1, 1. Halbband, Wien—New York 1969, S. 99 ff.

— Pflanzennährstoffe — A. Begriffe, in: Linser, Hand (Herausgeber): Handbuch der Pflanzenernährung und Düngung, Band 1, 1. Halbband, Wien—New York 1969, S. 90 ff.

KRETZER, Rolf-Dieter: Frankostationspreise der deutschen Zementindustrie in wettbewerbspolitischer Sicht, (Mainz) 1969.

LENEL, Hans Otto: Zur Problematik der Rationalisierungskartelle, in: Hoppmann, Erich (Herausgeber): Rationalisierung durch Kartelle? Schriften des Vereins für Socialpolitik, Neue Folge, Band 62, Berlin 1971, S. 35 ff.

LINSER, Hans (Herausgeber): Handbuch der Pflanzenernährung und Düngung, Band 1: Pflanzenernährung, 1. Halbband 1969, Band 2: Boden und Düngemittel, 2. Halbband 1968, Band 3: Düngung der Kulturpflanzen, 2. Halbband 1965, Wien—New York.

— Die Rentabilität und wirtschaftliche Bedeutung der Düngung, in: Linser, Hans (Herausgeber): Handbuch der Pflanzenernährung und Düngung, Band 3, 2. Halbband, Wien—New York 1965, S. 1390 ff.

LÖCKER, H., und RANK, V.: Mehrnährstoff-Düngemittel und Mischen von Düngemitteln, in: Linser, Hans (Herausgeber): Handbuch der Pflanzenernährung und Düngung, Band 2, 2. Halbband, Wien—New York 1968, S. 1345 ff.

MACHLUP, Fritz: Characteristics and Types of Price Discrimination, in: National Bureau of Economic Research: Business Concentration and Price Policy, Princeton 1955, S. 397 ff.

MACHLUP, Fritz: The Political Economy of Monopoly Business, Labor and Government Policies, Baltimore 1952.

MAYER, H. H.: Der Begriff „Qualität" und die Qualitätseigenschaften von Ernteprodukten, in: Linser, Hans (Herausgeber): Handbuch der Pflanzenernährung und Düngung, Band 1, 1. Halbband, Wien—NewYork 1969, S. 81 ff.

MICHEL, Oswin: Analyse des Angebots mineralischer Düngemittel im Bundesgebiet. Ein Beitrag zur Frage wirtschaftspolitischer Marktgestaltung. Wirtschaftswissenschaftliche Dissertation, Mannheim 1959.

MITSCHERLICH, Eilhard Alfred: Das Gesetz vom abnehmenden Bodenertrag und was darunter zu verstehen ist, Deutsche Akademie der Wissenschaften zu Berlin, Vorträge und Schriften, Heft 43, Berlin 1952.

— und Dühring, Franz: Das Liebigsche Gesetz vom Minimum und das Wirkungsgesetz der Wachstumsfaktoren, Schriften der Königsberger gelehrten Gesellschaft, Naturwissenschaftliche Klasse, 3. Jahr, Heft 1, Berlin 1926.

MÖLLER, Hans: Grundlagen einer Theorie der regionalen Preisdifferenzierung, Nachdruck in: Barnickel, Hans-Heinrich (Herausgeber): Wettbewerb und Monopol, Darmstadt 1968, S. 301 ff.

MÜLLER, H.: Feinvermahlenes Rohphosphat, in: Linser, Hans (Herausgeber): Handbuch der Pflanzenernährung und Düngung, Band 2, 2. Halbband, Wien—New York 1968, S. 1129 ff.

RINTELEN, P.: Betriebswirtschaftliche Betrachtungen zum Stickstoffverbrauch, in: Fachverband Stickstoffindustrie (Herausgeber): Der Stickstoff. Seine Bedeutung für die Landwirtschaft und die Ernährung der Welt, Düsseldorf 1961, S. 391 ff.

SCHÄFER, H. K.: Mikronährstoffdüngemittel, in: Linser, Hans (Herausgeber): Handbuch der Pflanzenernährung und Düngung, Band 2, 2. Halbband, Wien—New York 1968, S. 1320 ff.

SCHEEL, K. C.: Superphosphate, in: Linser, Hans (Herausgeber): Handbuch der Pflanzenernährung und Düngung, Band 2, 2. Halbband, Wien—New York 1968, S. 1140 ff.

SCHLÖGL, H.: Einführung in den Diskussionsbericht, in: Hoppmann, Erich (Herausgeber): Rationalisierung durch Kartelle? Schriften des Vereins für Socialpolitik, Neue Folge, Band 62, Berlin 1971.

SCHWEIZER, Anton: Über den Weltmarkt von Stickstoffdüngemitteln unter besonderer Berücksichtigung der westdeutschen Stickstoffindustrie. Landwirtschaftliche Dissertation, Hohenheim 1959.

VON STACKELBERG, Heinrich: Grundlagen der theoretischen Volkswirtschaftslehre, 2. Auflage, Tübingen/Zürich 1951.

THIMM, Heinz-Ulrich, Besch, Michael und andere: Die Nahrungswirtschaft. Schriftenreihe Agrarpolitik und Marktwesen. Hamburg und Berlin 1971.

Ohne Verfasser: Wettbewerb als Aufgabe — Nach zehn Jahren Gesetz gegen Wettbewerbsbeschränkungen. Reihe Wirtschaftsrecht und Wirtschaftspolitik, Band 7, Bad Homburg v.d.H., Berlin, Zürich 1968.

ZIEMER, F.-H.: Kalkdüngemittel, in: Linser, Hans (Herausgeber): Handbuch der Pflanzenernährung und Düngung, Band 2, 2. Halbband, Wien—New York 1968, S. 1268 ff.

ZOHLNHÖFER, Werner: Wettbewerbspolitik im Oligopol. Veröffentlichungen der List-Gesellschaft e.V., Band 54, Basel, Tübingen 1968.

B. Aufsätze und Artikel in Zeitungen und Zeitschriften

ALBERS, Willi: Die Strategie der Marktpartner bei Stickstoff, in: Agra Europe, Nr. 14/72 Bad Godesberg, 4. April 1972, Sonderbeilage.

DÜESBERG, Peter: Zum Problem der Rationalisierung durch Syndikate: Frachtenlenkung, Frachtenausgleich, Frankopreise, in: Wettbewerb in Recht und Praxis, Heft 7/8, 1967, Frankfurt/Main, S. 231 ff.

KIEPE, Hans: Andere Länder — andere Düngungssitten, in: Deutsche Landwirtschafts-Gesellschaft (Herausgeber): Mitteilungen der DLG, 85. Jahrgang, Frankfurt/Main, Heft 10/1970, S. 297 ff.

KRAUSE, Klaus Peter: Die Stickstoffhersteller wagen viel, in: Frankfurter Allgemeine Zeitung, 7. Juni 1971.

LENEL, Hans Otto: Syndikate als Mittel der Rationalisierung, in: Jahrbücher für Nationalökonomie und Statistik, Band 175, Stuttgart 1973, S. 115 ff.

MEYER, F.: Düngemittelpreise 1970/71, in: Deutsche Landwirtschafts-Gesellschaft (Herausgeber): Mitteilungen der DLG, 85. Jahrgang, Frankfurt/Main, Heft 31/1970, S. 1045 ff.

OEHMICHEN, Jobst: Eisen—Stahl—Thomasphosphat, in: Mitteilungen der DLG, Heft 36/1970, Frankfurt/Main, S. 1182 f.

RONGE, Hans: Entwicklung des Phosphatverbrauchs, in: Ernährungsdienst — Deutsche Getreidezeitung vom 20. 1. 1973, S. 9 f.

RUTHENBERG, H. H.: Die Abhängigkeit des Mineraldüngeraufwandes von den Preisen für Produktionsmittel und Agrarerzeugnisse, in: Agrarwirtschaft, 5. Jahrgang, Hannover 1956, S. 225 ff.

RUTHENBERG, H.-H.: Die Bestimmung der optimalen Aufwandshöhe und Aufwandszusammensetzung bei der Mineraldüngung, in: Bundesministerium für Ernährung, Landwirtschaft und Forsten (Herausgeber): Berichte über Landwirtschaft, Neue Folge, Band XXXVI, Heft 1, Hamburg und Berlin 1958, S. 69 f.

SANDER, Greif: Importe aus Drittländern in die EWG, in: Ernährungsdienst — Deutsche Getreidezeitung, vom 3. 3. 1973, Hannover, S. 7.

SCHMITZ, Franzjosef: Kalkverbrauch hat stärker zugenommen, in: Ernährungsdienst — Deutsche Getreidezeitung, vom 31. 8. 1972, Hannover, S. 1 f.

SCHÖTTLER, Rudolf: Einzelbereiche der Düngerwirtschaft, in: Bundesministerium für Ernährung, Landwirtschaft und Forsten (Herausgeber): Berichte über Landwirtschaft, Neue Folge, Band XLVIII, Heft 3/4, Hamburg und Berlin, S. 665 f.

SCHRAMM, Ekkehard: Der Düngemittelmarkt heute, in: Ernährungsdienst — Deutsche Getreidezeitung, vom 5. 8. 1972, Hannover, S. 12 f.

SEGELMANN, Frank: Zum Begriff „Rationalisierung wirtschaftlicher Vorgänge" in § 5 Abs. 2 GWB, in: Wirtschaft und Wettbewerb, Heft 1/1964, S. 3 ff.

UNGER, Helmut: Neuere Entwicklungstendenzen auf dem Welt-Stickstoffmarkt, in: Bundesministerium für Ernährung, Landwirtschaft und Forsten (Herausgeber): Berichte über Landwirtschaft, Neue Folge, Band XLVII, Heft 1 und 2, Hamburg und Berlin 1969, S. 26 ff.

Ohne Verfasser: Auch „abgestimmtes Verhalten" ist jetzt verboten, in: Blick durch die Wirtschaft, Frankfurt/M., 6. August 1973.

— BASF erhöht Düngerpreise, in: Handelsblatt, Düsseldorf, 5. 2. 1974, S. 8.

— „Wenig Bereitschaft zum Wettbewerb", Protokoll über das Hearing des Bundeskartellamtes zum Zusammenschluß BASF—Wintershall—Salzdetfurth, in: Blick durch die Wirtschaft, Frankfurt, 20. Mai 1970.

— Düngemittelknappheit in Amerika, in: Blick durch die Wirtschaft, Frankfurt/Main, 25. 3. 1974.

— Teurer Dünger treibt die Preise, in: Genossenschafts-Forum, Heft 4/1974, Wiesbaden, S. 28 f.

— „Fernschreiben jetzt entbehrlich", in: Blick durch die Wirtschaft, Frankfurt/Main, 18. 7. 1972.

— Auf Konfliktkurs, in: Der Volkswirt, 13. 2. 1970, S. 30 f.

— Marktbeeinflussung, in: Ernährungsdienst — Deutsche Getreidezeitung, vom 11. 3. 1972, S. 1.

Ohne Verfasser: Marktbeherrschend oder nicht? Das Hearing über die Stellung der BASF am Markt für Stickstoffdüngemittel, in: Frankfurter Allgemeine Zeitung, 13. Mai 1970.

— Marokkos Handelsdefizit vergrößert, in: Blick durch die Wirtschaft, Frankfurt/Main, 27. 7. 1974.

— Stickstoff-Düngemittel bald wesentlich teurer, in: Handelsblatt, Düsseldorf 5. 2. 1974, S. 8.

— Stickstoffdünger als Testfall, in: Blick durch die Wirtschaft, Frankfurt/Main, 21. Juni 1971.

— „Die Stickstoffversorgung ist geregelt", in: Frankfurter Allgemeine Zeitung, 11. 7. 1974.

— Thomasphosphat auch künftig knapp, in: Ernährungsdienst — Deutsche Getreidezeitung, Hannover, 21. 12. 1972, S. 11.

— VEBA-Chemie setzt auf Chemie, in: Chemische Industrie, Heft 8/1971, Düsseldorf, S. 513.

— Verstaatlicht Kanada den Kaliabbau? in: Blick durch die Wirtschaft, Frankfurt/M., 13. 12. 1972.

C. Gesetze, Verordnungen, Beschlüsse, Urteile, Anträge Berichte und andere öffentliche Verlautbarungen

Antrag auf Erlaubnis eines Rationalisierungskartells für Superphosphat, in: Wirtschaft und Wettbewerb, Heft 11/1968, S. 737 ff.

Bericht des Bundeskartellamtes über seine Tätigkeit im Jahre 1968 sowie über Lage und Entwicklung auf seinen Aufgabengebieten, Bundestagsdrucksache V/4236, Bonn, 23. Mai 1969.

Beschluß des BGH vom 17. Dezember 1970 — KRB 1/70 („Teerfarben"), in: Wirtschaft und Wettbewerb, Heft 3/1971, S. 187 ff.

Beschluß des Bundeskartellamtes vom 30. Juni 1960 („Thomasphosphat"), in: Hoppmann, Erich (Herausgeber): Rationalisierung durch Kartelle? Schriften des Vereins für Socialpolitik, Neue Folge, Band 62, Berlin 1971, S. 322 f.

Beschluß des Bundeskartellamtes vom 1. November 1961 („Thomasphosphat II"), in: Hoppmann, Erich (Herausgeber): Rationalisierung durch Kartelle? Schriften des Vereins für Socialpolitik, Neue Folge, Band 62, Berlin 1971, S. 350 ff.

Beschluß des Bundeskartellamtes vom 20. Mai 1964 (Thomasphosphat IV"), in: Hoppmann, Erich (Herausgeber): Rationalisierung durch Kartelle? Schriften des Vereins für Socialpolitik, Neue Folge, Band 62, Berlin 1971, S. 388 ff.

Beschluß des Bundeskartellamtes vom 20. März 1965 — B 3 — 413410 — J 276/64 — („Ruhrstickstoff III"), in: Wirtschaft und Wettbewerb, Heft 7/8, 1965, S. 610 ff.

Entscheidung der EG-Kommission vom 21. Dezember 1973 — IV/795 („Kali und Salz/Kali Chemie"), in: Wirtschaft und Wettbewerb, Heft 5/1974, S. 345 ff.

Gesetz über den Verkehr mit Düngemitteln (Düngemittelgesetz) vom 14. August 1962, in: Bundesgesetzblatt 1962, Teil I.

Gesetz gegen Wettbewerbsbeschränkungen in der Fassung vom 3. Januar 1966, in: Bundesgesetzblatt Teil I, Nr. 2/1966, Bonn, 8. Januar 1966, S. 37 ff.

Kartellvertrag vom 11. Juli 1958 (Thomasphosphat), in: Hoppmann, Erich (Herausgeber): Rationalisierung durch Kartelle? Schriften des Vereins für Socialpolitik, Neue Folge, Band 62, Berlin 1971, S. 317 ff.

Runderlaß Außenwirtschaft Nr. 42/1970 betreffend I, 1: Einfuhr aus Staatshandelsländern, Beobachtung der Entwicklung der Einfuhr, Preisprüfung, vom 23. Oktober 1970, in: Bundesanzeiger Nr. 200 vom 27. Oktober 1970, S. 1 f.

Runderlaß Außenwirtschaft Nr. 9/72 betreffend Polen ..., in: Bundesanzeiger Nr. 55 vom 18. März 1972, S. 1 f.

Runderlaß Außenwirtschaft Nr. 10/72 betreffend Rumänien ..., in: Bundesanzeiger Nr. 64 vom 5. April 1972, S. 6 f.

Verordnung PR Nr. 2/73 über die Aufhebung der Preisvorschriften für Thomasphosphat (Thomasmehl) und Kali-Düngemittel vom 2. April 1973, in: Bundesanzeiger Nr. 72 vom 13. April 1973.

Verordnung über die Zulassung von Düngemitteltypen (Düngemittelverordnung) vom 21. November 1963, in: Bundesgesetzblatt 1963, Teil I.

Runderlaß Außenwirtschaft Nr. 32/72 betreffend Ungarn ..., in: Bundesanzeiger Nr. 110 vom 16. Juni 1972, S. 2 f.

Runderlaß Außenwirtschaft Nr. 41/72 betreffend Bulgarien ..., in: Bundesanzeiger Nr. 143 vom 3. Aug. 1972, S. 2 f.

Verband der Chemischen Industrie e. V.: Brief an das Bundesamt für die gewerbliche Wirtschaft vom 28. Juli 1972, Anlage: Begründung des Fachverbandes Stickstoffindustrie e. V. zur Einleitung eines Preisprüfungsverfahrens durch den Verband der chemischen Industrie wegen Niedrigpreiseinfuhren von Düngeharnstoff aus Rumänien.

Urteil des Gerichtshofes der EG vom 14. Juli 1972 — Rechtssache 51/69 („Farbstoffe"), in: Wirtschaft und Wettbewerb, Heft 9/1972, S. 593 ff.

Urteil des Kammergerichts Berlin vom 5. Juni 1963 (Thomasphosphat), in: Hoppmann, Erich (Herausgeber): Rationalisierung durch Kartelle? Schriften des Vereins für Socialpolitik, Neue Folge, Band 62, Berlin 1971, S. 366 ff.

D. Geschäftsberichte, Broschüren, Preislisten Pressemitteilungen und Gespräche

Bader, B.: Düngungsratschläge für den praktischen Landwirt, herausgegeben von der landwirtschaftlichen Abteilung der Thomasphosphatfabriken GmbH, Düsseldorf 1971.

Bader, B., und Pollinger, Th.: Die Th-Dünger, herausgegeben von der landwirtschaftlichen Abteilung der Thomasphosphatfabriken GmbH, Düsseldorf 1970.

Bundesverband der Raiffeisen-Warengenossenschaften: Jahrbuch 1972, (Bonn), abgeschlossen am 30. Juni 1973.

Fachverband Stickstoffindustrie: Pressekonferenz vom 27. Mai 1972 in Hannover, vervielfältigtes Manuskript.

Fachverband Stickstoffindustrie: Pressemitteilung vom 15. November 1972, vervielfältigtes Manuskript.

Fachverband Stickstoffindustrie: Pressekonferenz am 17. Mai 1973 in Bad Nauheim, vervielfältigtes Manuskript.

Geschäftsbericht der Kali und Salz AG von 1972, Kassel.

Gespräch beim Bundeskartellamt am 15. März 1973.

Gespräch bei der Ruhr-Stickstoff AG am 6. April 1973.

Gespräch bei der BASF-AG am 24. April 1973.

Gespräch mit einem Vertreter der Kali-Chemie am 11. Februar 1974.

Gespräch bei der Kali und Salz AG am 5. Juni 1973.

Gespräch bei der Superphosphat-Industrie GmbH am 29. Juni 1973.

Gespräch bei der Deutschen Raiffeisen Waren-Zentrale am 30. August 1973.

Heller, L., und Landmann, R. und H.: Düngerbezugspreisliste 1970/71, Göttingen 1970.

Heller, L., und Landmann, R. und H.: Düngerbezugspreisliste 1971/72, Göttingen 1971.

Heller, L., und Landmann, R. und H.: Düngerbezugspreisliste 1972/73, Göttingen 1972.

Preisliste (M) der Kali und Salz AG für Kali- und Magnesia-Düngemittel zur Herstellung von Mehrnährstoffdüngern, Hannover, 1. Mai 1973.

Preisliste 1973/74 der Superphosphat-Industrie GmbH.

Ruhr-Stickstoff AG: Bericht über das Geschäftsjahr 1971/72, Bochum 1972.

75 Jahre Ruhr-Stickstoff — Bericht über das Geschäftsjahr 1969/70, Bochum 1970.

E. Statistiken

Bundesministerium für Ernährung, Landwirtschaft und Forsten (Herausgeber): Statistisches Jahrbuch über Ernährung, Landwirtschaft und Forsten, Hamburg und Berlin, verschiedene Jahrgänge.

Chemie Revisions- und Beratungs-Gesellschaft mbH: Kreisstatistik über die Düngemittelversorgung im Bundesgebiet und Westberlin im Düngejahr 1971/72, Fürth 1972.

Statistisches Bundesamt: Fachserie D, Industrie und Handwerk, Reihe 9, Fachstatistiken, II. Düngemittelversorgung, Wirtschaftsjahr sowie Monatshefte verschiedene Jahrgänge, Stuttgart und Mainz.

Statistisches Bundesamt: Fachserie G, Außenhandel, Reihe 2, Spezialhandel nach Waren und Ländern, Dezember und Jahr 1972, Stuttgart und Mainz 1973.

VERÖFFENTLICHUNGEN DES FORSCHUNGSINSTITUTS FÜR WIRTSCHAFTSPOLITIK AN DER UNIVERSITÄT MAINZ

1. **Falsch und richtig planen.** Von Erich Welter.
2. **Schiene und Straße.** Von Walter Hamm.
3. **Patient — Arzt — Kasse.** Von Werner Bosch.
4. **Die Saarfrage.** Von Werner Bosch.
5. **Investitionslenkung.** Von Ernst-Günter Vetter.
6. **Kollektivmonopole.** Von Werner Fricke.
7. **Die Drucksache.** Von Werner Fricke.
8. **Marktwirtschaft — Befehlswirtschaft.** Von Werner Bosch.
9. **Kollektiveigentum.** Von Walter Hamm.
10. **Der Staat als Kunde.** Von Erich Welter.
11. **Konstruktions- und Entwicklungsaufträge.** Von Armin Gutowski.
12. **Der Kostenpreis bei öffentlichen Aufträgen.** Von Helmut Diederich.
13. **Zentralisierung und Dezentralisierung des öffentlichen Einkaufs.** Von Werner Fricke.
14. **Die Ausschreibung.** Von Otto Gandenberger.
15. **Wirtschaftliche Weinbaupolitik.** Von Armin Gutowski.
16. **Was ist ein Unternehmen?** Von Otto Gandenberger.
17. **Preise als verkehrspolitisches Ordnungsinstrument.** Von Walter Hamm.
18. **Die gemeinwirtschaftlichen Grundsätze in der Tarifpolitik der Deutschen Bundespost.** Von German Wegmann.
19. **Vermögensstreuung.** Von Werner Bosch.

20. **Der Konsument und seine Vertretung.** Von Christa von Braunschweig.

21. **Verkehrspolitik in der SBZ.** Von Horst Demmler.

22. **Branchenbesonderheiten.** Von Hans H. Scheib.

23. **Verkehrswissenschaft.** Von A. F. Napp-Zinn.

24. **Das Finanzmonopol.** Von Otto Gandenberger.

25. **Konjunkturpolitik mit Fernmeldeinvestitionen?** Von Horst Schwedes.

26. **Kapazitätsabbau mit Staatshilfe.** Von Konrad Schulze-Gisevius.

27. **Der Bund am Kapitalmarkt.** Von Horst Schwedes.

28. **Politische Ökonomie staatlicher Preisinterventionen.** Von Dieter Schmidtchen.

29. **Binnenwasserstraßenpolitik.** Von Walter Hamm und Wolfgang Neumann.

30. **Das „Gemeinnützige Unternehmen" als Instrument der Wohnungspolitik.** Von Werner Nowak.

31. **Staatliche Regelungen für Immobilienmakler.** Von Günter Bonnet.

32. **Kassenpraxis und Privatpraxis.** Von Ulf Böge.

33. **Die Arzneimittelversorgung durch Apotheken.** Von Matthias J. Berger.

34. **Staatliche Preisaufsicht in der Kraftverkehrsversicherung.** Von Ulrich Rosenkranz.

35. **Das Arbeitsvermittlungsmonopol.** Von Gisela Rauschhofer.

Die Bände 1 bis 24 sind im Verlag Quelle & Meyer, Heidelberg, erschienen. Ab Band 25 erscheint die Schriftenreihe im Verlag Duncker & Humblot, Berlin.